欧洲文艺复兴时代
名家名作丛书

刘明翰　主编

文艺复兴时代
杰出哲学家及其代表作

郑军　著

中国青年出版社

"欧洲文艺复兴时代名家名作丛书" 总序

刘明翰

恩格斯以高屋建瓴的视野,曾对欧洲文艺复兴运动做出过精辟的评价。他指出:"这是人类以往从来没有经历过的一次最伟大的、进步的变革,是一个需要巨人并且产生了巨人的时代,那是一些在思维能力、激情和性格方面,在多才多艺和学识渊博方面的巨人。给资产阶级的现代统治打下基础的人物,决没有市民局限性。相反,这些人物都不同程度地体现了那种勇于冒险的时代特征。那时,几乎没有一个著名人物不曾作过长途的旅行,不会说四五种语言,不在好几个专业上放射出光芒。"[1]

我国人文社会科学界一部分中老年历史学工作者,在中国特色社会主义道路的旗帜指引下,从2001年起,根据国家社科规划办公室的计划和要求,通过与各国学术界广泛交流,辛勤笔耕,以十年的时间(2001—2010)完成了囊括意大利及整个欧洲范围的文艺复兴史大型丛书《欧洲文艺复兴史》(12卷,包括:总论卷、经济卷、政治卷、哲学卷、科学技术卷、

---

[1] 恩格斯.自然辩证法 // 马克思恩格斯选集:第三卷.北京:人民出版社,2012: 847.

文学卷、艺术卷、教育卷、法学卷、宗教卷、史学卷以及城市与社会生活卷，约500万字）。这一成果走在了世界前列。这套丛书因各卷以综合阐析某一领域的历史发展为主，加之字数的限制，因而对欧洲文艺复兴时代各个领域的巨人、名人的生平及其代表作（典籍或艺术作品）未能分别加以详介。近几年来，一些读者，特别是高校的青年学生，很盼望多了解一下欧洲文艺复兴时代各界巨人的水平、奋斗史实和贡献，以及他们的代表作。为满足读者需求，现根据中国青年出版社的计划和要求，原参加过《欧洲文艺复兴史》的部分作者，分别执笔撰写"欧洲文艺复兴时代名家名作丛书"的各卷。这套丛书共计6卷，各有侧重和特点，分别为：《文艺复兴时代著名政治思想家及其代表作》《文艺复兴时代著名历史学家及其代表作》《文艺复兴时代杰出哲学家及其代表作》《文艺复兴时代文学巨匠及其经典作品》《文艺复兴时代著名美术家及其名作》《文艺复兴时代科学巨匠及其贡献》。

一

习近平主席在中共中央政治局第十八次集体学习时强调，要"牢记历史经验、历史教训、历史警示"[1]。2015年伊始，中共中央纪委监察部网站推荐介绍了"新年第一书"——《历史的教训》，这部书是美国著名历史学家威尔·杜兰夫妇的著作。杜兰夫妇用了50年时间写出《世界文明史》11卷，其中包括《欧洲文艺复兴》的专卷。[2]《历史的教训》这部专著"浓缩了《世界文明史》的精华，通过提纲挈领的线条，总结了历史留给人们的丰富精神遗产"。

---

[1] 光明日报，2014-10-14（1）.
[2] 威尔·杜兰.世界文明史：11卷.幼狮文化公司，译.北京：东方出版社，1999.

欧洲文艺复兴时代是历史上极其伟大的时代。在这个时代，欧洲各国的社会、经济、政治、文化等诸多方面都发生了全面的转折和变化。文艺复兴是一场反对封建主义、弘扬以人为本新观念的文化运动。人们解放思想，反对禁欲主义，以一种崭新的精神创建自己的幸福家园。人们"不再集中他们的思想与他们的才力于来世天堂上的存在了。他们竭力想建设他们的天堂在这一个地球上，并且老实说，他们的成功是很多的"[1]。

关于欧洲文艺复兴，长期以来，国内外学术界对文艺复兴的地域范围以及时间范围和分期等问题，一直有着明显的分歧。

（一）西方国家有些书刊说文艺复兴局限于西欧各国，显然不够准确。史实证明，文艺复兴在东欧亦得到传播与发展。

16世纪初，波兰国王西吉斯孟德一世（1506—1548年在位）与意大利米兰公爵之女波娜·斯莫莎结婚时，斯莫莎先后从意大利带来了许多朝臣、文化人作为随员，这些人成为16世纪波兰文艺复兴运动的栋梁。波兰的人文主义活动的中心，主要在宫廷的上层范围，与法国很相似。波兰哥白尼的"日心—地动论"的伟大成就和巨著《天体运行论》的问世，是波兰文艺复兴在科学领域深入发展的体现。

在捷克，布拉格的著名学者提霍·布拉伊是16世纪欧洲文艺复兴运动中有影响的代表人物。捷克杰出的教育思想家、《大教学论》的作者夸美纽斯（1592—1670），曾被世人誉为"近代教育科学之父"，是欧洲文艺复兴时代教育史上里程碑式的杰出代表。

在东南欧亚得里亚海岸达尔马提亚的杜布罗克城中，塞尔维亚的盖克托洛维奇（1487—1572）、巩都利奇（1588—1638）都是著名的人文

---

[1] 房龙.西洋史大纲.张闻天，译.上海：上海辞书出版社，2003：415—416.

主义作家。

显然文艺复兴运动并非仅局限于西欧。

（二）关于欧洲文艺复兴运动的时间范围（上、下限），这是一个长期有分歧、待研讨的问题。过去，国内外的通说是：欧洲文艺复兴运动发生在 14—16 世纪。[1] 我们认为与史实不符，是不确切的。因为塞万提斯的《堂吉诃德》、莎士比亚的"四大悲剧"等世界文学名著，都是在 17 世纪初才面世的。欧洲文艺复兴时代的弗朗西斯·培根和笛卡儿等人的名著、伽利略物理学上的三项重大定律、哈维生理学的诞生以及伦勃朗等艺术大家的名画——这些文艺复兴晚期的杰作在 16 世纪末以前并未出现。

根据国家课题的任务，我们在撰著《欧洲文艺复兴史》（12 卷）的过程中，进行了 6 次全国性的研讨，对欧洲文艺复兴时代的时间范围（上、下限）问题，取得了下述基本认识。

我们认为，欧洲文艺复兴的上限，应以但丁发表《神曲》（1307—1321）为标志。但丁的思想恰好是中世纪末期一系列基本观点的反映和表现，就这一特点而言，他的代表作《神曲》较之彼特拉克、薄伽丘的有关作品，显得更为明显。

关于欧洲文艺复兴运动的下限，迄今一直是众说纷纭。国内外有些书刊笼统地讲，文艺复兴运动是在 16 世纪末结束；国外有的著作称，欧洲文艺复兴运动迄 1517 年德国的路德宗教改革开始时，已告结束；或称 1527 年德皇查理五世攻陷罗马，出现"罗马浩劫"，是文艺复兴衰落的表现。我国国内有的著作称，"欧洲文艺复兴是 15 世纪中叶起至 16 世纪趋于

---

[1] 见《不列颠百科全书》第 15 版"文艺复兴"条。我国高级中学课本《世界历史》上册，人民教育出版社，1981：135。此后续印时一直沿用此说。国内最早有朱龙华编著的《意大利文艺复兴》，商务印书馆，1964：3。国外有些书刊迄今仍沿用通说，将欧洲文艺复兴运动的时间定为 14—16 世纪。

衰落"[1]，或认为"欧洲文艺复兴结束于 1642 年意大利天文学家伽利略的逝世"[2]，等等。

通过历年来的研讨，我们认为：欧洲文艺复兴时代的下限时间，应以英国弗朗西斯·培根发表的《新工具》（1620 年）和法国笛卡儿写出的著名代表作《方法论》（1637 年）为标志，即 17 世纪 30 年代为时间下限。因为培根曾被马克思、恩格斯评价为"英国唯物主义和整个现代实验科学的真正始祖"[3]。笛卡儿被黑格尔称为"现代哲学的倡导者"。在 17 世纪二三十年代，培根和笛卡儿的名著问世后，意识形态才逐渐转型进入近代时期。

（三）关于欧洲文艺复兴时代的历史分期问题，根据欧洲各国的史实和特点，我们认为应划分为三个时期。

从但丁的《神曲》问世（1321 年）起至 15 世纪中叶是早期。这段时期，文艺复兴的活动主要在意大利境内。从佛罗伦萨逐渐扩大到罗马、米兰、威尼斯及那不勒斯等城，首先是文学（文学三杰：但丁、彼特拉克和薄伽丘及其代表作），同时扩大到历史学（如布鲁尼的《佛罗伦萨人民史》和比昂多的《罗马衰亡以来的历史》等）。文艺复兴早期主要在文史领域中，人文主义观点和现实主义的创作方法开始结合，这是突出的特点。

中期：从 15 世纪中叶至 16 世纪中叶。由于中国的四大发明在欧洲的传播，尤其是德国古登堡印刷术的推广，加速了文艺复兴运动在欧洲向纵深扩大。这一时期的特点是：文学艺术高度繁荣，史学和政治学名著大量涌现，新文化运动从意大利传播到欧洲各国。在文艺复兴运动的推动下，哲学、教育、经济等领域的研究、交流和发展，特别是欧洲的

---

[1]　缪朗山.西方文艺理论史纲.北京：中国人民大学出版社，1985：257—258.

[2]　陈小川等.文艺复兴史纲.北京：中国人民大学出版社，1986：53.

[3]　马克思，恩格斯.神圣家族 // 马克思恩格斯全集：第 2 卷.北京：人民出版社，2012：163.

宗教改革自 1517 年从德国爆发后，迅速扩及欧洲各地（包括东欧和北欧）。

晚期：从 16 世纪中叶至 17 世纪 30 年代。这是文艺复兴运动取得空前成就的时期。文学、艺术、政治、法学、史学、哲学、经济学等继续发展和繁荣的同时，波兰哥白尼的《天体运行论》（1543 年）和尼德兰维萨里的《人体构造论》（1543 年）——人类历史中空前卓越的两部论著（"两论"）的诞生[1]，标志着近代自然科学的产生与科学革命的新纪元。这一时期里，自然科学和人文社会科学开始从神学中解放出来。科学中的许多定理定律和新学科开始出现，近代自然科学和新的人文社会科学相继诞生并取得了划时代的伟大成就。"科学的发展从此便大踏步地前进。"[2]

二

欧洲文艺复兴时代"以人为本"，反对"以神为本"，其主要方向是把人当作主体，强调人的主体性，人有其独立的个性和人格。"文艺复兴"时期表现出前所未有的对人的注意：描写人、歌颂人，把人放在宇宙的中心。"以人为本"的基本含义是：1. 肯定人在社会发展中的主体地位和作用。2. 这是一种价值取向，强调应尊重人和塑造人。尊重人就是尊重人的价值（社会价值和能力价值）；塑造人，就是既要描述人的秀美和刚毅、丰富内心或精神，又要把人塑造为权利的主体和责任的主体。3. 这是一种思维方式，要求处理一切问题都要关注人的生活世界和发展命运，关注人的共性和个性，树立人的自主意识。4. 否定封建文化和神学的主导地位。

---

[1]　刘明翰，等.欧洲文艺复兴史：总论卷.北京：人民出版社，2010：349—412.

[2]　恩格斯.自然辩证法 // 马克思恩格斯选集：第 4 卷，1995：263.

人文主义和"以人为本"的提出，有过积极的贡献，起过进步的历史作用。但他们在思想上反映的多属新兴资产阶级的诸多观念。"著名的人文主义者大部分都是管理过国家事务的人或积极的社会活动家。"[1]他们虽然反对封建社会，绝大多数并非无神论者，并不反对宗教与上帝；也从未否认过基督教的基本教义，未脱离教会组织，并且履行了教会规定的职责和义务。

欧洲文艺复兴文化的主要载体是欧洲的城市社会和一些大学。

欧洲各国文艺复兴有一些不同的特点，概括说来：

意大利是文艺复兴的摇篮。文艺复兴运动最先从意大利开始，在众多领域很繁荣，成就亦突出。14—15世纪意大利是拜占庭等各国学者、欧洲大量留学生的集中地，蕴藏和吸收了古代希腊、罗马、中世纪欧洲及阿拉伯的先进文化。巨人辈出，著名教堂、学校逐渐发展。文学有但丁、彼特拉克和薄伽丘等；历史学有维兰尼、布鲁尼、瓦拉、比昂多和瓦萨里；艺术上达·芬奇、米开朗琪罗、拉斐尔之外，乔托、多纳泰罗、乔尔乔内和提香等齐名秀出；政治学中马基雅维里和康帕内拉甚为突出；哲学有彭波那齐、特勒肖和布鲁诺等。许多巨人被引聘至欧洲各国成为传播文艺复兴的火种。

德国是意大利的近邻，文艺复兴传播早，主要活动中心不在贵族和宫廷等狭窄的范围内，而是在一些著名大学之中。德国文艺复兴的主要内容不是文学艺术作品，而是对宗教、哲学、道德以及反对德国分裂、要求德国统一、摆脱罗马教廷的奴役等问题最为敏感。文艺复兴活动与宗教改革密切结合，勒克林、胡登及库萨和尼古拉等人是主要代表。人文主义的活动中心南部在纽伦堡，西部是科隆等城，北部则与尼德兰联

系密切。

　　法国是意大利的又一近邻，在 15 世纪中叶，文艺复兴活动亦传播开来。活动多以宫廷为中心，主要在王室和一部分贵族之间流行。法国封建君主专制形成早，王权较强大，民族观念强烈。人文主义文学成就显著，以贵族龙沙和杜贝莱为首的"七星诗社"同以拉伯雷（杰作《巨人传》著者）、蒙田等人民民主派有明显的分歧和斗争。博丹的名著《主权论》（亦译为《国家论》），主张国家权力至上，影响遍及全欧。法国文艺复兴运动期间各类作品均提倡用法兰西语言创作，反对用拉丁文和外国语写作，增强了法兰西民族的凝聚力，法国民族历史学的成就明显扩大。

　　英国文艺复兴开始的时间比德、法两国都晚，是在 16 世纪末和 17 世纪初，文艺复兴运动最初主要在伦敦市和牛津大学进入高潮。人文主义的应用性明显，重视办教育，提倡积极的基督教生活。某些活动受到英王亨利八世的保护。托马斯·莫尔抨击了圈地运动中的"羊吃人"现象；"戏剧艺术奠基人"莎士比亚的戏剧驰名世界，剧团与剧院在英首创；弗朗西斯·培根的新哲学和威廉·哈维生理科学的确立等是 17 世纪初文艺复兴成果辉煌的标志。英国的国家统一、经济活跃、人文科学同自然科学的交融与互动，是英国文艺复兴后来居上的重要条件。

　　西班牙是早期殖民主义国家，其文艺复兴运动兴晚衰早。修道士中人文主义者拉斯·卡萨斯揭露殖民侵略的论著意义突出。宗教文学以及骑士文学《堂吉诃德》等影响广泛。因长期在阿拉伯人统治之下，西班牙曾将中华文明和东方文化向西欧传播。西班牙的流浪汉文学独具独色，自然科学和大学教育较发达。专制王室对人文主义的一部分活动曾予以支持。西班牙的北部受法、德和尼德兰的影响大，西南部和中部则大量融入阿拉伯文化的影响。至 17 世纪中叶，西班牙文艺复兴活动衰落。

　　尼德兰（荷兰）文艺复兴活动的特点同尼德兰革命前后的历史背景

紧密相关，综合成就突出，成为早期资本主义文化的传播中心。尼德兰北部资本主义较发达，是中世纪晚期西欧经济和文化最先进的地区。代表人物有：画家鹿特丹的伊拉斯谟、格雷科等，"庄稼汉"画家勃鲁盖尔和油画家伦勃朗，近代国际法奠基人格劳秀斯和《神学政治论》的作者斯宾诺莎。欧洲新思想和文化书刊17世纪时多在荷兰出版发行。

欧洲文艺复兴在东欧的波兰、捷克、塞尔维亚，北欧的瑞典等国均有传播与发展。在多数国家，文艺复兴与宗教改革是同时展开的。

通过对欧洲各国文艺复兴特点的归纳，再对各国情况加以对比评析，则可得出许多重要启示。以英国为例，虽地处西欧边缘，国土小，人口少，文艺复兴开始时间晚，但都铎王朝国家统一后，政权稳固，民族和谐，文艺复兴过程中破除迷信、生产发展、工商业活跃，促进了文化联系的扩大。在英国，莎士比亚誉满欧洲的"四大悲剧"（1601—1608）问世时，同样是培根的新哲学和哈维的生理学产生之时，也是人文科学同自然科学之间的交融与互动之时，这促进了英国文艺复兴的繁荣。而当时，意大利和德国国内长期分裂，西班牙自16世纪末霸权衰落，法国文艺复兴范围的狭窄及长期的胡格诺战争，以致17世纪初时制约了文艺复兴成果的扩大，从而较英国的辉煌大为逊色。

三

自2013年春《欧洲文艺复兴史》（12卷）荣获教育部的鼓励[1]之后，为满足广大读者的要求，《欧洲文艺复兴史》的一部分著者开始策划"欧洲文艺复兴时代名家名作丛书"。2013年7月上旬，在北京西山国林山

---

[1] 教育部曾于2013年3月公布，刘明翰主编的《欧洲文艺复兴史》（12卷）为全国第六届高等学校科学研究优秀成果（人文社会科学）一等奖第一名，以资奖励。

庄宾馆举办的"欧洲文艺复兴史研究"学术座谈会上,学者们对这套丛书的框架进行了初步的酝酿和研讨。三年来,各卷著作的作者通过辛勤努力,不断加工和修改,迄今已完成了各卷的书稿。

这套丛书有哪些重点和特点呢?它同 2010 年面世的《欧洲文艺复兴史》(12 卷本)有哪些异同处呢?

本丛书 6 卷是分别独立的著作,计有:著名政治思想家、史学家、哲学家、文学家、美术家及其代表作,以及著名科学家及其贡献。因早在 2006 年《欧洲文艺复兴史》(12 卷)的主编和有关著者已应山东教育出版社之约,出版了《文艺复兴时代的教育思想家》一书,其中介绍了21 位教育家分别在初等教育、中等教育或教育心理学等方面的教育理念和贡献,故本丛书未包括教育家的生平和著作。

本丛书的 6 卷同《欧洲文艺复兴史》(12 卷)的互异之处主要是:1. 本丛书各卷以介绍各领域的名人的生平及其代表作为主;2. 本丛书各卷对各位名人的代表作进行详细的介绍;3. 本丛书各卷中所评介的名人的代表著作,以该书近年最新版本的中文译著为主,原书中的重要注释避免遗漏。[1]

欧洲文艺复兴时代众多的文化巨人——先进知识精英,在史无前例的新文化运动中,为人类做出了辉煌的里程碑式的贡献。他们中的先进人士为了理想和真理矢志不渝,甚至在罗马教廷的强权高压和宗教裁判所的残酷迫害下,牺牲了宝贵的生命。

大量史实充分证明,恩格斯所指出的许多巨人"在几个专业上都放射出光芒",即在多个专业领域都有过杰出的成就和不朽的名著。

---

[1]　如:托马斯·莫尔著《乌托邦》,戴镏龄译,原通用的是 1959 年新 1 版,现参照的是商务印书馆 1997 年第 2 版第 9 次印刷本。再如:伊拉斯谟著《论基督君主的教育》,现采用李康译,上海人民出版社 2003 年版。

但丁既是人文主义文学的先驱、文艺复兴的"文学三杰之首",又是杰出的政治思想家,著有《论世界帝国》等杰作。

马基雅维里多才多艺、兼通多科。他在历史学、政治学方面的成果尤为辉煌,而他的意大利语散文著述,无论戏剧、政论、史书皆称典范。而在社会实践中,他又集政治家、军事家、外交家于一身,其不朽巨著《君主论》《佛罗伦萨史》《论李维〈罗马史〉》等皆作于此时。[1]

达·芬奇既是文艺复兴"盛期艺术三杰之首",又是早期自然科学的杰出理论家,他还是大数学家、力学家和工程师,他在物理学的各种不同分支中都有重要的发现。[2]他的《最后的晚餐》《蒙娜丽莎》等绘画,曾被世人誉为世界名画之冠。他提出的飞行器、降落伞等设想揭开了人类飞行史启蒙的第一页;他提出了人能认识自然、研究和利用自然,高举出"实验乃为精确性之母"的旗帜,指引并推动了欧洲各国自然科学研究的发展。他的科学思想和理论具有划时代的历史意义。[3]

法国"唯理论"哲学的开拓者勒奈·笛卡儿发表了《方法论》《哲学原理》等名作,他还创立了"解析几何学",使数学的分支门类进一步扩大。[4]

鹿特丹的伊拉斯谟被誉为人文主义思想家的泰斗,也是古希腊语、拉丁文的语言学权威。他的名著《愚人颂》曾有过12种译本,他本人在世时翻印再版达40次之多。他还是著名的政治思想家,当马基雅维里在1513年写出《君主论》后,伊拉斯谟在1516年发表的《论基督君主的教育》一书中阐发不同于马基雅维里的君主论,提出君主在统治上应加强

---

[1] 刘明翰,等.欧洲文艺复兴史:总论卷.北京:人民出版社,2010:186.
[2] 恩格斯在《自然辩证法》的《历史导论》的《导言》中盛赞过他,载于《马克思恩格斯选集》(北京:人民出版社,2012:847).
[3] 刘明翰,等.欧洲文艺复兴史:总论卷.北京:人民出版社,2010:180—182.
[4] 刘明翰,等.欧洲文艺复兴史:总论卷.北京:人民出版社,2010:393—394,378—379.

德治的观点。

本丛书的《文艺复兴时代著名政治思想家及其代表作》一书，特别提出了托马斯·莫尔与《乌托邦》、康帕内拉与《太阳城》以及安德里亚与《基督城》这三位空想社会主义先驱者类似的政治观，将他们作为政治家的另一类型，这是本书与其他同类书不同的特点，说明文艺复兴时代不仅有反映新兴的正在形成中的资产阶级的政治观点，也有提倡公有制、空想社会主义的先驱思想的著作涌现。此外，《文艺复兴时代著名政治思想家及其代表作》一书，将天主教会多米尼克派僧侣的传教士拉斯·卡萨斯揭露西班牙对拉丁美洲殖民侵略的《西印度毁灭述略》列入其中，更属难能可贵的创新，选择并评介这本名著是本卷的精华。

欧洲文艺复兴运动中的一些精英，穷数年之功前往文艺复兴蓬勃兴起的意大利学习深造。比如，哥白尼在意大利结识了达·芬奇等人，为他日后创建的"日心—地动论"打下了坚实的基础。再如，瑞士的化学家和医学家帕拉西尔索斯、英国著名心理学家哈维（血液循环理论的创立者）等人意大利的访学为他们后来的贡献打下了科学理论基础。[1]

本丛书中《文艺复兴时代科学巨匠及其贡献》这部著作，以大量史实充分说明科学是第一生产力的真理；哥白尼、布鲁诺、伽利略等科学巨人长期被压抑、受迫害，仍矢志不渝地奋斗，这种精神对今天的读者仍有启示意义。

尼古拉·哥白尼从青年时代起为保卫祖国，积极投入了反对德国条顿骑士团侵略波兰的斗争。他还经常靠自学的医术治病救人。他用自制的粗陋仪器在教堂的塔楼上坚持不懈地观测和研究天象，近 30 年之久。哥白尼的《天体运行论》中选用的 27 个观测实例，其中有 25 个都是由

---

[1] 刘明翰，等.欧洲文艺复兴史：总论卷.北京：人民出版社，2010：182.

他本人亲自观测、记录和研究后整理的。哥白尼毕生刻苦勤奋，对科研极其热衷和审慎，直到去世前弥留之际才同意出版《天体运行论》这部宏著。

坚决维护并发展了哥白尼的"日心—地动论"学说的布鲁诺写过多部关于科学和哲学的名著名篇，欧洲至少有 130 处宗教裁判所都指控布鲁诺为"异端"，罗马教廷把他开除教籍，但布鲁诺在祖国意大利以及瑞士、英、法、德和捷克等地长达 16 年受迫害的流浪生活中始终宣传真理。1593 年，罗马教皇用卑鄙手段将他骗回意大利投入监狱，布鲁诺受尽酷刑，被囚禁 8 年后，于 1600 年被宗教裁判所判处烧死在罗马百花广场的火刑柱上。

物理学中动力学的落体、抛物体和振摆三大定律的发现者伽利略受迫害的史实更令人发指。在罗马教廷的指挥下，有些宗教裁判所的反动分子竟诬蔑伽利略试制出的望远镜是"魔鬼的发明"，甚至宣扬伽利略是"骗子"，是"大逆不道、亵渎神灵"的罪人。宗教裁判所于 1616 年公开宣布哥白尼的著作为禁书，并警告伽利略必须放弃对哥白尼学说的信仰和宣传。然而伽利略坚持斗争，他在 1632 年公开出版了《关于托勒密和哥白尼两个世界的对话》，进一步支持和宣传哥白尼的"日心—地动论"。1633 年，宗教裁判所再次下令把伽利略召回罗马，用严刑和囚禁对伽利略进行迫害。最后甚至强迫已经 70 岁高龄的他跪下宣誓和签字放弃哥白尼的学说。伽利略被迫签字，但同时他充满信心地说："但是，地球仍然在转着啊！"这句话成为名言，长期鼓舞着为真理而奋战的人们。

与哥白尼的《天体运行论》同时发表的《人体构造论》（1543 年），乃是划时代医学革命的宏著，促成了科学革命的新纪元。《人体构造论》的作者是近代解剖学的奠基人尼德兰的安德烈·维萨里。由于天主教会的保守和一些医生的反对，1564 年教会下令让维萨里忏悔，迫使他去耶路撒冷"朝圣"。维萨里因远途的劳累和饥饿而不幸英年病逝。

另一位西班牙名医米·尔·塞尔维特也因其主张同天主教的"三位一体"相违背,受迫害逃到加尔文教控制下的日内瓦,但加尔文仍以"异端"罪将其逮捕并处以火刑。

欧洲文艺复兴时代的文学杰作充满了精神高度。《堂吉诃德》等将骑士文学逐渐推向坟墓,封建时代的禁欲帷幔进一步揭开,热爱民族国家的情怀在众多作品中溢于言表,经典文学深入人心;当人们感觉迷茫、低落和情绪晦暗之际,《巨人传》在大境界下给人民大智慧,文以载道,给予了心灵指引;"诗歌之父"乔叟的《坎特伯雷故事集》乃市民形象的缩影;斯宾塞的长诗《仙后》是盛世诗坛的代表;莎士比亚戏剧不仅探索了人生的谷底,而且闪耀了人性的光辉,使人们会感到像被维吉尔引导但丁环游三界一样,增添了光明、自信和勇气。文艺复兴文学开始构建美学和各国民族语言的体系。

《文艺复兴时代著名美术家及其名作》充分展示了古代的"巨人"创造者米开朗琪罗毕生从事雕刻艺术的空前贡献;对达·芬奇生命与创作历程的艰辛和坎坷,尽量全面、具体详尽地加以介绍,使他能以"伟大"兼"普通"的形象站立在读者面前。达·芬奇的《绘画论》,反映了他本人对自然科学研究的功力和成果。尼德兰的勃鲁盖尔倡导自由思想,是文艺复兴时代草根画家的杰出代表。鲁本斯具有卓越外交家的赞誉,又获著名画家的殊荣,他的画作永远彪炳史册。众多艺术作品中突出了人文主义的"神人合一"思潮。

文艺复兴时代的历史学从来是学术史、思想史和文化史研究的重要领域,这一时期产生了具有重大历史意义的史学革命。其主要特征是:历史意识的觉醒、崇古之风的兴盛、时代误置观念的纠正、语文学方法的应用以及民族历史编纂传统的创建等。史学革命始自 14 世纪的意大利,

15 世纪达到高潮，16—17 世纪新史学在西欧繁荣。洛伦佐·瓦拉作为人文主义历史考证方法的开创者具有重要的历史地位；圭查迪尼及博杜安等人强调民族文化传统。德国新教史学和天主教史学呈现不同特点，英国文艺复兴时期史学的实证主义和实用主义的方法也各有不同。

长期以来学者对文艺复兴时期的哲学及其哲学家传记多从哲学研究的视角入手，仅根据传主的哲学著作分析各人的经历及其思想发展路径，因而缺乏对传主本人历史全貌的概括。本丛书的《文艺复兴时代杰出哲学家及其代表作》，既突出了历史性、知识性和文学性的结合，更加强了对不同哲学观的阐析与比较。如对人文主义人生哲学的全面评析、诠释，阐述其启蒙的历史价值和重大影响及其局限性；对欧洲宗教改革运动中各类新教哲学同天主教哲学，以及对人文主义社会政治哲学中各类空想社会主义的思想作了比较。评析中运用史学研究方法，强调史料的考释，避免史实硬伤。文艺复兴后期自然哲学的勃兴亦列为重点加以评研。

众多事实充分说明，历史上文化巨人在科学上的重大成就和对人类的贡献，是通过艰辛努力奋斗，甚至牺牲宝贵生命才取得的。欧洲文艺复兴是伟大的历史时代，世界人民应铭记历史，继承并发扬巨人们毕生拼搏不屈的精神。

综上所述，在世界中世纪历史晚期的欧洲文艺复兴时代，许多巨人和知识精英为了破除迷信，解放思想，争取人类的文明、科学和新文化，在罗马教廷专制强权的迫害下，依然舍身奋斗，他们的伟大贡献和历史经验是值得铭记、继承和发扬的。

人无完人，不可能十全十美。任何巨人由于出身、环境、经历和见识及人生观、世界观和价值观等因素的制约，有过不同的缺点、局限和错误，这是任何时代的伟人都不会完全超脱的。

文艺复兴时代的政治思想家、历史学家、哲学家、文学家、美术家、科学家，为人类文明发展留下了辉煌的遗产，我们应当吸取并借鉴其精华为中华文明的伟大复兴服务。

这六卷书通过众多巨人的生平和贡献，如能给读者以有益的启示，这是我们作者们的夙愿。限于我们的学力和资料，各卷不可避免地会有许多缺欠，期待得到专家、学界同仁和读者们的指正。

目录

前言

在 14—16 世纪，被"黑暗中世纪"阴霾久久笼罩下的欧洲开始初露文明的曙光，为欧洲社会带来这一线曙光的正是推动了西欧社会由传统向近代转型的文艺复兴运动，这一时期因而成为西欧社会走出"黑暗中世纪"，揭橥近代化曙光的重要历史阶段。

在中世纪后期，西欧开始涌动着资本主义萌芽的潜流。资本主义萌芽是商品经济发展到一定阶段的产物，商品经济只有通过市场的合理调配才能够得以实现，完全意义上的市场行为必须要以生产资料所有制的自由为基础来保证，而实现所有这些自由的共同前提就是解放对人性的束缚，实现人的完全自由。因此在基督教神学统治下的黑暗的中世纪欧洲，迫切需要一场倡导人的自由的思想解放运动，资本主义萌芽的出现恰恰为这场思想运动的兴起提供了可能。城市经济的繁荣，使新兴的资产阶级开始追求个人的价值和力量，于是，越来越多的充满着创新进取、冒险求胜的精神的冒险者和多才多艺、高雅博学的知识分子受到人们的普遍尊重，这为文艺复兴的发生提供了深厚的物质和经济基础以及适宜的社会环境。

文艺复兴最早起源于意大利，其根本原因在于意大利在当时的欧洲已经率先完成了从封建主义向资本主义过渡的阶级准备、思想准备和物质准备。在 14—15 世纪的意大利佛罗伦萨、威尼斯、米兰等地，随着手工工场生产规模的不断扩大以及生产技术的不断进步，富裕的工匠和大作坊主率先完成了华丽转身，成为早期的新兴资产阶级，他们需要取得与自身经济地位相适应的社会地位，需要将本阶级的价值观、思想文化提升为社会主流思想。

适逢其会的是，在 14 世纪末，由于信仰伊斯兰教的奥斯曼帝国对拜占庭的入侵，拜占庭帝国的许多学者带着大批的古希腊和罗马的艺术珍品和文学、历史、哲学等书籍开始逃往西欧避难。古希腊和古罗马的"新思想""新文化"令刚刚登上历史舞台且久被基督教神学思想禁锢的新兴资产阶级眼前一亮，在他们看来，古希腊和古罗马时期是欧洲人引以为豪的光辉时代，是欧洲文化史上的一个高峰，那时盛极一时的古典自然科学、哲学、文学、艺术和罗马法可以成为同天主教会做斗争的实用的、有效的思想武器。于是，这些新兴的资产阶级积极倡导"复活""再生"古希腊、古罗马文化，从而在整个西欧地区掀起了从文化到社会各个领域的变革活动，"文艺复兴"即由此得名。

担负着承上启下重任的文艺复兴时代，开始于 14 世纪意大利境内的佛罗伦萨城市共和国，随着希腊文化在意大利的复兴，这股思潮至 16 世纪时影响范围扩大至欧洲各国，对近代早期欧洲的社会生活及学术活动造成了深刻的影响，并遍及文学、艺术、哲学、科学、政治、宗教等诸多学科的知识范畴，"以近世之文化言，则各种事业皆以文艺复兴为其发祥地"。[1]而"哲学，从远古以来，就不仅是某些学派的问题，或少数学者之间的论争问题。它乃是社会生活的一个重要部分"。[2]

需要说明的是，哲学在其发展的历史进程中，其内涵和外延的演化

---

[1]　蒋百里.欧洲文艺复兴史.北京：东方出版社，2007：3.

[2]　罗素.西方哲学史：上卷.北京：商务印书馆，1991：9.

较之我们今天所知的"哲学"概念有着很大的不同。在西方，有关"哲学"的基本范畴可谓是众说纷纭，今天的哲学（英语：Philosophy，源于希腊语：Φιλοσοφία），按照词源有"爱智慧"的意思。在学术界里，对于哲学一词并无普遍接受的定义，也预见不到有达成一致定义的可能。单就西方学术史来说，哲学是对一些问题的研究，涉及实在、逻辑、知识、道德、美学、语言及意识等概念，它是社会意识形态之一，是关于世界观的学说，是自然知识和社会知识的概括和总结。

关于西方哲学史的发展阶段，黑格尔认为共分为四个阶段：希腊哲学、中世纪哲学和近代哲学及现当代哲学，而对于文艺复兴时期的哲学，黑格尔则将之纳入到"中世纪哲学"的阈限之内。罗素先生则对其有过这样一种分期："与神学相区别的哲学，开始于纪元前6世纪的希腊。在它经过了古代的历程之后，随着基督教的兴起与罗马的灭亡，它就又浸没于神学之中。哲学的第二个伟大的时期自11世纪起至14世纪为止，除了像皇帝弗里德里希二世（1195—1250）那样极少数的伟大的叛逆者而外，是完全受天主教会支配的。这一时期以种种混乱而告结束，宗教改革就是这些混乱的最后结果。第三个时期，自17世纪至今天。"[1]所以罗素认为，文艺复兴时代"没产生重要的理论哲学家"。[2]哲学史家布鲁诺·纳尔迪则更为偏激，他认为"如果我们真的要探索近代哲学的起源，则必须双脚跳过人文主义时期"。[3]的确，如果试图要在文艺复兴时期找到类似于亚里士多德或者是黑格尔那样贴着明显标签的纯粹哲学家是不可能的。如果我们完全套用现代关于哲学的概念来定义哲学的内容和任务，那么在哲学发展史上具有重要作用和地位的跨领域的

[1] 罗素.西方哲学史：上卷.北京：商务印书馆，1991:13.
[2] 罗素.西方哲学史：上卷.北京：商务印书馆，1991:17.
[3] 加林.意大利人文主义.李玉成，译.北京：三联书店，1998: 2.

思想著作都将被哲学史拒之门外。但是，作为揭橥西方近代文明序幕的文艺复兴，则是在颠覆中世纪传统的"经院哲学"的基础上生发而成的，在文艺复兴之前的那个时代，基督教会完全垄断了思想文化领域，哲学成为了封建教会的附庸和基督教神学的婢女，然而，任何事物的发展都会在自身发展的过程中为自己培养出"掘墓人"，经院哲学的发展也不例外。经院哲学力图用哲学方式来论证神学问题的企图，恰恰就为新时代的哲学的出现培养了理性的种子。

文艺复兴时期正是一个旧秩序瓦解、新思想形成的过渡和转折阶段。马克思曾经说过："任何真正的哲学都是自己时代的精神上的精华。"[1]以"近代世界所需要的理性的解放"[2]为结果的文艺复兴作为西方近代早期的启蒙运动，该时代所产生的哲学必然且理所当然地也就是近代西方早期启蒙思想文化的最本质、最集中的体现。[3]而文艺复兴哲学所具有的历史意义，则体现为"一种在某种程度上与所谓的中世纪哲学方法不同的哲学思维方式"[4]。因而，作为从中世纪向近代过渡时期即15—16世纪的近代哲学的第一阶段，文艺复兴哲学表现为"人文主义和自然哲学两股互相联系而又有一定区别的思潮"[5]。"文艺复兴的伟大成就，就是世界的发现和人的发现"[6]，而具有浓重鼎革意味的文艺复兴时期哲学则体现为两大发展趋向，其所特有的标志性之一的人文主义思潮的兴起，正是这一时期人们对于打破外在神权权威禁锢、重塑个性解放和自由平等的诉求的表现；而其另一发展分支——自然哲学则表现为对整

[1]　马克思.《科隆日报》第179号的社论//马克思，恩格斯.马克思恩格斯全集：第一卷.北京：人民出版社，1995：220.

[2]　J. A. Symonds, Renaissance in Italy：Vol.1. London, 1900：5.

[3]　孟广林.欧洲文艺复兴史：哲学卷.北京：人民出版社，2008：14.

[4]　R. Pozzo, ed. The Impact of Aristotelianism on Modern Philosophy. Washington：2004：2.

[5]　张世英.哲学导论.北京：北京大学出版社，2002：368—369.

[6]　J. A. Symonds, Renaissance in Italy：Vol.1. London, 1900：12.

个世界和宇宙的发现。

我们今天以人文主义和自然哲学来定义文艺复兴时期的哲学流派只是一个大而广之的泛泛分类，因为作为一个承载着时代鼎革责任的文艺复兴时期，其只是"急剧变化的一个短暂阶段，除了艺术之外，它没有任何可以辨认的稳定的方面"[1]，植根于从封建中世纪向近代资本主义转型时期的人文主义思潮，也就必然体现出新旧交织的过渡时期的历史特征，"远远没有成为整个资产阶级的自觉的思想体系"[2]。这一时期的哲学也概莫能外，它们更多地表现为宽泛性和碎片化的特征，这种宽泛性和碎片化必然造成文艺复兴时期哲学流派众多的混乱现象，这种混乱现象在学术发展方向上则具化为这一时期的哲学涵盖了人文主义哲学、自然哲学、新教宗教哲学、社会政治哲学、机械唯物主义与科学方法等范畴，[3]所以，我们可以看到，"没有一个独一无二的哲学定义可以应用到这250多年的时期，那时候，哲学是丰富的和不一致的，它的范围与目的的概念，它的对象和它的方法都是不断改变的"。[4]文艺复兴时期哲学所独具的这一状况和特征，决定了我们在瞩目该时代的哲学家时，就会发现，他们所涉猎的理论范畴和今天我们所定义的哲学家有着显著的不同。但是，在那样一个时代，他们却又的的确确是实至名归的哲学家。

当然，文艺复兴时期的哲学家虽然没有出现如亚里士多德、柏拉图或者是黑格尔、康德等巨星，但是仍然有灿若辰星般的众多哲学家熠熠生辉。本书撷取七位对文艺复兴哲学的发展以及对后世近代哲学具有重大推动作用的哲学家作一小传，以飨读者。

[1] 桑迪拉纳 G. 冒险的时代 . 周建章，等，译 . 北京：光明日报出版社，1989：2.

[2] Agnes Heller,.Renaissance Man,Translated from the Hungarian by Richard.E.Allen.London: 1978:13.

[3] 孟广林 . 欧洲文艺复兴史：哲学卷 . 北京：人民出版社，2008：18.

[4] Paul F. Grendler, Michael J. B Allen, et al. ed. Encyclopedia of the Renaissance: Vol.5. New York: Charles Scribner's Sons，1999：6.

彼得拉克：
戴着月桂之冠的人文主义之父

引言

弗兰切斯科·彼得拉克（Francisco Petracco，1304—1374）是意大利早期文艺复兴时期的著名诗人和学者，被认为是文艺复兴时期的第一位人文主义者，欧洲早期资产阶级艺术和道德观的建立与他是紧密结合在一起的。他在大量的诗歌中歌颂爱情，号召人们研究探索人的自身，把追求爱情和荣誉看作是人生的终极目的，提出爱情不仅是精神上的爱，而且也是肉体感官上的爱，认为爱情可以激发人的美德，阻止人们去作恶，从而使人变得高尚起来。他还认为人应当把幸福放在尘世，不要寄托于未来天国的虚无缥缈之中，人是自然的一部分，是万物之灵，人不要去歌颂天道神恩，应当去歌颂爱情和青春，这显然同宗教禁欲主义是背道而驰、大唱反调的。彼得拉克的幸福观、爱情观反映了资产阶级要求享受人间幸福生活的思想，开创了人文主义道德观的先河。

在雅各布·布克哈特的《意大利文艺复兴时期的文化》一书中，人文主义被定义为文艺复兴时期的标签或者说是主要特征。而作为开创了文艺复兴时期人文主义运动的奠基人，彼得拉克理所当然地被冠以"文艺复兴之父"之盛誉，但同时，他又以"诗圣"这一桂冠享誉近代欧洲，并成为世界文学史上不可或缺的重要人物。正如雅各布·布克哈特所说的那样，彼得拉克"现在主要是作为一个伟大的意大利诗人而活在大多数人们记忆中，然而他在他的同时代人中所获得的荣名其实主要是由于这样的事实，那就是：他是古代文化的活代表，他模仿各种体裁的拉丁诗歌，力求用他卷帙浩繁的历史和哲学著作来介绍古人的作品，而不是去代替它们。他写了不少书信，这些书信作为具有考古趣味的论文，获得了我们难于理解的声誉，但在一个没有参考书的时代里却是一件非常自然的事情"[1]。所以，在早期，彼得拉克的身份更多地表现为是一个人文主义文学奠基人和开创者的代表。当然，他还有更多的头衔，如伦理家、外交家、古代—现代世界的沟通者、近代第一位史学家、第一位园艺家、第一位登山家等。[2]

但是，上述这些耀眼的光环不应该让我们"忽视了对他内心和灵魂的探求和洞察，忽视了隐藏在这些花冠底下的那种深刻的自我意识和永不自满、总在自责的那颗不安宁的灵魂"，这样就"不可能真正认识到他的精神价值的遗产"。[3]这里所说的精神价值，恰恰就在于彼得拉克在晚年于道德哲学范畴中的砥砺和奉献，使他超越了文学的范畴而投身于哲学的范畴之内。正如保罗·奥斯卡·克利斯特勒的评价："彼得拉克的思想从来不是以系统的方法阐述的，因此我们必须设法从许多散见的论述中，把他的思想重新勾画出来。"[4]可以说，彼得拉克的人文主义思想正是循着文学、历史及道德哲学的轨迹一路逶迤而来，并最终在道德哲学的领域由诗人身份脱胎而为思想家，因而把彼得拉克作为文艺复兴时期人文主义思想的鼻祖是当之无愧的。

[1] 雅各布·布克哈特. 意大利文艺复兴时期的文化. 北京：商务印书馆, 1991: 223.
[2] 尼古拉斯·曼. 外国著名思想家译丛：彼得拉克. 江力，译. 北京：中国社会科学出版社, 1992:5.
[3] 尼古拉斯·曼. 外国著名思想家译丛：彼得拉克. 江力，译. 北京：中国社会科学出版社, 1992:6.
[4] 保罗·奥斯卡·克利斯特勒. 意大利文艺复兴时期八个哲学家. 姚鹏，陶建平，译. 上海：上海译文出版社, 1987: 7.

一、彼得拉克的生平

1. 颠沛流离的童年

1304 年 7 月 20 日，彼得拉克降生于阿雷佐（Arezzo）的一个被流放的佛罗伦萨人家庭之中。彼得拉克家族本来是托斯卡纳首府城市佛罗伦萨的名门望族，他的父亲瑟·皮特罗·彼得拉克（Ser Pietro Petracco）在佛罗伦萨曾经担任过著名的法律公证人。

在这段历史时期，他的祖国意大利还只是一个地理上的名词，在政治上这片土地处于四分五裂、分崩离析的境地。它的北部被称为意大利王国，但是管辖权却属于"神圣罗马帝国"，中部为教皇、大封建主的领地；南部地区先后受到拜占庭、阿拉伯、诺曼人的入侵，最南端为西西里王国。当时的意大利，经济发展也极不平衡，大封建主领地和共和国城邦同时并存。在十字军东征的推动下，坐拥地中海航线中心地利的意大利海外贸易得到了迅猛发展，意大利北部的热那亚、威尼斯、佛罗伦萨、米兰等城市已成为经济中心，经济的发展和手工工场的发达催生了从事手工业、商业的市民阶层，市民阶层意识也同时产生，于是，他们要求摆脱封建领主和教皇的统治，反对外族入侵，希望建立一个统一的民族国家。

佛罗伦萨此时已经成长为欧洲大陆上一个极为发达的工商业城市，金融商业尤为发达。在这里，封建贵族已居于次要地位，或者是转化为商业贵族；上层市民从他们自身的利益出发，有时与下层市民一道去反对封建领主，当于己不利时，他们又会出卖下层市民，与封建主、教皇达成相互妥协。当时社会的深刻矛盾还表现在已经出现了党派斗争：封建贵族政党基白林党支持皇帝，新兴市民政党归尔夫党支持教皇。1289 年，归尔夫党对基白林党的冈巴地战役爆发。战后，基白林党溃败，归尔夫党建立了资产阶级城市共和国政权。1300 年，但丁以知识分子的代表身份参加了佛罗伦萨城市的最高行政会议，并被选为城市七个行政长官之一。资产阶级政党在获得政权以后迅速分化为白党、黑党。

　关于白党与黑党的形成，马基雅维里在其《佛罗伦萨史》中是这样描述的：此时（1300）佛罗伦萨有两个最有权势的家族，切尔基家族和多纳蒂家族，他们富可敌国，显赫一时。他们两家无论在佛罗伦萨城还是在乡下都是毗邻而居，曾有嫌隙，但尚未严重到兵戎相见的地步；这些敌对情绪若没有新的缘由推波助澜，也许就不会造成什么严重的后果。在皮斯托亚城最有权势的家族中有一个坎切列里家族。事情是这样的，同属这个家族的古列尔莫大人的儿子洛雷和贝尔塔卡大人的儿子杰里正在玩耍，两人发生了口角，结果洛雷把杰里打伤了，伤势较轻。这件事让古列尔莫大人非常生气，打算用谦卑诚恳的道歉来平息事态；于是，他命令自己的儿子前往伤者父亲的家中，请求其宽恕，洛雷听从了父亲。然而，这一通情达理的行为丝毫没有打动贝尔塔卡大人的铁石心肠，他让仆人将洛雷拿下，为了最大限度地报复羞辱，他命手下将洛雷的一只手放在一个牲口槽上砍下，并对洛雷说道："回去告诉你爹，用刀剑造成的伤害是没法用言语治好的，只能用刀剑。"这一残忍行为使得古列尔莫大人怒不可遏，他命令所有家丁都拿起武器，一定要报仇雪恨，而贝尔塔卡大人则早已武装起来，严阵以待；不仅是这个家族，而且整个皮斯托亚城都发生分裂。因为坎切列里家族起源于坎切列里大人，他娶了两位妻子，其中之一叫比安卡（Bianca，白色），凡是她的后代组成一个派别叫比安卡；而另一派为了区别于前者，取名叫内拉（Nera，黑色）。[1]

　[1]　马基雅维里.马基雅维里全集：佛罗伦萨史.王永忠，译.长春：吉林出版集团有限责任公司，2013：70.

这两派为了争权夺势，分别投靠了切尔基家族和多纳蒂家族，从而形成了黑白两党。黑党包括许多旧贵族特权分子，白党则是进步的市民阶层一派。教皇一直对佛罗伦萨怀有野心，1300 年派三个间谍到此被市民捕获并受到审判。教皇卜尼法斯八世要求释放他们，但丁抵制最力。这时黑党为了复辟封建势力求援于教皇。教皇于恼羞成怒的状态下利用黑党的呼吁，一方面以削弱佛罗伦萨的教籍相威胁，同时又怂恿法国国王菲力普派兄弟查理带兵戡平所谓的"佛罗伦萨叛乱"，其中，《神曲》"地狱"篇中所描述的教皇与巨人接吻那一幕正暗示着他们之间的勾结。但丁没有被这一切所吓倒，他表现得格外镇定与坚决，他先放逐了黑党领袖唐纳狄，又放逐了白党著名人物同时也是但丁的知己朋友卡发坎狄，以免教皇找到借口。但问题尚未得到解决，法军已经压境，为了拯救佛罗伦萨，必须派干练的使者去罗马教廷交涉。但丁毅然前往，但一到罗马，即被教皇扣住。第二年法军进城，恢复黑党政权，成百的白党被杀遭逐。

1302 年 1 月 27 日，但丁被冠以欺诈、贪污、鼓动叛乱和反抗教皇及查理的罪名而遭到终生放逐，瑟·彼得拉克也因为身为白党一派而遭到被流放的惩罚。因而，彼得拉克也就理所当然地降生在他父亲的流放地——阿雷佐。

少年时代的彼得拉克因为受到父亲老彼得拉克对古典希腊罗马典籍的热爱的影响，从小就对古希腊罗马的经典文献有着异乎寻常的兴趣。可以说，在家庭的熏染下，他自幼就接受了古典文化的教育。1311 年，彼得拉克随父亲从阿雷佐迁居至法国的阿维尼翁城（Avignon）。

阿维尼翁城坐落于今天法国普罗旺斯的东南部，是罗纳河畔一个风景秀丽的小城。这座小城地处连接法国北方和南方的交通咽喉要道之上，这里还是从陆路往来于意大利（亚平宁半岛）和西班牙（伊比利亚半岛）的必经之地。因为地处要害之地，所以从罗马时代开始，阿维尼翁城就已经成为一个繁华的城镇。

那么，为什么彼得拉克的父亲瑟·彼得拉克要翻越阿尔卑斯山长途跋涉来到法国的阿维尼翁小城呢？

这还要从历史上的"阿维尼翁之囚"事件开始说起。众所周知，在中世纪的时候，天主教廷在和东正教分裂之后，教皇的驻跸地为罗马。公元756年，法兰克王国国王丕平把罗马城及其周围的地区送给教宗（教会史上称为"丕平献土"），这里后来成为西欧教会和政治生活的中心，教廷在意大利境内成立了以罗马为首都的教皇国，直辖领土面积达4万平方公里以上。但是，1294年，专横顽固的教权至上论者卜尼法斯八世（本尼迪克特·加塔尼，Benedict Gaetani，1235—1303）利用卑鄙的手段当选为罗马教皇。此时的欧洲，具有较强王权的统一民族国家正在普遍兴起，特别是在法国，腓力四世雄心勃勃，倚仗着强大的武力兼并了许多伯爵的领地，一心要把整个法兰西置于他的权力之下。然而，罗马教皇对教权的掌控以及对世俗王权的干预，严重阻碍着腓力四世实现自己的目标。强大起来的王权与专制的神权狭路相逢，少不了要作一番龙争虎斗。腓力四世同卜尼法斯八世的第一次较量是对法国财政权的争夺。为了支付战争费用，腓力四世开始向素来享有免税特权的法国神职人员征税，卜尼法斯八世在这场针锋相对的对垒中败下阵来，不得不允许法王向教会征税。但是卜尼法斯八世并不甘心失败。1301年，他听说腓力四世拟订了一个限制教皇权力的条例，便责成法国巴米叶地区的大主教进行干预。大主教狐假虎威，指责腓力四世。腓力四世先是置之不理，继而雷霆大怒，要把大主教交给法国世俗法庭审判。面对腓力四世的挑战，教皇决心反击。卜尼法斯八世一连发出三道通谕，指责腓力四世在对待教会问题上犯有严重罪行，声明大主教只能接受罗马教廷审判，同时宣布取消以前在财政上对腓力四世的让步。

腓力四世则当众烧毁了教皇的通谕，并召开了法国历史上第一次由贵族、教士和市民三个等级参加的会议，巧妙地利用小贵族和市民的反教会情绪，来压制教士服从国王。三个等级分别写信给教皇，申明国王只服从上帝，教皇不得干涉法国的内政。面对来自王权的严重威胁，卜尼法斯八世孤注一掷，颁布了一道"圣一至圣"教谕，这是封建时代天主教会最为闻名的教谕。这一教谕的核心内容是宣称人欲得救，必须服从罗马教皇，并开除了腓力四世的教籍。腓力四世针锋相对，列举了卜尼法斯八世的 29 条罪状，决定以国王的名义在法国审判教皇，并派军队赴罗马传讯教皇。1303 年 9 月法军闯进阿南尼宫，声称禀法王的旨意，令教皇到法国受审。卜尼法斯八世受尽了法军百般的凌辱，不久气绝身亡。1305 年，在腓力四世的干预下，法国波尔多大主教贝波尔脱朗·特·戈被选任为教皇，即克莱门特五世，并驻跸在法国境内。1309 年，为了更好地掌控教廷，腓力四世索性将教廷由梵蒂冈迁往法国南部城市阿维尼翁，教皇克莱门特五世开始在阿维尼翁行使教皇的权力。从克莱门特五世及之后的六任教皇都是法国人，教皇自此成为法国国王手心里的人质，史称"阿维尼翁之囚"。直到 1378 年，教皇格里高利十一世才趁着法国忙于百年战争之机将教廷迁回罗马。"阿维尼翁之囚"事件是中世纪教权由盛转衰的标志。

因为教权在西欧地区的特殊地位，所以在阿维尼翁成为教皇新的驻跸地后，昔日这个并不为世人所尽知的小城也就成为当时西欧地区的宗教中心、权力中心、外交中心，并吸引了全欧洲众多文化人士的蜂拥而至，这使得它渐而成为文化中心，真可谓是群贤毕集，文化气氛极为浓郁。当然，这里还意味着充满了各种可能的机会，也许这就是老彼得拉克千里迢迢举家翻越阿尔卑斯山来到开满了薰衣草的阿维尼翁的原因吧。

2. 普罗旺斯的爱情

在经历了早年动荡的生活之后，年幼的彼得拉克和他的家庭终于能够稳定下来了。阿维尼翁所在的整个普罗旺斯地区因季节的极富变化而拥有不同寻常的魅力——天空蓝的通透明澈，深吸一口空气，宛如新鲜的冰镇柠檬水一样沁入肺里，心底最深处似有清泉流过一般。在这里的7—8月间，漫山遍野的薰衣草迎风绽放，浓艳的色彩装饰着翠绿的山谷，微微辛辣的香味混合着被晒焦的青草芬芳，交织成法国南部最令人难忘的万种风情。

如此的浪漫之都也熏染和触发了彼得拉克内心中那与生俱来的浪漫情怀，彼得拉克自幼就酷爱文学和修辞，对古典作品尤为倾心。他的启蒙老师孔韦内沃莱·达普拉托作为语法和修辞学专家对彼得拉克也产生了一定的影响，而作为新教廷所在地的阿维尼翁，自然成了古希腊和古罗马的那些经典文献的收藏中心，古罗马维吉尔的诗歌、西塞罗的讲演都强烈地吸引着他。他对他们的作品钟爱有加，甚至常常达到了手不释卷、废寝忘食的地步。在阅读这些作品的时候，彼得拉克常常就沉浸在书中所描绘的美好情境之中，幻想着人类美好的未来社会生活。

但是，老彼得拉克对儿子的爱好却不以为然，他不喜欢儿子总是活在自己的梦想里，而更看重的是儿子将来要端一个实实在在的金饭碗。因而他更希望儿子子承父业，能够在法学的领域上有所造诣。于是，1316年，在父亲的淫威之下，痴爱文学的彼得拉克不得不放下手中的维吉尔诗卷，遵从父亲的意愿远赴法国的蒙彼利埃（Montpellier）大学和意大利的博洛尼亚大学学习法律，埋首在各种法典之中研习枯燥的法律条文。但是在蒙彼利埃大学的日子，却让彼得拉克有幸接触到了普罗旺斯民间的爱情诗歌，从而对他今后的诗歌创作奠定了初步的基础。[1]经过了长达10年之久对法律的刻苦攻读之后，彼得拉克仍然没有对法学研究产生丝毫的热爱之情，相反，埋首于法典之中的彼得拉克还是始终没有忘记文学对他的诱惑力。在这期间，他背着他的父亲大量誊抄维吉尔的诗歌作品，以从其中汲取文学的养分。1325年，彼得拉克购买了自己的第一本书：圣奥古斯丁的《上帝之城》。1326年，在父亲老彼得拉克去世之后，已经22岁的彼得拉克就如释重负般地扔下了手中刻板枯燥的法典文卷，转而又投身于文学创作活动当中。在同年，他离开意大利的博洛尼亚大学，回到了弥漫着浪漫气息的阿维尼翁，进入宗教界，担任了一个不太重要的教职。从1330年到1347年，他一直在红衣主教乔万尼·科伦那手下任职，但时有中断。在教会中的工作不仅保证了彼得拉克有一份较为丰裕的收入，还使他能够参与教廷的一些政治、外交活动，并有了进入上层社会的机会。

但是，乏味单调的宗教生活终究无法束缚住彼得拉克那颗躁动的心。这时的彼得拉克已经是一位对生活和文学创作充溢着激情的才华横溢的青年才俊，而爱情在此时此刻的突然降临，更成了彼得拉克投身于文学创作的催化剂。1327年的4月6日，23岁的彼得拉克在阿维尼翁的一家叫圣塔奇亚拉的教堂里面邂逅了一位美丽的少妇——20岁的劳拉（Laura），这位优雅大方、仪态端庄、举止高贵、妩媚动人的少妇瞬间就征服了充满着浪漫情怀的翩翩佳公子。彼得拉克视劳拉犹如女神一般，成就了一段一见钟情的爱情佳话，自此以后彼得拉克就深深地陷入了情网之中而无法自拔。劳拉可以说是彼得拉克人生历程中最为重要的一个女人，她影响了彼得拉克一生的心路历程。

爱是人类永恒的主旋律，爱情更是文学永恒不变的主题。无论时

[1] 尼古拉斯·曼.外国著名思想家译丛：彼得拉克.江力，译.北京：中国社会科学出版社，1992:14—15.

代如何发展、变迁，爱情和文学、男人和女人的故事永远是文学史上最动人的乐章。爱情作为文学创作永不枯竭的源泉，同样适用于彼得拉克的身上。彼得拉克对劳拉那炙热浓烈的爱和普罗旺斯的浪漫的完美契合，恰好成了催发彼得拉克创作激情的催化剂。

据有关文献记载，能够拨动彼得拉克心弦的劳拉的确如仙人般美丽娇艳，她嫁给了一个伯爵，一生共生了12个孩子，她面对彼得拉克的柔情倾慕，只能是给予一种默许无言的接受。彼得拉克与劳拉的接触虽然极少，但是两人的感情完全达到了心与心的交融，因而彼得拉克对劳拉的爱恋，可以说是真正意义上的"柏拉图精神恋爱"。

爱情的火焰激励着彼得拉克在诗歌创作上一发不可收拾，他在这一期间创作了大量的爱情诗歌，后来编辑成册命名为《歌集》。在爱情诗歌创作上的伟大成就并没有束缚住彼得拉克的视野，彼得拉克还把自己的诗歌创作激情扩展到了历史研究领域，写出了激情四射的叙事史诗《阿非利加》。

3.《阿非利加》与桂冠诗人

1330年，27岁的彼得拉克接受削发仪式即"圣彼得式"（头顶削发留周边），宣布皈依上帝，并且发誓永远独身，自此成为一名低等级教士。彼得拉克这一选择据说是与劳拉的爱情有关。1333年，彼得拉克被阿维尼翁教皇本尼迪克十二世（Pope Benedict XII，原名 Jacques Fournier，1334—1342）任命为教团成员，负责同欧洲各国官员进行密集的书信联系。直至1336年彼得拉克登临旺图山后的醍醐灌顶，让他最终放弃尘世的纠葛缠绕，于是彼得拉克1337年退隐回到阿维尼翁附近的沃克吕兹（Vauciuse），毅然开始了他的学术研究生涯。

史诗《阿非利加》的横空出世终于使彼得拉克蜚声诗坛，名闻遐迩。1340 年，巴黎大学和罗马市政府当局竞相邀请诗人去接受桂冠，而以彼得拉克审查者身份自居的安茹公爵兼那不勒斯国王罗伯特则希望在那不勒斯举行这个仪式。因为对故国的情缘以及对罗马共和国和罗马帝国昔日伟业的向往情结，促使彼得拉克选择了罗马。这一情结也是彼得拉克终其一生秉持着"与教皇和皇帝、与里恩佐的科拉（Cola di Rienzo）、与形形色色的意大利政府来往的中心思想"[1]的缘由所在。1341 年 4 月 8 日，彼得拉克身披安茹公爵兼那不勒斯国王的罗伯特赐给他的紫色礼袍，在仪仗队的簇拥下，在罗马的加比托尔山上的丘比特神殿中，光荣地接受了由罗马市政厅议员加冕的"桂冠诗人"（laurel）的称号。[2]在这一刻，"他认为古罗马的荣誉在自己身上得到了复活"。[3]

值得一提的是，作为近代第一位历史学家，彼得拉克在那样的时代背景下已经明显地感觉到了自己是处在一个新的时代。他认为，这个时代与古代希腊罗马时代有着类似之处（虽然并非如此，笔者注），而与处于古代和现代之间的时代却截然不同。因而彼得拉克在历史学领域中更为重要的贡献，在于他提出了一个全新的历史分期：意即"黑暗世纪"（Dark Ages）。彼得拉克终其一生对欧洲的古典文化进行了深入研究，他对古典文化的热爱简直到了宗教式的迷恋和痴狂的地步，正如布克哈特所说：彼得拉克"拥有并以有如宗教的虔诚态度小心地保存着一部自己不能读的希腊文荷马诗集"。[4]他曾说，在他感兴趣的事物中，他总是对于古典时代的种种事物无比痴迷，因为当今社会的事物让他无比地

[1] 保罗·奥斯卡·克利斯特勒.意大利文艺复兴时期八个哲学家.姚鹏，陶建平，译.上海：上海译文出版社，1987：8.
[2] 雅各布·布克哈特.意大利文艺复兴时期的文化.北京：商务印书馆1991：204.
[3] 保罗·奥斯卡·克利斯特勒.意大利文艺复兴时期八个哲学家.姚鹏，陶建平 译.上海：上海译文出版社，1987：8.
[4] 雅各布·布克哈特.意大利文艺复兴时期的文化.北京：商务印书馆，1991：183.

憎恶。因而，在彼得拉克心目中，古代希腊和古代罗马是人类社会文明发展的极致，是"高大上"，因而他幻想能够回到过去，他在有生之年周游欧洲重新发掘和出版经典的拉丁和希腊著作，目的就是重新恢复罗马古典的拉丁语言、艺术和文化，而他认为自公元410年罗马沦陷以来的这一段历史时期，是黑暗且邪恶的，这个时代既毁灭了古典希腊和罗马文明的精华，又摧毁了人性的美德，因此这是一个黑暗、愚昧、倒退的年代。彼特拉克于是把欧洲历史分为两个阶段：一是古罗马与古希腊时期；二是"黑暗时期"。他相信，总有一天罗马帝国会再次兴起，重新恢复古典文化的纯洁性，他因此形成了历史发展三阶段论。古代和现代是历史发展的两个高峰，而中世纪（他有了"中世纪"这个概念的最初萌芽）是黑暗的、倒退的时代，它应该结束。可见他从历史的角度对中世纪做了批判。

事实上，14世纪末与15世纪初人文主义者们认为，在当时，一个现代时期（Modern Age）已经开始了，所以从逻辑上来讲，"中世纪"已经形成了。后来，15世纪的人文主义历史学家比昂多将彼得拉克的这一历史分期定义为"中世纪"，在他的《罗马帝国衰落以后的历史，472—1440》一书中，提出西罗马帝国的灭亡标志着古代史的结束，从而历史进入了一个新的历史阶段，即中世纪，其意为介于两个文化高峰之间的一段历史时期。虽然此后历史学家客观地看到所谓的"中世纪"也并非是彼得拉克和比昂多所描述的是那样黑暗和愚昧，但是，"中世纪"这一名词却成为世界史上定性那一阶段历史分期的固有说法。

始终洋溢着文学创作激情的彼得拉克自然注定不会是"宅男"一个，他性格豪放不羁，热爱生活，热爱美丽的大自然，喜欢探奇览胜，对高山大川、江河湖海充满着探索未知的欲望。他极力反对中世纪教会所宣扬的禁欲主义的束缚。彼得拉克喜欢在风景秀丽的地方从事创作、研究，他的大量诗文、论著就是写成于远离尘世喧嚷的田园山庄之中。彼得拉克已经把作为审美对象的大自然与具有实用价值的大自然区别开来。他是最早从自然中发现美的人之一，并将自己对自然美的发现注入自己的作品之中。彼得拉克一直就将自己的一生视作一次没有归途的旅行，更由于他对古典作品近乎变态的痴迷搜求，因而他一生中不断到处旅游。从1330年开始，他已经开始了他几乎遍布欧洲大陆的游历生活：1330年的夏天，彼得拉克向东造访了法国南部的图卢兹和隆贝，并攀爬了比利牛斯山脉；1333年，彼得拉克北上翻越了阿登高原，进入德意志的境内，最后远至德国的科隆以北的广大区域；1336年彼得拉克远赴巴黎，在途中还登临了距离阿维尼翁东北40英里远的、海拔达1909米的被誉为"普罗旺斯巨人"的旺图峰，并成为西方近代首位将登山旅行经过完整地记录下来的思想家。在记录中，彼得拉克还将自己的心理活动完整地展现出来，描述了自己的内心精神从感官的挣扎直至灵魂升华的全过程；1337年，他翻越了阿尔卑斯山回到了他的祖国意大利并到了罗马城；1341年又到了罗马以南的区域；此后他在意大利境内遍游了众多城市；1356年，在他52岁高龄的时候，他还去了神圣罗马帝国境内的巴塞尔和布拉格。在游历过程中，他结识了不少学者名流。与此同时，他不惜金钱，不辞辛劳，四处收集拉丁文的古代残稿，并亲自抄录古典作品。在1333年彼得拉克从法国北上在神圣罗马帝国境内游历的时候，他发现了西塞罗为阿基亚斯辩护的《阿基亚斯演讲词》，1345年在维罗纳又发现了西塞罗《给阿提克斯的信》的手抄本。此种情况比比皆是，不胜枚举。

1347年，彼得拉克曾支持过发生在罗马的科拉·迪·里恩佐起义，这次起义一度建立了共和国。起义失败后，他还致书罗马人民表达了自己的惋惜之情。1351年，他拒绝了位尊禄厚的教皇秘书职务，为的是能为罗马人民进行一些有意义的改革。他提出君主应是臣民的父亲，而不应是他们的主人。君主应治理好国家，维修教堂和公共建筑，维持城市治安，疏导沼泽，保证酒和谷物的供应，帮助无依靠的患病者，反对野蛮的骑士比武。这些观念反映了他较为进步的政治思想。他最高的政治理想是要把意大利建设成为一个世俗政权统治下的国土，一个君主政体的统一国家。这些思想都体现了他对意大利民族和人民的满腔热忱之情。

彼得拉克虽然不懂希腊文，但依然精心地收藏希腊的古代作品，并鼓励和赞助他人翻译这些作品。正是在他和薄伽丘的帮助下，希腊人里昂古奥·彼拉多才能将《荷马史诗》全部译成了拉丁文。他十分珍视古罗马的遗物，诸如钱币、碑刻、雕像，都一一加以搜集并收藏。彼脱拉克在挖掘古代文化典籍方面的贡献在同时代人中是最卓有成效的，也正是他第一个提出要来"一个古代学术——它的语言、文学风格和道德思想的复兴"。他对自己所搜求到的古典希腊罗马文献进行反复阅读、认真校对，并试图订正它们的原文。在这一过程中，他还用自己的观点和看法对这些典籍进行解读和阐释，他把自己的思想称之为"人学"或"人文学"，以区别于基督教的"神学"思想。

4. 忏悔的年代

在完成了诗歌创作和历史学研究两个阶段之后，因为自身的学识积累以及思想认识上的自然提升，促使彼得拉克开始了他在道德哲学领域的探索。正是由于彼得拉克在道德哲学领域的涉猎，才决定了他能够在哲学领域获得了人文主义思想奠基人的地位。正如布克哈特所说的那样，"彼得拉克自己相信并且希望他的拉丁文作品能在他同时代人和后代人中间给他带来声誉，但很少想到他的意大利诗篇；如他所常告诉我们的，他宁愿毁掉这些诗篇，如果这样做能够把它们从人们的记忆中抹掉的话"。[1]

可见，对于自己的所有作品，彼得拉克心中自有一架天平，他认为自己最早时期的意大利文诗歌不值一提，而之后的拉丁文的作品则开始超越世俗的情感，直至自己最后阶段的有关道德哲学方面一系列的研究才达至自己思想的顶峰。彼得拉克对道德哲学方面的研究，开始于1342年《论我的焦虑的秘密冲突》的撰著。他在《论我的焦虑的秘密冲突》中，以向奥古斯丁忏悔的形式表白了他内心的斗争，认为自己对爱情和对荣誉的追求是罪恶的。不过，他承认自己不能改变，并认为即使沉迷于个人的世俗生活，人们仍然还是能够找到通向上帝的道路。这反映了在彼得拉克的人文主义的宗教观和道德观中，基督教的因素并未被彻底排除。对于教廷，彼得拉克一方面攻击其腐败，一方面又长期在教廷中任职，并与几位教皇过从甚密。此外，作为一个早期资产阶级知识分子的代表，彼得拉克的生活有一个时期是放荡不羁的，而他一生中的思想和活动也大都充满了个人主义色彩。比如，在他的《书信集》中，就突出地表现出了他善于以自我为中心的特征，进而将自我演化为他的哲学思想所探讨的主题。

通过彼得拉克这样一个鲜活的例子，我们可以断言，在那个时代，人文主义者能够既反对经院哲学，同时仍保持其基督教信仰，能够把自己的古典学识和宗教信仰调和起来，因而我们甚至可以认为彼得拉克是"基督教人文主义"早期的意大利先驱。但是无论如何，彼得拉克仍然称得上是一位伟大的人文主义者，是文艺复兴时期的人文主义思想奠基人，虽然这种人文主义思想是通过彼得拉克将古希腊哲学与基督教的神学思

---

[1] 雅各布·布克哈特.意大利文艺复兴时期的文化.北京：商务印书馆，1991：201.

想调和而实现的。[1] 但是，彼得拉克开创了一个新时代的伟大贡献并不
会因为他的调和的立场而被遮掩。

彼得拉克离开阿维尼翁以后，就很少长时期地定居于一地。其后半
生主要往来于意大利的一些城邦之间，他先后在帕尔马的卡拉乔、米兰
的威斯孔第以及帕图阿的卡拉拉等宫廷中待过，也曾一度是威尼斯共和
国的座上宾。在此期间，各城邦常借助他的名望和人脉做一些外交工作。
最后，他在一个叫阿克瓦的小镇买下一所房子。1374 年 7 月 18 日的一个
夏夜，彼特拉克伏在维吉尔的书稿中，与世长辞，享年 70 岁。尽管教会
势力出于仇恨的目的而将他暴尸示众，但是阿克瓦小镇的人们仍然对拥
有"诗圣"称号的彼得拉克怀有深深的敬意，他们将彼得拉克的灵柩安
葬在小镇的公共墓地中。今天的阿克瓦城仍保留着彼特拉克的故居以及
墓冢，以供后人深深的怀念。

二、彼得拉克的创作活动与学术思想

彼得拉克作为一位伟大的人文主义文学奠基人和开创者，被誉为"文
艺复兴之父"，他以"桂冠诗人"的荣耀而荣膺"诗圣"的美誉。但
是，仅仅以他的文学作品之中所蕴含的人文主义思想是难以令彼得拉克
获得"文艺复兴之父"这一如此殊荣的。彼得拉克拥有如此显赫的地位
是因为他还拥有着近代以来"第一人"的众多头衔，如近代第一位史学家、
第一位园艺家、第一位登山家等。除此之外，他更是文艺复兴初期一位
伟大的哲学家。因为人文主义思想作为一种注重社会价值取向、倾向于
对人的个性的关怀的哲学思潮与世界观的学说，必然会与道德问题和人

---

[1]　保罗·奥斯卡·克利斯特勒．意大利文艺复兴时期八个哲学家．姚鹏，陶建平，译．上海：上海
　　译文出版社，1987: 14.

的问题产生的密切关联，因而彼得拉克的人文主义思想就不得不与道德哲学发生密切的关系。当然，道德哲学也并非人文主义思想的同义语。

彼得拉克一生中所创作的作品门类众多，包含有各个领域方面的内容。其中，在诗歌方面就包含着不同的题材，如爱情题材、叙事史诗题材，也有政治抒情诗；同时在诗歌理论方面也成就斐然；另外，彼得拉克在历史学方面和哲学研究方面也有大量著述问世。

1. 彼得拉克体与《歌集》

在中世纪的普罗旺斯，流行着一种行吟诗人，其中包括封建主、骑士及教士为主创作并吟唱的短小的抒情诗体裁，被称为"商籁体"，该词即来源于普罗旺斯语"sonet"，这种体裁成为后来风靡欧洲文艺复兴时期的十四行诗的起源。而生活在那里的彼得拉克深受这一诗歌体裁的影响，因而采用这一体裁方式来抒发对劳拉的爱恋和倾慕之情。在彼得拉克之前，早期的十四行诗因为刻板单调、因循守旧，千诗一面，因而并没有成为主流的诗歌创作模式，但是经过彼得拉克在这一期间所创作的大量诗歌对这一体裁的发展和完善，使这种体裁成为文艺复兴时期的欧洲最为重要且最为流行的一种诗歌体裁。这一诗体后来甚至被称为"彼得拉克诗体"。彼得拉克运用十四行诗体，创作出直抒胸臆、清新自然和韵律优雅的诗作，达到了他那个时代最完美的艺术之巅。

彼得拉克在诗作中使用最优美的文字娓娓倾诉着自己对劳拉的情感。在这一期间，彼得拉克创作了几百首充满柔情爱意的抒情诗，这些爱情诗的时间跨度从1327年4月6日彼得拉克邂逅劳拉开始，直至1348年，席卷了整个欧洲大陆的暴虐的黑死病夺去了劳拉的生命止，后来辑成《歌集》一册。《歌集》是由彼得拉克用意大利文写成的366首抒情诗组成的，主要歌咏他对劳拉的忠贞爱情。劳拉因瘟疫而逝后，彼得拉克哀伤不已，于是写作了《闻劳拉死讯》表达了沉痛的悼念之情。

> 在这白茫茫的世界，如今我已了无牵挂了，
> 劳拉！既然你，我生命中唯一的绿，也已
> 凋谢。二十一年了，自从我认识你，期间
> 见过几次面，你只给予我面纱背后的微笑，
> 此外就剩下我的绝望。美即悲哀，你的脸
> 是那悲哀的总谱。我青春的火焰已经熄灭，
> 别了，虚妄！我的泪水不禁渗出一片灼热：
> 我的痛苦从此得以凝固，前途即是深渊……
> 我，这无缘体验你胸口的温暖的孤独者，这
> 被你当成远方的思想者的，有着流水的寂寞
> 和麦浪的丰饶的收割者，他心中小小的灯盏
> 破了，碎了，无须再弱不禁风了。我的一半
> 献给了诗歌，另一半献给了你，前者给了我
> 荣誉，后者永远地傲视我的桂冠！

在这些诗歌中，彼得拉克用细腻的笔触坦率地表达了世俗人们向往幸福的内心世界。他的诗歌摒弃了中世纪骑士文学中所描述的那种令人高攀不上的贵族妇女的形象，他也没有像但丁那样，把爱情刻意地象征化、哲理化，他描写、歌颂的是一个实实在在的人间妇女。他使爱情诗更接近生活，充分反映了文艺复兴时期人文主义的精神的主题思想。这种鲜明的将世俗的爱情用诗句表达出来的创举，与那个时代绝大多数的文艺作品的主题皆以爱上帝为至高境界的宗教为文学创作的主题是截然不同

的，甚至可说是大逆不道，是对单调刻板的宗教思想的彻底颠覆。在这些诗歌中，彼得拉克"以热情奔放和清新自然的笔调肯定和颂扬了人的天然本性与世俗爱情"，[1]肯定了人性的尊严，赞美了纯洁的爱情，讴歌了现世的美好生活，对迂腐刻板不近人情的宗教进行了大胆而泼辣的批判。他宣称："我不想变成上帝，或者居住在永恒之中，或者把天地抱在怀抱里。属于人的那种光荣对我就够了。这是我所祈求的一切：我自己是凡人，我只求凡人的幸福。"[2]彼得拉克将自己的爱情观融入这种诗歌体裁之中的方式，进一步推动了歌颂爱情的十四行诗成为之后200年间欧洲诗坛的主要风尚。《歌集》所采用的十四行诗的形式，也对以后欧洲的诗歌发生了巨大而持久的影响。

此后，十四行诗诗体为后来的乔叟、莎士比亚所模仿、继承并发扬光大，在欧洲诗歌发展史上领一代风气之先，而其以爱情观为体现的人文主义思想也正是从此时开始萌发。彼得拉克为那个时代的文艺创作打开了一扇新门，从此以后中世纪晚期的文坛吹进了一缕清新之风。甚至可以说，彼得拉克是"第一个把人的眼光从来世转向现世"的人。[3]

当然，爱情虽然让彼得拉克的生活充满了诗意和激情，但是，世俗浮华之中的风花雪月并没有束缚住彼得拉克在文学创作上的探索的脚步，他的文学成就也并没有仅仅止步于《歌集》中所体现的以歌颂爱情为主题的十四行诗之上。他在诗歌上的伟大成就更多地体现为叙事史诗《阿非利加》的完成。

在青年时代，彼得拉克就对语言有着天生的且无与伦比的感悟力和理解力，他认为，中世纪时期刻板的拉丁语言只能适合作为教会活动的

[1] 孟广林.欧洲文艺复兴史：哲学卷.北京：人民出版社，2008：45.

[2] 北京大学西语系资料组.从文艺复兴到十九世纪资产阶级文学家、艺术家有关人道主义人性论选辑.北京：商务印书馆，1971：11.

[3] 张椿年.从信仰到理性：意大利人文主义研究.杭州：浙江人民出版社1993：29.

宗教语言，而无法成为充分表达自己丰富感情的工具。当他在广泛阅读古典作品的时候，充分认识到当下时代的语言文化与古典时代的文化差距悬殊，古代罗马时期的维吉尔诗歌和西塞罗辩论集中所使用的古典拉丁语更让他心仪不已。正因为他认识到了古典文化的辉煌和伟大，因而开始如饥似渴地搜求更多的古代文稿，并从中汲取知识和养分，同时在这一过程当中，他已经能够完全熟练地掌握运用古典拉丁语，并开始试图用高雅优美的古典拉丁语在创作诗歌上实现突破。于是，从1338年起，彼得拉克用四年的时间，完成了他诗歌创作史上的经典之作——叙事史诗《阿非利加》。

2.《阿非利加》和诗论

《阿非利加》是彼得拉克模仿他最为欣赏的古罗马诗人维吉尔的笔法，用古典拉丁语创作而成的。这部史诗开创了文艺复兴时期用古典拉丁文字创作书写诗歌的典范。彼得拉克认为，第二次布匿战争成就了伟大罗马的全盛时代，而取得这次战争胜利的罗马统帅西庇阿就成为彼得拉克要歌颂的偶像。[1] 在这部史诗中，彼得拉克用优美的语言，对当年罗马与迦太基的第二次布匿战争做了生动的描述：讴歌了罗马统帅西庇阿战胜汉尼拔的英雄事迹，盛赞他功绩伟大，甚至可与恺撒、庞培等相媲美。彼得拉克对西庇阿的赞美，实际上是对伟大的意大利民族的赞美。

之后，他还创作了政治抒情诗《意大利颂》，中世纪的意大利，只是一个地理上的概念，而并非一个政治实体。在政治上它始终处于四分五裂的状态，并经常遭到德意志、法兰西、西班牙等国的侵扰，始终没

---

[1] 雅各布·布克哈特.意大利文艺复兴时期的文化.北京：商务印书馆，1991：254.

有形成统一的国家。彼得拉克在《意大利颂》中，谴责了封建君主们的倒行逆施，揭露了教会的腐朽堕落，表达了他反对封建割据、渴望统一的强烈愿望，并且号召意大利人民为实现和平统一而战，整个诗篇充满着满腔的爱国热忱。

他在诗中写道：

> 我的意大利啊！
> 纵然我的诗句不能治好
> 那些折磨你美好躯体上血迹斑斑的创伤，
> 可我的心好像生了重病，
> 我的叹息从庄严的海岸吹到了台伯河上。
> ……
> 看吧，
> 我的祖国，
> 你所喜爱的我的故乡，
> 正在为无名原因引起的战争
> 和那不能抑制的纠纷，
> 受着多么残酷的
> 折磨和煎熬！

在这首诗中，彼得拉克对战争和割据造成的对祖国损害的切肤之痛跃然纸上，字里行间充满了他无奈的苦痛和痛楚的泪。

诗歌创作是彼得拉克人文主义思想发散的开端。在这些诗歌中，充满着彼得拉克对人性、对爱情以及对祖国的炽热的感情，这些思想充分体现了彼得拉克的人文主义思想。

彼得拉克不仅是一位伟大的诗人，同时还是一位伟大的诗论家。他对于诗歌的重要观点散见于他大量的书信之中。在这些书信当中，彼得拉克首先谈论了关于诗的性质。他认为，如同基督教神学对基督的称谓时常改变一样，如果能够用比喻把话说得生动，就应该称之为诗。这也就是通常所说的隐喻。他特别指出神学家经常喜欢用崇高的语言来表达神性，用优雅的节律、新颖的方式来编撰祈祷文，因而也应当归于诗人的行列。这种把神学家列入诗人行列的观点，并非将诗人概念扩大，而是在论证神学也是诗，诗就是神学。他的朋友薄伽丘日后也同样论证了这一点。

其次，他认为诗人的职责在于用充满魅力的虚构的手法来表现平凡、自然和一切事物的真理。唯其如此，诗歌的深刻内涵才更容易被轻松的表面快感所遮掩，令人难以发现。彼得拉克最早指出大自然对人的感受是重要的，而更为关键的是对自我的认识，这一点在他的作品中得到了充分的展示，而且也成为他的作品易于被现代人接受的原因。

彼得拉克晚年还对诗歌与哲学的地位提出了自己的见解，在中世纪神学至上的时代，哲学是为神学服务的，而诗歌特别是世俗的诗歌比哲学又降低了一个等级，两者不可同日而语。尽管彼得拉克应该说是在神学的供养之下过着优裕的生活，但是他却坚定地站在诗歌的一边。他以"快乐"和"理性"的对话，来证明诗人的认识胜于哲学家的认识。以对"美"的认识为例，彼得拉克非常认可维吉尔所说的"德从美的躯体中更显出魅力"这一观点，他认为这种有关魅力的说法是最为准确的，因为这并非发自于事物本身，而是旁观者的理性判断。彼得拉克认为美是德的装饰，而且主张美应当在精神世界里得到充实。他在另一封信中，谈到了自己对于美的深刻感受，也预示了整个文艺复兴诗歌表现的时代主题之一。他在信中说，在他年轻的时候，虽然他并不见得能够真正了解其他的那些作家，但是他还是极度渴望能够完成一部完美表达"诗歌之美"的作品。

彼得拉克在获得"诗圣"桂冠后，便被全欧洲所仰慕。这样的荣耀带给彼得拉克莫大的荣光，但是也让他原本向往的田园生活不得不被喧嚣的世俗生活所取代。他被教皇赋以了各种头衔，到处奔走去履行教廷指派的各种外交任务。但是彼得拉克并没有放弃自己对古籍编撰以及学术研究的兴趣。

3.《名人传》与历史分期论

对罗马共和国和罗马帝国辉煌的昔日伟业的向往情结还促使彼得拉克对那个时代的伟人情有独钟，所以，彼得拉克在沃克吕兹开始动笔撰述《名人传记》这部著作，直到 1443 年才完成该书的写作工作。彼得拉克萌生创作这部作品的念头甚至可以追溯到 1320 年，当时他年仅 16 岁。正是在那个时候，彼得拉克在对李维的作品进行研读以后，就萌发了要为那个伟大时代的伟大人物撰写传记的情愫，并准备定名为《论名人》。[1]这本书的出版充分地展现了彼得拉克渊博的历史素养，也标志着彼得拉克的人文主义思想从文学创作领域开始向历史学研究领域的渗透和转移。《名人列传》是用拉丁文写成，书中总共撰写了从罗慕洛（Romulo）到恺撒一共 21 位古罗马时期的历史名人，以及伊庇鲁斯国王皮鲁斯、马其顿国王亚历山大和腓尼基统帅汉尼拔共 24 位历史人物的英勇事迹。彼得拉克撰著此书的目的是以罗马历史上的伟大人物作为线索串联成史，从而为意大利人展现出一部恢宏壮阔的罗马历史，让中世纪时期处于分崩离析状态的意大利人借此认识到自己的祖先曾经建立过横跨欧亚非三大

---

[1] 尼古拉斯·曼．外国著名思想家译丛：彼得拉克．江力 译．北京：中国社会科学出版社，1992:21.

洲的罗马大帝国，以利于激发意大利人久已泯灭的民族自豪感和民族自信心，从而促使意大利人民走上民族统一的道路。正是因为彼得拉克是满怀着激情开始撰著这部作品的，所以当彼得拉克在写作西庇阿这个人物时更为西庇阿的英雄事迹所感染，这一激情推动了彼得拉克在进行这部作品写作的第二年就创作了那部蜚声欧洲的叙事史诗《阿非利加》，从而成就了彼得拉克一个人物两个体裁的佳话。撰写历史非彼得拉克的特长，所以他未能批判地运用史料，从而正确地反映历史事实和英雄人物的面貌，但是彼得拉克在《名人列传》中所贯穿和倾注的爱国主义和民族主义思想，成为彼得拉克人文主义思想的又一体现。后来彼得拉克不断地对这部著作进行增补和修改，并一直持续到他临终之前。

1343 年，在完成了《名人列传》之后，彼得拉克对历史领域问题的研究热情仍没有消退，所以他紧接着又开始了另一部历史学著作——《大事集》（*Book of Memorable Matters*）的写作工作。这部书的写作据说是受到了瓦勒里乌斯·马克西姆斯（Valerius Maximus）所编撰的《名言和事迹》（*Facta et Dicta Memorabilia*）一书的启发。不过彼得拉克的这部书已经完全超越了马克西姆斯原著的范围，而是扩展到了与彼得拉克同时代的但丁以及安如公爵兼那不勒斯国王罗伯特等人的有关内容。这本书原本的写作目的仅仅只是想同马克西姆斯原书中的某些细节进行比较及订正，后来竟然演变成为对历史人物在重大事件中的某些言行的出发点和心理活动的研究和企图以这种研究再现历史的一种尝试。[1]

1346 年，彼得拉克还利用维吉尔带给他的创作灵感，模仿着《牧歌》的风格写了一系列田园风格的诗歌。这些诗歌后来被编入名为《田园歌集》（*Bucolicum Carmen*）的诗歌集中。在这些诗歌中，彼得拉克借鉴了

[1] 尼古拉斯·曼. 外国著名思想家译丛：彼得拉克. 江力，译. 北京：中国社会科学出版社，1992:26.

维吉尔的田园风格，并且也像维吉尔一样在诗歌中探讨了文学和政治问题，用巧妙的艺术手法抨击了阿维尼翁教廷的腐败和堕落。

4. 道德哲学的《秘密》

彼得拉克对道德哲学方面的研究，开始于 1342 年《论我的焦虑的秘密冲突》的撰著。此后，彼得拉克又先后完成了对话集《论好和坏的命运的补救法》《论隐士生活》《论他自己的和许多其他人的无知》《名誉的胜利》等众多作品。在这些作品的写作中，彼得拉克深受众多古罗马经典作家拉丁文风的影响，比如，在《论我的焦虑的秘密冲突》一书中，就深深地刻有维吉尔风格的烙印；而在其《书信集》和《论好和坏的命运的补救法》中，在文体和内容上都随处可见塞涅卡作品的影响。在他讨论论辩术和针对经院主义哲学其他门类的攻讦以及对道德哲学问题的强调，似乎都完全移植了塞涅卡在《论道德书信》中探讨早期斯多噶学派所表现出来的那种温和的怀疑主义情绪；这一表现在彼得拉克的《论好和坏的命运的补救法》和《论我的焦虑的秘密冲突》都可以找到佐证。

在道德哲学研究方面，古典拉丁作家对彼得拉克影响最为深远的和他在诗歌创作中一样，首推西塞罗。他在很多文章中都大段引用西塞罗的文字，并自称自己为西塞罗主义者。但是，不可否认的是，古代西方哲学的源头来自于古希腊而并非是古罗马，彼得拉克虽然试图学习希腊语，不过他的语言水平始终无法达到能够阅读希腊作者原著的程度，因此，彼得拉克有关古代哲学的知识主要还是来自于古罗马作家著作中大量有关希腊的内容，而这些内容在被古罗马作家转译及引用的过程中，原汁原味的古希腊哲学必然会不可避免地羼杂有使用者自己的认识和感悟，在面对古希腊两大哲学巨头——亚里士多德和柏拉图时，彼得拉克更是颠覆了当时中世纪经院哲学所固有的尊亚贬柏的传统，他相信柏拉图是最伟大的哲学家，较之被经院哲学家极力推崇的亚里士多德更为伟大。

彼得拉克在《论他自己的和许多其他人的无知》一书中指出，柏拉图是哲学宗师，柏拉图是被比较伟大的人物所赞颂，而亚里士多德只是为数量较多的人所称赞。他通过研习有关文献接受了柏拉图将灵魂三分为理性、勇敢和欲望的理论，并且赞同柏拉图认为人的道德目标应该是排除激情，使灵魂纯洁的观点。当然，作为对圣奥古斯丁偏爱有加的彼得拉克来说，以柏拉图主义为根基的奥古斯丁学说必然会影响他的这种学术倾向，而亚里士多德主义和柏拉图主义作为经院哲学中的两大流派，彼得拉克只是表现为对在经院哲学中的古典时期中以阿奎那为代表以亚里士多德主义为基础建立起来的自然神学的批判，但是并不能证明他对柏拉图主义的褒扬就意味着他力图重建以柏拉图主义为核心的奥古斯丁神学体系。因而我们可以假定，彼得拉克对亚里士多德主义的"攻击带有强烈的个人和主观的色彩，并且反映了彼得拉克与这些领域的代表人物之间的个人冲突和敌对，而不是在一些具体问题或论点上的差异"[1]。所以说，彼得拉克的"柏拉图主义"只是一个纲领和口号，而不是一个学说，更没有形成一个成熟的理论体系。当然，虽然彼得拉克在他所生活的那个时代没有实现自己的愿望，但是它却成为文艺复兴运动高潮时期"新柏拉图主义"运动的开端和前提，为后来人文主义者翻译柏拉图思想指明了道路，为佛罗伦萨学园的柏拉图主义思想指明了道路。以至于到16世纪的时候，柏拉图的地位已经与亚里士多德一样的如日中天了。[2]

当然，作为布克哈特心目中的"第一个近代人"，彼得拉克被誉为

---

[1]　保罗·奥斯卡·克利斯特勒.意大利文艺复兴时期八个哲学家.姚鹏，陶建平 译.上海：上海译文出版社，1987：8.

[2]　保罗·奥斯卡·克利斯特勒.意大利文艺复兴时期八个哲学家.姚鹏，陶建平，译.上海：上海译文出版社1987：11.

文艺复兴时期人文主义思想的奠基人，而"人文主义"所高扬的人学旗帜正是对中世纪时期神学统治的否定，但是，彼得拉克作为基督教神学体制内的一员，他不可能与过去的基督教神学思想做到完全的剥离，因而作为新旧时代交替时期的代表人物，其所具有的过渡性决定了他不可能完全摒弃传统经院哲学的影响，因此，在"他的著作中甚至还有些经院哲学的痕迹。更为重要的是他对基督教的态度。宗教信仰和宗教虔诚在他的思想和著作中居核心地位，并且也没有丝毫理由来怀疑他的陈述是否真诚"。[1] "他对教会的教条不表示怀疑；他过于温和、安适，而没有成为一个异教徒。——基督教对它而言，在道德上是无可争论的，而且驾乎异教之上"。[2] 因为他自己曾经在给朋友的书信中毫不掩饰地表达过：在他的内心的最深处的情感是与基督相伴相随永在一起的。甚至于当他谈论自己如果在学术或者宗教两者之间做一选择的话，他都认为自己只能也是唯一的可能是一位基督徒，而并非西塞罗主义者或柏拉图主义者。

在彼得拉克的心目中，宗教才是哲学的最终极致，他认为，如果要想真正地进行哲学探讨，那么人们就应该首先必须热爱和崇拜基督。只有身为一个真正的基督教徒，才有可能成为一个真正的哲学家。有专家认为："早期的人文主义并非是对哲学沉思形式的反抗，也不是来自革新学习的希望或是盼望黄金时代的到来。在早期的人文主义并未出现文艺复兴人文主义实质性的东西。早期的人文主义是学习古典著作的自然发展的结果，它是在中世纪后期这些古典著作被收集起来后自发产生的。"[3]所以说，彼得拉克所体现出来的人文主义思想可能更多的并非是源于彼

[1] 保罗·奥斯卡·克利斯特勒. 意大利文艺复兴时期八个哲学家. 姚鹏，陶建平，译. 上海：上海译文出版社 1987：12.

[2] 威尔·杜兰. 世界文明史·文艺复兴. 北京：东方出版社，2003：21.

[3] Robert Weiss, The Dawn of Humanism in Italy. New York: Haskell House Pub Ltd. 1947 :21.

得拉克对基督教神学思想的自觉反动，而是他在汲取古典文献的基础上所呈现出的学识上的积累以及对古代文献在心灵上所产生的共鸣的一种学理上的反映。这种反映在后人面前更多地呈现出的是过渡性人物和过渡性思想的特征。所以，在那个时代，完全的非此即彼的状态是不存在的，因而彼得拉克关于道德哲学的理论也只能是在神学传统体系内的革新救赎而非革命性的重建。

而且，彼得拉克其所展现给后世人的心灵轨迹到底是其心灵的自然流露抑或是其刻意雕饰美化以塑造其形象为目的尚不得而知。因为彼得拉克把自己的《书信集》当作"艺术品来求得完美，而不是史料的集成"[1]。今天从这句话中我们是否可以假设，彼得拉克的更多作品在更大程度只是为了在后人面前树立一个良好的楷模形象上而雕琢打磨后的结果，因而可能在某种程度上远非其自己内心真实思想和情感的完全映射。而且，从中世纪封建社会向近代资本主义社会的过渡时期的基本特征，决定了人文主义思想是以新旧交织的矛盾意向与思想内涵展现出来的，其还远远没有真正成为整个资产阶级的自觉的思想体系，不可能挣脱其与神学文化传统的天然脐带，在某种程度上仍带有神学蒙昧、禁欲说教的思想烙印。[2]

彼得拉克终究是一个处于两个时代交替时期的人，时代的矛盾不可避免地会在他的思想上反映出来。他大胆地追求世俗幸福、名誉，但他对基督教的道德观念的批判是不彻底的。他一生中都在思想和文学上进行反对宗教禁欲主义的斗争，但又不能彻底摆脱中世纪宗教道德和禁欲主义的精神枷锁：他大胆追求爱情和幸福，但有时又认为这是有罪的；

---

[1] Francisco Petracco. Letters on Familiar Matters. Translated Aldo S.Bernardo. NewYork: Italica Press, 1985: Introduction.

[2] 孟广林．欧洲文艺复兴史：哲学卷．北京：人民出版社，2008：67.

他提出人应当认识自己，不认识自己决不能认识上帝，但又认为那些把时间用在认识上帝上而不用在热爱上帝上的人是错误的。因为人不能完全认识上帝，但能够虔诚地热爱上帝。在他的《论命运的补救法》中，他甚至提出尘世一切善恶皆空的思想。他在《论我的焦虑的秘密冲突》中以向奥古斯丁忏悔的形式表白了他内心的斗争，认为自己对爱情和对荣誉的追求是罪恶的。不过，他承认自己不能改变，并认为即使沉迷于个人的世俗生活，人们仍然还是能够找到通向上帝的道路。这反映了在彼得拉克的人文主义的宗教观和道德观中，基督教的因素并未被彻底排除。对于教廷，彼得拉克一方面攻击其腐败，一方面又长期在教廷中任职，并与几位教皇过从甚密。此外，作为一个早期资产阶级知识分子的代表，彼得拉克的生活有一个时期是放荡不羁的。而他一生中的思想和活动也大都充满了个人主义色彩。比如，在他的《书信集》中，就突出地表现出了他善于以自我为中心的特征，进而将自我演化为他的哲学思想所探讨的主题。这些缺陷和不足在他的作品中可以说是司空见惯，比比皆是。

三、《论我的焦虑的秘密冲突》赏析及导读

1. 写作背景

《论我的焦虑的秘密冲突》是彼得拉克在 1342—1343 年写的一部由三部分组成的拉丁语著作，这部著作代表了彼得拉克在道德哲学研究领域的学术水平，被誉为是欧洲中世纪时期第一部内省式的心理分析文献。这部著作的出炉源自于彼得拉克在那一阶段所面临的信仰危机。因为彼得拉克虽然在 27 岁的时候削发明志并宣布永远独身，但是他从来就没有缺少过肉欲之爱。这一期间随着彼得拉克的私生儿女的相继出生，使得

他的自身道德要求以及世俗名誉面临着自我负罪感的煎熬, 并且也是对他所高调宣扬的对劳拉纯洁的爱的玷污和亵渎。此外, 1343 年, 与彼得拉克兄弟情深的胞弟盖尔多毅然加入法国的加尔都西修会对他的打击更为沉重。在这种心境下, "个人救赎" 就成为彼得拉克必须要解决的首要问题, 彼得拉克正是在这一时期开始了《论我的焦虑的秘密冲突》的写作工作。

在该部著作中, 彼得拉克用对话的形式巧妙地虚构了他与古罗马帝国时期的天主教思想家圣奥古斯丁长达三天时间的思想交流, 其中就死亡、宗教思想与世俗幸福的冲突、禁欲主义与肉欲爱情的矛盾等问题展开了开诚布公的讨论。彼得拉克撰写此部著作与其对被誉为世界三大忏悔录之一——圣奥古斯丁的《忏悔录》一书的认识有着莫大的关系。对古典文化的痴迷, 使得他在 1333 年从朋友那里得到圣奥古斯丁的《忏悔录》后便如获至宝, 随时研读, 圣奥古斯丁的《忏悔录》带给了年轻的彼得拉克精神上的食粮和智慧的启迪。研究表明, 彼得拉克受圣奥古斯丁的影响, 因而在追求世俗幸福还是宗教情感上始终存在着严重的冲突, 他的作品《论我的焦虑的秘密冲突》就是以自己同圣奥古斯丁对话的形式, 充分揭示了他的内心世界中的隐秘之处, 其中文中对于其矛盾心理的解剖与探析, 佐证了圣奥古斯丁的《忏悔录》对他造成的深远影响以及同他心灵的某些思想方面的契合。因而彼得拉克之所以能够被称之为人文主义第一人, 正是因为他的思想是从古老的卷帙中体悟到的, 而并非只是简单的对先哲的模仿或者是移植。

2. 导读及赏析

《论我的焦虑的秘密冲突》在国内的中译本书名为《秘密》, 系广西师范大学出版社 2008 年 4 月出版，译者为朱匡国先生（共 173 页）。

《秘密》内容简介

《秘密》长久以来一直被视为彼特拉克研究最重要的拉丁文本，它为我们洞察彼特拉克的精神形成与发展，提供了极其宝贵的资源。《秘密》不仅是一部自传性作品，借由三篇虚构的道德对话向我们揭示了彼特拉克早期的人文理想；更重要的，它同时也是一份人类自我治疗的伟大文本，展现出近代文人深邃而又矛盾的心理状态。

《秘密》目录

导言：主要包括译者朱匡国先生对彼得拉克个人生平的简要介绍、《秘密》一书的主要背景以及深刻内涵所在。最后译者对《秘密》翻译过程中所用版本情况作了简要说明。

序：彼得拉克用一场梦导入《秘密》一书所设计的场景当中：真理女神、圣奥古斯丁以及弗朗西斯科（彼得拉克本人），从而为下文中所涉及的三天谈话的主要内容作了简要铺垫。

第一卷：第一天的谈话，主要探讨了如何摆脱人类存在的迷惘而攀登人生的最高层次。从而让弗朗西斯科忏悔自己所曾经有过的懦弱、欺骗和恐惧。

第二卷：第二天的谈话，主要探讨了人世间的欲望问题以及对人类所产生的诱惑。谈话中还间接地提及彼得拉克所犯有的肉欲之罪以及自感对劳拉之爱的亵渎所带给他的折磨和负罪感。

第三卷：第三天的谈话，主要讨论了束缚弗朗西斯科（彼得拉克）的两条锁链：彼得拉克对劳拉和荣耀的爱欲。

彼特拉克的生平：有关彼得拉克的简要年谱。

专名术语索引：译者对书中部分专有人名、地名、书名及专业词汇名所做的检索目录。

部分内容赏析

第一卷

圣奥古斯丁：可怜的人啊，你在做什么？你在想些什么？你在等待什么？难道你对自己的不幸毫无察觉？抑或已经忘了你终将一死？

弗朗西斯科：喔，不，我没有忘记，每当一想起这事我便颤抖不已。

圣奥古斯丁：我只希望你能如你宣称的一样记得这现实，看管好你自己，不要为自己找麻烦。人要彻底弃绝世间各种诱惑，在动乱环绕之际寻求心灵平静，毫无疑问，没有比回想起自身的不幸和冥想死亡的真实更为有效——若这个沉思不是随意浅薄，那它便能深刻动人。然而我担心，你是否和大多数人一样，也在诓骗自己。

弗朗西斯科：怎至如此？我完全不了解您现在所说为何。

圣奥古斯丁：我说的是人性！这是一切世人所承袭之癖性的附属物。没有什么比你们倾于精心滋长自身的不幸并佯装无视危及自身的险境更使我惊奇、令我诧异的，就算被迫留意它，你们也会将它驱出心门。

弗朗西斯科：请您解释。

圣奥古斯丁：你认为真会有人愚蠢到病入膏肓便丝毫不抱认真的希望等待痊愈？

弗朗西斯科：没有人会如此愚蠢。

圣奥古斯丁：那么接着，你认为会有人如此欠缺决心、动力，以至于无法用尽全部精力去争取他所真心渴望的事物？

弗朗西斯科：当然不会。

圣奥古斯丁：如果我们同意这两个观点，则也必能同意第三个。

弗朗西斯科：那是什么？

圣奥古斯丁：我们同意，如果一个人内心非常明白他是不幸的，那么他会渴望幸福；而一旦他怀有对幸福的渴望，他将会热切地追求他的目标。于是第三点即是，如果一个人尽其所有努力去成就幸福，便能成为幸福的主宰。

......

库萨的尼古拉：
身披枢机主教法袍的哲学家

引言

在文艺复兴时期的哲学发展史上，有一位哲学家在被湮灭长达 400 年之后才被赞誉为 15 世纪以来的"第一哲学家"，这就是文艺复兴初期的德国哲学家，兼具罗马天主教会枢机主教的高级教士身份的库萨的尼古拉（Nicolaus Cusanus, 1401—1464）。此外，尼古拉还被后世人赋予了中世纪最伟大的神秘主义思想家、法学家、天文学家、实验科学家、哲学家、数学家、光学家、古典学家、医师等各种头衔。可以说，"他的渊博的学识几乎涉及当时的所有"学科。[1] 正是由于他的存在，才使得原本在西方哲学发展史上籍籍无名甚至于几乎处于被无视境地的文艺复兴时期的哲学才有了一席地位。还有人断言："在欧洲 15 世纪，这个哲学凋敝、艺术开始勃兴的时代，库萨的尼古拉当仁不让是舍我其谁的第一哲学家。假如我们记得库萨的时代比但丁整整晚了将近半个世纪，即便德国的文艺复兴姗姗来迟，我们也满可以将恩格斯《共产党宣言》意大利版序言中给予但丁的著名评语'中世纪的最后一位诗人，同时也是新时代的最初一位诗人'移植到库萨的尼古拉的身上：中世纪的最后一位哲学家，同时也是新时代的最初一位哲学家。"[2]

尼古拉在自然哲学方面所做出的贡献是开创性的，甚至可以说，正

---

[1] 李秋零.上帝·宇宙·人.北京：中国人民大学出版社，1992: 2.

[2] 陆扬.库萨的尼古拉论美.美育学刊，2013 (1).

是由于他在自然哲学方面的成就，才促成了之后布鲁诺等人在自然哲学方面巨大的学术成就。"他利用人文主义者复兴古代文化的成就精研了古代哲学，以天才的思辨能力建立起西方近代第一个具有泛神论特征的、以上帝、宇宙、人为主题的相对完整的哲学体系，构成了古代哲学和近代哲学之间的桥梁，揭开了文艺复兴哲学乃至近代哲学的序幕。正是这三大主题，构成了近代形而上学的三大支柱，奠定了近代哲学的基本构架"。[1] 但是不知是何等原因，也许是尼古拉在他所处的那个时代，因为其思想超越了人们的理解能力，所以闻弦歌而知其雅意者可谓是凤毛麟角，以至于这位伟大的哲学家在之后近 400 年的哲学发展史记载中却被长期无视，他的著作也被束之高阁而蒙尘不启、无人关注。即使在 18 世纪末至 19 世纪初德意志哲学空前繁荣的时期，也几乎无人知晓自己本族的先人所创造的辉煌成就。所以在黑格尔的那部在哲学史上具有重要影响的《哲学讲演录》中，我们也丝毫看不到有只言片语提及库萨的尼古拉。

直到 19 世纪中叶以后，尼古拉在西方哲学发展史上的贡献才被学人们逐渐关注并得到重新审视。首先是宇伯威格（Friedrich Überweg, 1826—1871）在他于 1876—1880 年出版的《哲学史概论》中，终于开始用三言两语提及库萨的尼古拉及其长久无人问津的著作，自此以后，这位被湮灭已久的枢机主教才得以开始重新走进哲学家们的视野之内，也许，同为德国人的宇伯威格只是想溯源德国本国哲学发展史的源头才发现了库萨尼古拉被尘封的身影，但是，库萨的尼古拉在哲学发展史上的贡献并没有获得真正的认可和正名，所以即使是在 1892 年初版的由同为德国哲学家的威廉·文德尔班（Wilhelm Windelband, 1848—1915）所著且由海因茨·海姆塞特（Heinz Heimsoeth）于 1948 年修订并补充大量资料的

---

[1]　李秋零. 上帝·宇宙·人. 北京: 中国人民大学出版社, 1992: 2.

主要阐述以往哲学体系及其发展史的第 14 版的《哲学史教程》中，在谈到库萨的尼古拉在哲学发展史上的贡献时，也并没有比宇伯威格更进一步，仅仅只是以"布鲁诺此种玄学幻想的发展所依据的概念主要来源于库萨的尼古拉"[1] 和"其根源与它们之所以出现于库萨的尼古拉的思想中的根源相同"[2] 等寥寥数语将库萨的尼古拉视作自然哲学领域发展链条中的一个小环节而已，并用"库萨人"这一蔑称指代这位伟大的哲学家。可见即使到了 1948 年，哲学史家们对库萨的尼古拉在哲学发展史中的地位也还没有明确的统一共识。直到 20 世纪中期以后，经过德国本土的哲学家恩斯特·卡西勒（Ernst Cassirer, 1874—1945）和卡尔·雅斯贝斯（Karl Jaspers, 1883—1969）的进一步发掘整理，才使得库萨的尼古拉在哲学发展史上的卓越贡献逐渐为世人所知。

一、库萨的尼古拉的生平

1. 离家出走的童年

库萨的尼古拉（Nicolaus Cusanus, 1401—1464），1401 年出生于德国境内的摩泽尔（Mosel）河畔的一个叫库萨（Kues）的小镇，因为在中世纪时期，人们往往习惯以某人的出生地来称呼这个人，因此他就被时人称为库萨的尼古拉。库萨镇是一个扼守特里尔（Trier）至摩泽尔河与莱茵河口交汇处的科布伦茨（Koblenz, 源于拉丁语 Confluentes, 意为合流）的一个重要的中转站，西距特里尔 40 公里，东距科布伦茨 60 公里，因而航运业和货物转运业特别发达。

[1] 文德尔班.哲学史教程：下卷.罗达仁，译.北京：商务印书馆，1997:501.
[2] 文德尔班.哲学史教程：下卷.罗达仁，译.北京：商务印书馆，1997:506.

尼古拉原姓克列布斯（Krebs），他的父亲老克列布斯就依赖于经营船业运输发家积累了丰厚的财产，并逐渐投资商业、渔业和葡萄园种植业。由此老克列布斯也成为当地新兴的工商业者。尼古拉在家里的四个孩子中排行第二，虽然他的家庭经济状况在当地属于富裕阶层，但是尼古拉并没有在他的童年时代享受到富足家境带给他的丰裕生活。这是因为老克列布斯性情粗暴野蛮，对家人非打即骂，所以尼古拉在童年时代的生活并不幸福，相反总是处于缺少温暖和慈爱的境地中。但是，尼古拉年幼的时候非常喜欢读书，他常常因为读书过于着迷导致忘记家务劳动而遭到父亲的痛打。

1413年的一天，12岁的尼古拉正沉浸在阅读中的愉悦，对老克列布斯的多次召唤充耳不闻，气急之下的老布列克斯又一次粗暴地责打他了，于是，倔强的尼古拉一气之下就离家出走了。愤而出走的他一路流浪，衣食无着。当他走到附近城镇的一处庄园时，饥疲交加的他再也经受不住饥疲的折磨而晕倒在地。这时，这个庄园的主人发现了晕倒在门前的尼古拉，善良的庄园主人给尼古拉提供了可口的食物和避寒的衣物，但是尼古拉却不肯吐露自己家庭的住址。他要求留在庄园内做一个童仆。因为他认为即使过着这种寄人篱下的生活也要比在父亲的拳头下和斥骂声中苟活要舒心得多。于是这位好心的庄园主就暂时收留了尼古拉，并让他充任童仆，幸运的是，收留尼古拉的庄园主曼德沙德伯爵乌利希（Ulrich）同时也是一位慧眼识人的学者，尼古拉聪慧的表现，让他觉得尼古拉并非池中之物，所以他很快就解除了尼古拉的童仆身份，而以监护人的身份资助尼古拉远赴尼德兰境内靠近德国边境的代芬特尔（Deventer）城，在一所由共同生活兄弟会主办的宗教学校就读。

共同生活兄弟会是公元1350年，由荷兰及德国一部分主张宗教革新运动的基督徒在格罗特（Gerhard Groote）领导下创立的一个倡导修行的宗教小团体，这些人称为共同生活弟兄派（Brethren of the Common Life）。它产生的根源是因为中世纪以来，随着教会权力的日渐扩张，教会世俗化的趋势严重扭曲着基督徒的信仰，拥有权力之后的教会使得部分教徒的人性私欲和堕落面暴露无遗，在这种情况下，很多信徒为了保持圣洁的生活，认为不能再沉沦在基督教世俗化的潮流中，必须对基督教进行革新净化，重塑圣洁的基督教，于是他们远离人群，远离过于世俗化的教会，在离群索居的孤独中生活，在安静中通过禁食和祷告来追求圣洁的基督教生活，这便是早期教会修道运动的开始。共同生活兄弟会的信徒们就是同样的一批实践者。他们要求信徒们做谦卑的基督的谦卑的追随者。禁止沿街托钵乞讨，而是以工作（抄书、手工活以及后来的印刷）为生。他们注重对基督徒进行宗教教育，因而他们创办了自己的宗教学校，希望能够借助着学校教育来推动整个基督教的纯洁改革。1422科隆大主教迪特里希二世·冯·默尔斯（Dietrich Ⅱ. von Moers）发布敕令不再将共同生活兄弟会视为异端。此后，兄弟会开始在尼德兰和德国得到迅速传播。

在这座学校里面，尼古拉接受了较为系统的宗教和世俗教育，而且童年时代的不幸遭遇让尼古拉成为一个与实际年龄十分不相称的早熟少年，促成了他倔强的性格和坚忍不拔精神的养成。酷爱读书的尼古拉格外珍惜学习的机会，如饥似渴的求知欲使得他在年仅15岁的时候就完成了这所宗教学校的所有学业，并取得了优异的成绩，也是在这所学校里，尼古拉初步接受了人文主义和神秘主义思想的启蒙。

2. 三地求学

1416年，完成了宗教学校学业的尼古拉投书海德堡大学，申请攻读人文学科。申请信中所附的成绩单让海德堡大学对尼古拉一见钟情，所以学校官方马上就同意了尼古拉的入学申请。成立于 1386 年的海德堡大学是德国最古老的大学，也是德意志神圣罗马帝国继布拉格和维也纳之后开设的第三所大学。在 16 世纪的下半叶，海德堡大学成为欧洲科学文化的中心。这里还是欧洲唯名论和宗教会议至上论的大本营，所以尼古拉在这里不可避免地受到了这两种思潮的影响，以至于后来在 1437 年巴塞尔会议上，尼古拉成为了一位不折不扣的"宗教会议派"。但是在 15 世纪初期的时候，海德堡大学还没有成为欧洲顶级的大学，而此时的意大利帕多瓦大学则在全欧洲都闻名遐迩。成立于 1222 年的帕多瓦大学在整个欧洲仅次于博洛尼亚大学和巴黎大学，是世界上第三座最古老的大学，也是意大利最大的大学之一。帕多瓦大学建立的原因是当时博洛尼亚大学限制学术自由，而且不能保证学校师生基本的公民权利，所以大批的教授和学生从博洛尼亚大学脱离出来建立了帕多瓦大学。帕多瓦大学的这种历史渊源使它成为欧洲学术自由的灯塔，在教学内容和教学方式上也摒弃了传统的刻板模式，主张理论和实践的有机结合，因而崇尚学术自由的学者和学生们对它无不趋之若鹜。当然库萨的尼古拉也无法免俗，所以在海德堡大学就学仅仅一年的他于 1417 年转入了帕多瓦大学。

帕多瓦大学不愧是欧洲大陆上的顶尖大学，这里人才济济，当时欧洲很多享有盛名的学者都与这里有着密切的联系，或任教，或求学。在帕多瓦大学，库萨的尼古拉改弦更张转而攻读教会法法学学位，而且他在这里遇到了影响他今后一生的重要人物：他的老师朱利亚诺·切萨里尼（Giuliano Cesarini）、他的同学保罗·达尔·波佐·托斯卡内利（Paolo dal Pozzo Toscanelli，1397—1482）和埃伊尼阿斯·西尔维乌·皮科罗米尼（Aeneas Sylvius Piccolomini）。切萨里尼是一位学识渊博的神学家、教会法学家和高级教士，后来担任了天主教会的枢机主教，并作为教皇尤金四世的特使出席并主持了巴塞尔会议和费拉拉会议，库萨的尼古拉能够进入天主教会的高层完全得益于切萨里尼的鼎力提携和帮助。而托斯卡内利则是文艺复兴时期另一位伟大的人物。他是一位医生，而更让他青史留名的则是他的地理学家和数学家身份。据说哥伦布曾经就航海的方向问题向他进行过咨询，而坚信地球"球体说"的托斯卡内利则告诉哥伦布，说经过他的数学计算证明，通过地球上的对跖点到达印度的航线并不像原先预计的那样遥远，托斯卡内利的计算结果在一定程度上帮助哥伦布形成了他的"地圆说"理论，正是在托斯卡内利的帮助和鼓励下，哥伦布才会最终选择向西航行以寻找印度和中国，从而完成了他的堪称伟大的"发现美洲"的航海壮举。托斯卡内利还作为达·芬奇的数学老师将达·芬奇的数学天分发掘出来，而达·芬奇正是利用他的数学才华才得以在透视学和解剖学方面取得了前无古人的成就，进而奠定了他在绘画史上的大师级地位。托斯卡内利同时还是一位物理学家和天文学家。托斯卡内利与库萨的尼古拉的关系是师友兼具，尼古拉对自然科学所产生的兴趣自然是源于托斯卡内利的影响所致。在尼古拉撒手人寰之前的弥留之际，陪伴在尼古拉身边的就只有托斯卡内利一人而已，可见两人的关系之密切。埃伊尼阿斯·西尔维乌·皮科罗米尼是一位人文主义者，更是一位历史学家，但是比科罗米尼这个名字更为世人所知的则是在天主教历史上鼎鼎大名的教皇庇护二世。此外，在这一时期，尼古拉还结识了曾经用新拉丁文翻译了伪狄奥尼修斯著作的安布罗吉·特拉维尔萨里（Ambrogio Traversari，1386—1439）。库萨的尼古拉能够拥有如此的人脉资源，恰恰得益于在帕多瓦大学的学习经历，这使他在今后的人生道路上借力良多。

1423 年，库萨的尼古拉在帕多瓦大学经过了 6 年时间的刻苦攻读后，终于完成了学业，被授予教会法博士学位。在帕多瓦大学的学习期间，库萨的尼古拉在攻读法学著作的同时，还博览群书，如饥似渴地阅读着一切他有可能搜罗到的任何图书，涉猎了有关数学、哲学、神学和其他一些自然科学的范畴，并与许多人文主义者建立了深厚的友谊。

在帕多瓦大学毕业后，库萨的尼古拉最初是打算留在意大利找到一份谋生的职业，但是很不幸的是，刚过弱冠年纪的他因为无人引荐导致求职无果。于是，落寞的他只好回到德国，在家乡的小城特里尔做了一名律师。不过他初试锋芒便铩羽而归，这是由于初出茅庐的他并没有完全掌握出庭时所应该遵循的法定程序，导致了法庭认为他蔑视法庭而判他败诉，出师不利让他对从事律师这个职业丧失了信心。他认为从事学术研究才是他唯一的出路，于是，在1425年的春天，已经是教会法博士的他又来到了于1388年才刚刚创建的年轻的科隆大学，主攻神学和哲学学位。

科隆大学虽然建校时间短暂，不过这里是多明我教派的重要基地，并且已经成为德国境内的神学和哲学研究中心。在这里，虽然大阿尔伯特（Albertus Magnus，约1200—1280）和托马斯·阿奎那（Thomas Aquinas，约1225—1274）的思想占据着主流思想的地位，但是，德国早期的神秘主义学者如艾克哈特（Eckhart，约1260—1327）、苏索（Seuse，约1295—1366）、陶勒（Tauler，约1300—1361）等人的有关神秘主义思想在这所年轻的大学中也有一定的市场。其中艾克哈特是德国神秘主义哲学家的先驱，也是一位著名的神学家。他于1275年加入多明我会，并求学于巴黎、科隆等地，1290年起先后任埃尔富特、图林根、萨克森、波希米亚等地多明我会会长，1314年任斯特拉斯堡修道院长，60岁时，他在科隆教会学校担任神学教授。1326年，他被属于方济各会的大主教指控为异端，著有《德语讲道集》。艾克哈特的哲学和神学思想中包含有希腊哲学及阿拉伯哲学的因素，对其后的宗教改革、浪漫主义思想、19世纪德国哲学及现代存在主义等均产生过一定的影响。在神学上，他主张上帝与万物融合，人为万物之灵，人性是神性的闪光，人不仅能与万物合一，还能与上帝合一。他认为万物是纯粹的"无"，万物的存在即为上帝；基督既是人类的焦点，又是人类的救赎者；人心之中有一种神性的残迹或火花，一种非受造的心灵之光，可以通过超脱与作为万有之源并高于创造之神的最高神性相连，从而达到无所求索的泛爱自由境界。在他的著作中，基督教的伦理思想也达到很高水平。苏索和陶勒为艾克哈特的亲传弟子。苏索曾为艾克哈特的二十八个论点辩护，因而被解除了修道院长和神学教授的职务。

在科隆大学的求学生涯，使得尼古拉开始更加深入地接受了神秘主义思想，而对他后来思想理论形成有着决定性意义的则是尼古拉在这一时期接触到的伪狄奥尼修斯的著作。自此以后，伪狄奥尼修斯的泛神论主义开始注入尼古拉内心，并成为此后尼古拉构建自己的思想体系的重要组成部分。

1427年，库萨的尼古拉完成在科隆大学的学业。经过近14年的求学生涯，26岁的尼古拉已经成为一位学识渊博的著名学者。此外，他遍览了欧洲各大哲学流派的典籍，从而为他后来将各种哲学流派的观点杂糅创新，形成自己独特的哲学理论体系奠定了坚实的基础。

3. 巴塞尔会议上的年轻人

库萨的尼古拉昔日的伯乐和救命恩人曼德沙德伯爵乌利希被教皇任命为特里尔的大主教，称为奥托大主教。这位奥托大主教这些年来一直关注着尼古拉在学业上的发展和成就，所以，一俟尼古拉从科隆大学毕业，他就亲自发函邀请尼古拉出任他的书记，亦即随身秘书。从此以后，库萨的尼古拉作为奥托的私人代表开始频繁来往于梵蒂冈和特里尔之间，从而有机会进入了天主教会的上层人物交际圈，并结识了天主教会的众多高层人士。

1430 年，作为库萨的尼古拉的庇护者的奥托大主教因病辞世，但是，这并没有影响库萨的尼古拉在天主教会上层交际圈的被关注度，因为在这几年中，库萨的尼古拉在为奥托大主教处理事务的过程中所表现出来的能力和才干有口皆碑，备受大家的赏识，所以已经在天主教上层交际圈有着良好人脉关系的尼古拉在奥托大主教去世后马上就成为权贵们炙手可热的秘书人选，此时已经任枢机主教的朱利亚诺·切萨里尼就凭借着曾经在帕多瓦大学担任神学教授时与尼古拉建立的师生之谊的优势而近水楼台先得月，得以邀得库萨的尼古拉应允担任他的私人秘书。枢机主教朱利亚诺就是尼古拉在帕多瓦大学求学时候的老师切萨里尼，所以当身居枢机主教高位的朱利亚诺向尼古拉伸出橄榄枝的时候，库萨的尼古拉就毅然回绝了其他高官显宦的邀请，毫不犹豫地投到了昔日老师的麾下。

令库萨的尼古拉大放异彩并蜚声全欧洲的机遇则是 1431 年的巴塞尔宗教会议。这次会议起初是由教皇马丁五世（Martin V，原名 Otto di Colonna，1417—1431 在位）提议在巴塞尔召开的，但是由于马丁五世在会议召开前夕突然患急病身亡，新任教皇尤金四世（Eugne IV，原名 Gabriele Condulmer, 1431—1447 在位）要求继续筹备这次会议。参加会议的人士有卢森堡王朝世系的神圣罗马帝国皇帝西吉斯孟德（Sigismund von Luxemburg，1433—1437 年在位）等西欧君主及各国主教。巴塞尔宗教会议的主要目的是要达成确保教皇权力的至高地位的协议以巩固天主教会的权力。会议的副产品则是与胡斯运动的右翼温和派（又称圣杯派）之间达成了一个妥协协议。在这次会议上，身为枢机主教的朱利亚诺被尤金四世授权作为教皇的全权代表主持了这次举世瞩目的宗教会议，而尼古拉则作为朱利亚诺的随身秘书参与了会议的全程并负责主持"信仰问题小组"的讨论工作。与此同时，他还在整个会议期间为朱利亚诺出谋划策，筹划全局，成为智囊型人物，从而在实际意义上成为决定会议走向的领军式人物。出席这次会议的全部都是欧洲各国王公及天主教会高层人士，尼古拉能够全程参与其中并且表现出色，不啻为他提供了将来能够跻身于天主教领导层的良机。

尼古拉早在海德堡大学求学的时候，就已经深受"宗教公会议至上派"的影响。因而他在会议之初，其政治态度是倾向于"公会议至上派"的。在对待天主教会的态度上，尼古拉鉴于之前天主教会分裂的历史，坚决主张维持天主教会的统一，反对任何的分裂行为。他在会议期间，撰写了《天主教的协调》这篇文献，系统地阐述了自己关于对天主教会在欧洲如何实现统一的观点。

事实上，在1431年之前的欧洲，天主教会已经分裂了长达40年之久。这次大分裂是自阿维尼翁教廷回归罗马教廷后发生的，其根本实质是由于法国和神圣罗马帝国、意大利争夺对教廷的控制权，从而造成的天主教会同时有两个教皇对峙甚至三个教皇鼎立的分裂局面。当然，这一时期的分裂并没有被天主教会内部认定为是"异端"行为，而只是其内部争权夺利的结果。

1377年，格里高利十一世把教廷由法国阿维尼翁迁回意大利罗马后就于次年3月去世，罗马城的僧俗不想再重演昔日的"阿维尼翁之囚"的闹剧，因而迫切希望能够将教廷留在罗马。他们认为达成这一目的的最好办法就是选举出一位意大利人担任教皇，可是在拥有16名成员的枢机主教团里，只有4名为意大利籍。在选举教皇的1378年4月8日，罗马全城数百座教堂向枢机主教会议敲响了警告的钟声，面对此情此景的枢机主教们面面相觑，惊慌失措，此时不知是谁拉住担任过教皇格里高利十一世的教务大臣的意大利籍枢机主教普里亚诺（Bartolomeo Prignano）并将他推到人前，一直觊觎教皇高位的普里亚诺趁机抓住了这一千载难逢的机会，马上逢场作戏高呼：我是意大利人，我已经被选为教皇了。罗马群众对此兴高采烈，欢呼雀跃，这就是乌尔班六世（Urban Ⅵ，1378—1389 在位）。他即位后力图消除法国对罗马教廷的影响，此意图引起在枢机主教团中占多数的法国人的不满。其中的 13 位枢机主教（绝大多数是法国人）离开罗马，回到了阿维尼翁，并声称被胁迫而选出的乌尔班六世无效，他们另立教廷，选举担任日内瓦枢机主教的法国人罗伯特为教皇，称克雷芒七世（Clement VII，原名 Robert of Geneva，1378—1394 在位），并驻跸阿维尼翁（其在天主教历史上被称为对立教皇克雷芒七世，即 Antipope Clement，以区别于 1523—1534 年在位的克雷芒七世）。乌尔班六世则在罗马另设枢机主教团。天主教会大分裂的局面开始形成。

这两位教皇互相攻讦，你来我往地相互开除对方教籍，并同时派特使向西欧各国征收贡赋和税金。西欧各国则按照其与法国和神圣罗马帝国、意大利不同的政治态度和关系的亲疏远近来分别拥戴其中的一位教皇，从而在欧洲天主教世界形成了两个势力集团。当时承认罗马教皇的，除了神圣罗马帝国和意大利外，还有与法国处于百年战争状态的英格兰和受德意志影响的波兰、波希米亚、丹麦、瑞典等国家。承认阿维尼翁教皇的除了法国及其盟国西班牙外，还有与英格兰不睦的苏格兰和受法国影响的西西里和撒丁尼亚。各地教会则基本上根据本国君主的好恶态度行事。

天主教会大分裂真正起因并非教义、教规上的分歧，而是西欧各国封建统治者在宗教领域争夺权力的反映。后来，在号称"疯子"的法王查理六世（Charles VI le Insense，1380—1422 在位）和巴黎大学的倡议下，两个教廷的枢机主教团于 1409 年在比萨举行联合会议，将罗马的格里高利十二世（Gregorius XII，原名 Angelo Correr 或 Corraro，1406—1415 在位）和阿维尼翁的本笃十三世（Benedict XIII，原名 Pedro Mart í nez de Luna，1394—1423 在位）同时废黜，另外选出教皇亚历山大五世（Alexander V，原名 Peter Philarges de Candia，1409—1410 在位）。但是格里高利和本笃两人均拒绝退位，天主教世界因此又出现了由原来的两个教皇对峙变成了三个教皇鼎立的闹剧。

1414 年，神圣罗马帝国皇帝西吉斯孟德会同巴黎大学教会法学者和若干枢机主教，迫使亚历山大五世的继任者约翰二十三世（Pope John XXIII，原名 Cossa，1410—1415 在位）在德国南部康斯坦茨召开公会议。约翰在会上遭到谴责，愤而弃职离席，在西吉斯孟德的极力坚持下，会议才得以继续举行，结果约翰和本笃同时被废黜，格里高利被迫引退。1417 年另外选举了能够被各方接受的马丁五世（Martin V，原名 Otto di Colonna，1417—1431 在位）为新教皇。至此，长达 40 年的天主教会大分裂才终告结束。

这次天主教会的大分裂虽然表面上在组织机构上似乎得到了弥合，但是这只是双方在各自立场上退让妥协的产物，实质上的分歧仍然难以消除，其深层的内部矛盾仅仅依靠妥协是无法克服的，教皇的威信和权力大为下降。在各国政府的支持下，地区主教和拥有地方实力的枢机主教们的权力相对上升。天主教内部主张以召开公会议来处理教会纷争，认为公会议权力高于教皇的"公会议至上主义"，曾一度占据上风。此后，为避免由教廷迁离罗马导致分裂的历史再度重演，教皇大多从意大利人中选出。天主教会教宗的首席权威与教会"公会议至上主义"的空前对峙的这种局面时时发生，因而就需要不时召开会议协调两者之间的矛盾和分歧。巴塞尔会议，就是天主教历史上的第 17 次公会议。

尼古拉所生活的时代，正经历着天主教会由分裂到表面弥合的这一段历史，虽然他没有亲身参与其中，但是对于精研神学的尼古拉来说，他痛感教会分裂对欧洲天主教世界所带来的巨大伤害，一个统一且又纯洁的天主教会才是他毕生追求的目标。所以，尼古拉站在"公会议至上主义"支持者的角度，针对天主教存在的分歧问题撰著了倡导天主教统一的《天主教的协调》（亦名《论广泛的和睦一致》）一文，该文的发表标志着库萨的尼古拉成为"公会议至上主义"派的精神领袖。他的这一观点虽然是站在公会议派的角度而发的，但是其主张教会团结高于一切的思想内核客观上却又符合教皇和罗马教廷的根本利益，库萨的尼古拉本人也就从此而得到尤金四世的青睐。但是与会各枢机主教及各地大主教在德意志皇帝的支持下，极力坚持康斯坦茨会议关于公议会权力高于教宗的决议，并宣称公会议权力来自于上帝。尼古拉当年在帕多瓦大学求学时的挚友埃伊尼阿斯·西尔维乌·皮科罗米尼也参加了这次巴塞尔会议，并且他作为"公会议至上主义派"的坚定支持者和捍卫者站在了教皇尤金四世代表的教宗派的对立面。

尼古拉一直秉承着教会统一高于一切的原则，当他看到正是因为"公会议至上主义"派们为了争权夺利而导致无休无止的争吵，从而造成了协议终将无法达成一致的时候，终于悲哀地认识到，"公会议至上主义"派内部的矛盾和分歧才是造成天主教会分裂的真正原因。这一认识使他原本所固守的"公会议至上主义"的立场发生了动摇。库萨的尼古拉认为，只有利用教皇的强大权力才能实现教会内部的协调和统一，因此他毅然背叛了自己的阵营，转而投向了教皇这一边。作为"精神领袖"的尼古拉的这次华丽转身，让"公会议至上主义"派的实力大受影响，他的这种"背叛"行为也被时人和后世史家大加鞭挞或非议。但是，不可否认的是，在当时那个大时代的背景下，"公会议至上主义"派无疑是阻碍天主教会实现统一的最主要因素，而把实现天主教统一作为自己最高信念的尼古拉放弃自己的原有的立场加入教皇阵营，实为最明智的选择。在自己的最高理想面前，无论尼古拉是选择"公会议至上主义"派还是教皇，都无关于他的好恶，尼古拉只选择与自己的信念站在同一个阵营里。

教宗派和"公会议至上主义"派两派无法调和的矛盾导致了巴塞尔会议一直持续到1437年也无法达成一致的妥协，双方的斗争达到了白热化的程度，因而教皇尤金四世决意解散这次会议，另外选择意大利境内教廷所控制的费拉拉召开第二阶段会议，以避免会议受到其他国家掣肘这种局面的再次发生。虽然大多数主教随迁费拉拉，但是尚有参加巴塞尔会议的7名主教拒绝接受另开会议的决定，于是又形成两个会议并存的局面。1439年，巴塞尔派宣布废黜尤金四世，另立菲利克斯五世为教皇，但是这次选举并没有得到欧洲各国承认。后来，菲利克斯五世自感无趣，不得不自动退位。险些再次呈现的天主教分裂危机终于被消弭于无形之中。

4. 出使的学者

1437年，已经转投教皇阵营的库萨的尼古拉被教皇尤金四世委以重任，奉命出使君士坦丁堡，商谈东西方教会联合的问题，并邀请东方教会及拜占庭皇帝参加即将召开的费拉拉宗教会议。当时拜占庭皇帝和东方教会正面临着奥斯曼土耳其强大的军事威胁，他们迫切希望能够获得西方教会的支援，因而，尼古拉的东方之行提出的双方联合的建议正中拜占庭帝国及东方教会的下怀，双方谈判异常顺利，一拍即合，几乎没有遇到什么波折。

1438年1月，费拉拉会议正式召开。在费拉拉会议上，那些反对派虽然拒绝与会，但是却有拜占庭帝国的皇帝约翰八世（1390—1448，拜占庭巴列奥略王朝倒数第二位的皇帝）和东正教君士坦丁堡普世牧首区牧首约瑟二世率700余名神学家、哲学家以及官员破天荒地出现在这次会议上。拜占庭帝国的东正教神职人员能够出席这次会议，全赖于尼古拉的出使游说才得以实现。由于在巴塞尔会议上的出色表现，在这次会议上，尼古拉更是被尤金四世要求负责筹划和起草与拜占庭东正教会联合的协议的重任。1439年，因瘟疫流行，费拉拉会议迁至佛罗伦萨召开，1443年又迁至罗马。拜占庭帝国在要求罗马教皇发动西欧各国援救拜占庭的条件下，接受了罗马教廷关于东西两派教会合并的条件，答应承认罗马教皇在基督教会中的最高地位，并同意把东方教会置于罗马教皇的统治下，东方教会各宗主教保留原有的职权，希腊人仍保持原有的礼仪。这次会议于1439年7月6日达成东西方教会合一的决议。此后因为拜占庭国内教会的反对，此协议终成泡影。

尤金四世凭借已达成的纸面协议一手弥合了东西教会长达近400年的分裂局面，因而威望大增，而尼古拉在这次会议上更是大出风头，因为整个合作的策划及运作都是由他亲自完成的，尼古拉在执行教皇尤金四世的所有任务时所表现出来的才干和能力让教皇深为赏识，所以他受到了教皇尤金四世的格外器重，被尤金四世倚为左膀右臂，甚至当时还为"公会议至上主义"派的主将亦为尼古拉挚友的埃伊尼阿斯·西尔维乌·皮科罗米尼还用揶揄的口吻为尼古拉冠上了尤金四世的"赫拉克勒斯（即希腊神话中的大力士）"的头衔，意为讽刺尼古拉已经变成了尤金四世忠实的鹰犬。

事实上，库萨的尼古拉不仅仅在政坛之上纵横捭阖、凯歌高奏，作为一位杰出的学者，他在学术研究领域上也是硕果累累。尼古拉在1437年以教皇尤金四世特使身份出使拜占庭期间，也不忘自己的学者本色，嗜书如命的他一路上四处收集各类希腊图书手稿，以进行深入研读。正是这次拜占庭之行，尼古拉发现了普罗克洛斯（Proclus，410—485）的《论柏拉图的神学》和其他一些重要的希腊文手稿。普罗克洛斯是希腊著名的哲学家、天文学家、数学家、数学史家。他是希腊时期新柏拉图主义哲学运动的最后一位代表人物。在这本著作中，普罗克洛斯阐述了自己试图建立纯粹的柏拉图神学的主张，普罗克洛斯关于重构神学的思想对于后来尼古拉哲学体系中有关神学理论的形成发挥了重要的启迪和示悟作用。与此同时，尼古拉在此行中还结识了许多拜占庭的学者，并进行了深入的交流和探讨，其中对尼古拉尤为重要的是他同普勒托（Pletho，1355—1450）和他的学生柏萨留的交往。普勒托是中世纪拜占庭著名的哲学家和新柏拉图主义者，他原名乔治·格米斯托斯（Georgius Gemistus），后来是为了表达对柏拉图的崇拜，特意改名为普勒托，以与柏拉图的名字声音相近的方式来表达对柏拉图的敬仰之情。他曾经力劝美第奇家族的科西莫按照昔日雅典"柏拉图学园"的模式来创办一个倡导"新柏拉图主义"的学术沙龙，后来费奇诺所创建的佛罗伦萨的"柏拉图学园"即来自于普勒托的创意。

其实，库萨的尼古拉每游历一个地方，他的首选目的地都是各地的图书馆和书肆。据记载，尼古拉当年在特里尔担任奥托大主教的随身秘书时，就曾在特里尔附近一个小镇的修道院中发现过12部普劳图斯（Titus Maccius Plautus，前254—前184）的喜剧手稿。普劳图斯生活在公元前3—2世纪的罗马共和国时代，被认为是罗马第一个有完整作品传世的喜剧作家，也是罗马最重要的一位戏剧作家。在古代据说以他的名义流传的剧本多达130部，但是今天据考证只有21部喜剧为他本人所作。他的代表作有《吹牛军人》《撒谎者》《俘虏》等。而尼古拉所发现的12部手稿就包含在这21部作品当中，可以说，普劳图斯七分之四的喜剧作品都是有赖于库萨的尼古拉的发现才得以最终传世的。而据说塔西佗的《年代记》和《日耳曼尼亚志》的重见天日也和库萨的尼古拉有着丝丝缕缕的关联。[1]

库萨的尼古拉的一生注定是矛盾和困惑的一生，正如他当年作为"公会议至上主义"派的精神领袖，但是为了求得天主教会的统一不惜改变自己的立场而转投教皇阵营一样。他一方面是天主教廷利益的坚定维护者，但是另一方面，出身于"共同生活兄弟会"的他却异常痛恨教廷内部的腐败，因而纯洁教会又是他一生的追求，在这种矛盾的心态下，必然决定了他矛盾的行事方式。所以，当1440年意大利的著名人文主义学者洛伦佐·瓦拉（Lorenzo Valla，1407—1457）经过认真考证所撰著的《君士坦丁赠与的辨伪》一书出版并引起了轩然大波的时候，作为天主教会高级官员的库萨的尼古拉就毅然决然地站到了瓦拉的一边，支持瓦拉的观点。

所谓的"君士坦丁赠与"，源自于君士坦丁皈依基督教之后所颁行的《君士坦丁诏令》的一部分。在《诏令》的第二部分中谈及的"赠礼"内容如下：罗马主教作为基督在人间的代理，西尔维斯特和继任者应该享有比皇帝更高的权威，而安提拉、亚历山大、君士坦丁堡、耶路撒冷四个牧首区的大主教都要听命于罗马大主教。为纪念圣彼得和圣保罗，君士坦丁要在罗马兴建以他们名字命名的教堂，并在希腊、北非、西亚、意大利等地辟出庄园产业专门供奉这两所教堂。君士坦丁赠予西尔维斯特罗马帝国教皇的称号并宫殿一所，同时赠予他皇冠、皇袍等等服饰以及皇帝的节杖和印信。君士坦丁还规定，罗马各教堂的神职人员应享有和罗马元老院成员以及贵族相同的特权和仪从；神职人员的任命权为教皇独有。君士坦丁又说，教皇因已有为纪念彼得而戴的头饰，不愿以皇冠加于其上，他因此特为教皇牵马，以示崇敬。最后，因为罗马已是教

---

[1]　李秋零.上帝·宇宙·人.北京：中国人民大学出版社，1992:21.

皇所在，君士坦丁宣布迁都君士坦丁堡，帝国西部的统治权因而转归教皇。因为"赠礼"在《诏令》中成为最具实质性、也是最有争议的内容，所以就成了整个《诏令》的代名词。

尼古拉作为天主教廷的高级官员和教皇的亲信能够站在天主教会的对立面而支持瓦拉的观点，其实更源于7年前尼古拉所作的《天主教的协调》一文。在当年尼古拉写作此文的时候，文中其中的一节就已经对"君士坦丁赠与"一说提出了质疑。

因为尼古拉在外交方面所取得成就，尤金四世格外器重于他。为了利用尼古拉的日耳曼人身份来赢得德意志各选帝侯对他的支持，库萨的尼古拉被教皇任命为特命全权大使出使德意志各个诸侯领地，积极为实现天主教会的统一而四处奔走。从1438年至1447年的10年时间里，尼古拉频繁游走于德意志境内的纽伦堡、美因茨、法兰克福以及德意志王公会议的所在地阿沙森堡，凭借着他那能言善辩的不世口才游说德意志的各位王公及其主教支持尤金四世统一天主教的行动。尼古拉多年的努力终于没有付诸东流。1447年，身兼斯蒂利亚公爵、卡林提亚公爵、卡尼奥拉公爵和德意志国王头衔的腓特烈三世与尤金四世签署了《维也纳协议》，表明了支持教皇的立场。罗马教廷在欧洲的实力由此大为增加。

这一期间，尼古拉在为教皇寻求支持者的百忙之中并没有忘记思考来继续构建自己的哲学帝国，他在这几年间相继完成了数篇有关哲学方面、数学方面和天文学方面的研究文章。

5. 布利克森大主教

库萨的尼古拉凭借自己出色的才干，以出使东方教会和争取到德意志贵族对教皇的支持两大丰硕成果获得了尤金四世的嘉许。于是，作为对尼古拉贡献的奖赏，尤金四世准备提名尼古拉为罗马教廷的枢机主教。当这项动议还在准备操作的时候，1450 年 2 月 23 日，尤金四世辞世，3 月，枢机主教托马索·巴伦图切利（Nicholas V，Tommaso Parentucelli，1447—1455 在位）在天主教内部学者的支持下当选为教皇，是为尼古拉五世。尼古拉五世在历史上被认为是文艺复兴时期的第一位教皇。作为一位著名的人文主义学者，尼古拉五世对库萨的尼古拉的才干和渊博的学识极为欣赏。他即位后，因为尤金四世去世而搁浅的提名尼古拉担任枢机主教的动议得到了他的支持，对库萨的尼古拉的提名很快就在枢机主教团的会议上得到通过，教皇尼古拉五世任命尼古拉为枢机主教，同时还任命他出任布利克森主教区（Principato vescovile di Bressanone）大主教。并兼任尼古拉五世的特使游走于奥地利、德意志和波希米亚之间，主要是负责斡旋协调这些国家与教廷的关系，以确保他们能够站在教皇的阵营之内。

1450 年的年末，库萨的尼古拉离开罗马，启程前往布利克森履任新职。尼古拉在履新之前也许对自己的前途充满着憧憬。但是令他万万没有想到的是，这一次的远赴布利克森竟然会成为他人生从大起的辉煌到大落的失意的分水岭。

布利克森是一座小城，它位于风景秀美的阿尔卑斯山南麓，属于今天意大利北部的博尔扎诺（Bolzano）大区。但是在 1919 年即第一次世界大战结束之前，它还在奥匈帝国的管辖之下，而在 15 世纪的时候，这里则位于外奥地利大公国的统治的疆域之内，所以这里是德语区，居民主要为奥地利人。布利克森主教区所辖的范围则远远超越了布利克森城的疆域，其中包括今天的奥地利南部、意大利北部以及列支敦士登和瑞士的广大区域。中世纪时期的主教区大主教又被称为采邑主教，他们能够以教会诸侯的身份兼具政教合一的双重权力管理主教区甚至于包括一个或多个公国的广大疆域，并掌握着该地区的生杀予夺大权。当然，他们所拥有的这种政教合一的双重权力并非源自于其担任主教前所获得的贵族身份，而是附加于这些主教职位上，并随着其主教职务的传承流转而跟着流转。当该主教为总教区主教时，则被称作采邑总主教或采邑大主教。因此，采邑主教又可以被视为天主教廷的"封疆大吏"。在 11 世纪的时候，神圣罗马帝国的皇帝就将布利克森的世俗权力授予该教区的大主教所有，从此以后，拥有着该地区教俗权力的大主教就成为布利克森地区的实际统治者，甚至可以说，布利克森地区也就成了奥地利大公国境内的"国中之国"。

布利克森地区长期以来被教皇和主教区大主教垄断了一切权力，对当地人民进行残酷的压榨和剥削，而且教会自身存在的腐败现象也被人们所诟病。库萨的尼古拉履职到任后，面临的首要问题就是要平息该地区此起彼伏的反对天主教廷的运动，以安抚这些地区的人们，使他们能够归顺并效忠教皇的统治，从而保证和平局面的出现。

为了减轻当地人民对天主教会的抵触和反抗情绪，尼古拉决心从改革天主教会方面入手，改变教会在当地人们心中的丑陋形象，以赢得人心。于是，尼古拉对被当地人深恶痛绝的出售赎罪券的收入分配方式开刀。首先，尼古拉一改过去将出售赎罪券的获得的收入全部收归教会的方式，而是将收入额的大部分作为教会的慈善款项资助当地的贫苦人民，以扭转在民众心目中赎罪券只是教会敛财工具的形象，试图以这种小施恩惠的方式减轻民众对天主教会的恶感；其次，以赠予赎罪券的方式来鼓励个人对当地慈善机构的捐款；第三，整顿教会和修道院的秩序，严惩教士们的腐败堕落行为；第四，严禁买卖教职和圣物崇拜行为，改革礼拜仪式，整顿宗教团体的传教方式。

尼古拉大刀阔斧的改革行动初衷是好的，但是却无法自上而下贯彻实施。因为他的改革措施触动了当地教会既得利益集团的奶酪，所以当尼古拉巡视辖下的各个教区教堂和修道院的时候，那里的教士们表面上逢迎谄媚，但是暗地里却极力抵制这些改革措施。下属们这些阳奉阴违的行径注定了尼古拉努力推行的这些改革措施只能变成镜花水月的徒劳之举。

在整个天主教会体系完全腐化堕落的大背景下，作为以教皇及枢机主教为代表的天主教会各阶层集团不会放任尼古拉触碰到他们的既得利益，而下层的教士们和平民却看不到任何实惠。所以，尼古拉妄图依靠一己之力以通过改革的方式来实现他纯洁教会的理想，无异于与虎谋皮、异想天开。即使是在基层教会进行改革，也避免不了失败的必然命运。这是尼古拉自从踏入教会以来遭受到的第一次挫折和失败。

尼古拉改革教会不仅仅遇到内部的重重阻力，在世俗政权方面也受到了强大的掣肘。这一掣肘来自于奥地利大公西吉斯蒙德（Sigismund, Archduke of Austria, 1427—1496）。西吉斯蒙德属于哈布斯堡王朝的利奥波德家族支系的成员，是外奥地利大公及蒂罗尔伯爵腓特烈四世的独生子。1439年，12岁的他继承了外奥地利公国及蒂罗尔伯国。但是因为年幼便由其堂兄奥地利大公腓特烈五世担任摄政。1446年，摄政结束，西吉斯蒙德亲政成为实权的统治者。为了增强自己的政治实力，他还与苏格兰国王詹姆士一世联姻，娶了他的女儿埃莉诺为妻。

虽然尼古拉在布利克森主教区掌控着教俗两方面的所有权力，但是由于布利克森主教区位于奥地利大公国疆域之内，而且尼古拉还要统辖和巡视在西吉斯蒙德治下的各个地方教会和修道院，因此，如何协调好与奥地利大公的关系决定着尼古拉能否顺利实施自己的改革计划。但是很不幸的是，尼古拉恰恰与时任奥地利大公的西吉斯蒙德呈势如水火的状态。两人之间的矛盾其实早在尼古拉没有启程赴任前就已经埋下了冲突的种子。

因为采邑主教所拥有的政教合一的双重权力，自然就会遭到所在地区的世俗统治者的坚决反对和抵制，而当库萨尼古拉即将就任布利克森主教区大主教的提名在教廷枢机主教会议上通过之后，身为外奥地利大公的西吉斯蒙德就在因斯布鲁克向教廷发出了反对和抵制这一任命的照会。在西吉斯蒙德看来，库萨的尼古拉一直是教皇的坚定支持者和心腹亲信，代表的必然是教皇的利益，作为教皇的代言人，他执掌布利克森主教区必然会与地方政权分庭抗礼，以剥夺当地的民众和贵族为代价来谋求教廷的欢心，而当地教会经过多年的经营早就与地方权族势力结成了盘根错节的利益共同体，所以这一任命自然而然就招致当地政教两种势力的共同反对。这也是尼古拉改革教会的举措在布利克森主教区辖下的各地修道院和教会无法推行下去的主要原因，事实上，尼古拉在蒂罗尔伯国（Gefürstete Grafschaft Tirol）的教会改革运动就是在西吉斯蒙德的强力干涉下夭折的。

对于有着极强权力欲和统治欲的西吉斯蒙德而言，极力主张和倡议恢复教权超越世俗权力的库萨的尼古拉无异于是自己卧榻之旁的死敌，必欲除之而后快。在这样的政治环境下尼古拉虽有天纵之才和如簧唇舌，也无法扭转西吉斯蒙德对他的深深仇视，因而横亘在两人之间的沟壑自然也就无法被弥合了。

导致尼古拉与西吉斯蒙德矛盾升级的则是对因河流域地区税收权的争夺。因河（inn）是多瑙河右岸的主要支流，全长达 510 公里。发源于瑞士的洛迦诺湖，向东北过蒂罗尔伯国流经巴伐利亚公国并最终汇入多瑙河。因河的流域面积达 2.57 万平方公里，其中蒂罗尔伯国的核心农业地区就全部位于因河的河谷地区，远处高达 10000 英尺的阿尔卑斯山峰与白雪冰川、近处的牧场农田、清澈的湖水连成一片，土地肥腴，物产丰饶。1140年蒂罗尔伯国立国后，这里的世俗统治权就归蒂罗尔伯国管辖，因而这里除了教会所特有的"什一税"外，其他的赋税收入都由蒂罗尔伯国掌控，成为国家财政最重要的税源之地。与此同时，这里又是布利克森主教区辖下的教区，所以尼古拉试图在这里大肆兜售赎罪券，此举对于西吉斯蒙德而言无异于是尼古拉把手伸进了自己的钱袋子里。于是，他极力反对和抵制尼古拉在蒂罗尔兜售赎罪券的行为，而尼古拉则强力推行，两人势成水火，互不相让。尼古拉试图依靠在蒂罗尔兜售赎罪券的打算始终无法践行，最后无奈之下，黔驴技穷的尼古拉也不得不采用了天主教会数百年来针对与教会分庭抗礼的敌对者屡试不爽的绝杀秘籍，即革除西吉斯蒙德的教籍，此外，还请求教廷发布教会禁令禁止威尼斯的贸易商队经由蒂罗尔伯国境内前往北欧地区进行通商贸易，因此导致西吉斯蒙德完全丧失了在过境贸易中获取利益的可能性。但是西吉斯蒙德还是拒不妥协，双方的斗争越发白热化，最后尼古拉为了强迫西吉斯蒙德就范，利令智昏的他竟然利用自己掌握着因河上游世俗统治权的优势，联合与西吉斯蒙德敌对的瑞士人修筑拦水坝截断了流向蒂罗尔伯国的水流，致使当地的农田无法得到充足的灌溉水源。尼古拉这撒手锏给了西吉斯蒙德致命一击，因为一旦因河河谷的农田无法得到灌溉而大片荒芜的话，就会影响到西吉斯蒙德的统治地位，所以他不得不暂时表示让步，并请尼古拉赶赴蒂罗尔伯国首府因斯布鲁克（Innsbruck）同他进行会商。

1457年，尼古拉与西吉斯蒙德在因斯布鲁克的会商因为西吉斯蒙德的反悔而无果，尼古拉不得不率扈从从因斯布鲁克折返布利克森。但是，在返程的途中，尼古拉一行意外地遭遇一伙不明身份的武装分子的袭击。尼古拉认定这次袭击是西吉斯蒙德所授意，所以指控西吉斯蒙德蓄意谋害他。为了安全起见，避免再招致西吉斯蒙德的武力威胁，尼古拉将驻跸地迁至教区南部。从此以后两人的矛盾和分歧再也无法弥合了。

由于尼古拉与西吉斯蒙德无法调和的争端，使得神圣罗马帝国境内的各位选帝侯及其各邦国皆因唇齿相依的共同利益而选择了与西吉斯蒙德站在了一个阵营之内，由此导致了曾经成就了尼古拉今日之显赫地位的《维也纳协议》也被德意志各邦国撕毁。其实在此之前，因为453年奥斯曼土耳其的军队攻陷了君士坦丁堡，所以尼古拉力主促成的东西方教会联合的盟约事实上已经变成了一纸空文，而这次《维也纳协议》的被撕毁，更昭示着尼古拉在天主教会引以为傲的两大贡献都已经不复存在了。尼古拉不仅仅在布利克森主教区面临着种种挫折，而且他还不断招致教廷内部各位枢机主教的批评。因此可以说，此时的库萨的尼古拉已经是内外交困，在布利克森主教区的大主教任上成为他一生辉煌生涯中的"滑铁卢"。

6. 辉煌人生中的败笔

拜占庭帝国的灭亡以及自己在布利克森地区所遭遇的种种挫折和失败，让尼古拉认识到只有实现所有教众们的思想上的和谐一致才能够真正建立一个统一的稳定的天主教，进而才能对抗异教徒的进攻。时间进入1458年，正当尼古拉蜗居在城堡之中一筹莫展束手无策之际，8月6日，教皇卡利克斯特三世（Calixtus Ⅲ，原名 Alfons de Borja，1455—1458 在位）去世，尼古拉的昔日挚友，曾经以"赫拉克勒斯"头衔的挪揄他为尤金四世鹰犬的埃伊尼阿斯·西尔维乌·皮科罗米尼在枢机主教会议上被推举为新任教皇，是为庇护二世。庇护二世虽然曾经与尼古拉因为政见不合而各为其主，但是却丝毫没有影响两人之间的感情，作为尼古拉昔日的亲密挚友，庇护二世甫一加冕，就向处于窘迫困境中的尼古拉伸出了援手。是年，尼古拉奉教皇诏谕回到罗马，担任了"教皇总助理"，这一职衔是教廷当中仅次于教皇的高级教职，但是尼古拉并没有卸任布利克森大主教的职位。可见，庇护二世一方面用任命尼古拉为"教皇总助理"的方式帮助尼古拉离开布利克森这个是非之地，同时又没有免除尼古拉该教区的大主教身份，这就避免了尼古拉会因任职不利落荒而逃的罪名而贻人口实。庇护二世此举的良苦用心实际上是为了帮助尼古拉保全颜面。

但是，这样的处理方式留下的一个致命漏洞，那就是尼古拉虽然留在罗马担任"教皇总助理"，但是作为一个仍然在任的布利克森大主教，他还必须要不时前去该教区视察工作，以履行职责。于是，1460年，心有余悸的尼古拉在教廷卫队严密的护卫下不得不硬着头皮从罗马城出发前往布利克森地区。他一路北上，当抵达阿尔卑斯山南麓的布鲁尼科（Brunico）小镇的时候，天色已晚且疲惫不堪，尼古拉决定进城休息一晚，次日再启程。但当第二天尼古拉用罢早餐正准备出发的时候，才发现西吉斯蒙德亲自率领他的亲兵卫队已经将布鲁尼科团团包围起来了。

面对着将布鲁尼科围得像铁桶一样的奥地利军队，年已六旬的尼古拉已不复再有年轻时的勇气和坚韧，在刀枪的威胁面前，他变得爱惜自己的生命更甚于爱惜自己的名声，所以他很快就表示了妥协，在双方曾经发生分歧和冲突的所有方面都做出了让西吉斯蒙德极其满意的让步，并在西吉斯蒙德早早拟定好的协议上签上自己的名字。即使这时罗马教廷因为西吉斯蒙德武力威胁并围困尼古拉而发声谴责这位外奥地利大公时，尼古拉为了能够早早解脱被围困和软禁的命运竟然还帮助西吉斯蒙德辩解，从而将罗马教廷推到了尴尬的境地。签订协议后的尼古拉一俟脱离了西吉斯蒙德的控制，就马上宣布自己在胁迫之下所签订的协议一律无效。虽然如此，尼古拉在这场闹剧中所表现出来的种种贪生怕死的行径注定已经是无法被抹去了。

回到罗马之后的尼古拉，开启了他人生最后的一段历程，这也是他辉煌人生中最为黯淡和落寞的一段日子。因为这个事件所表现出来的懦弱和胆怯让尼古拉在罗马教廷中的形象已不复从前，虽然他仍然贵为"教皇总助理"，但是其个人威望和权威性已经是被大打折扣。更因为他觉得只有待在罗马城内，在教廷的势力范围内才能保证自己的人身安全，所以直至其1464年离开人世为止，他再也没有踏出罗马城一步。

在这段日子里，为了扭转自己因为被西吉斯蒙德拘禁而不得不苟且屈服的负面形象，尼古拉在之后教廷与西吉斯蒙德的往来交涉中一直主张采取强硬的制裁手段，他的这一立场因为得到了庇护二世的支持和默许而在枢机主教会议上才得以通过和执行。但是在政治的决斗场上，从来就没有道义可言，也不存在会因某人的好恶而永远坚持一成不变的立场，所以，尼古拉对西吉斯蒙德采取的一系列强硬举措在庇护二世于1464年去世后，就被继任教皇保罗二世（Paul Ⅱ，Pietro Barbo，1464—1471在位）为了求得西吉斯蒙德的支持而被废止了。

当然，尼古拉虽然改革失败，且因为屈辱地和西吉斯蒙德签署了城下之盟而留下了令人蒙羞的一幕，但是作为一位骨子里面根深蒂固的人文主义思想家，他仍旧坚持他改革教会、纯洁天主教，恢复教权超越世俗权力的主张。所以，在理想面前，他同他的挚友，同时也是他的支持者和保护者——同为人文主义学者的教皇庇护二世不时发生着冲突。对于庇护二世而言，他虽然崇尚人文主义思想，但他更是一位教皇，是一位政治家，所以他在制定和实施政策的时候必须要平衡各种利益关系。而尼古拉一方面既是教会的坚定支持者和经院哲学的坚定维护者，但是他又试图改革教会，修正经院哲学中错误的和不符合时代要求的内容，这一矛盾的心态，必然造成了尼古拉在处理与庇护二世的关系问题上经常处于纠结和痛苦之中。这也成为他晚年时期内心痛苦的真正缘由。

自从1453年君士坦丁堡陷落后，庇护二世就筹划组织新的十字军东征，尼古拉成为教皇的坚定支持者。1464 年，已经罹患重疾的庇护二世率领着拼凑起来的所谓"新十字军"抱病亲赴安科纳，准备东渡亚得里亚海讨伐远在小亚细亚的异教徒们。而尼古拉因病重无法随行庇护二世，并于 1464 年 8 月 11 日在乌姆布林教区的托迪城逝世，享年 64 岁。3 天后的 8 月 14 日，他的密友庇护二世也在安科纳去世，庇护二世的"新十字军"东征计划也随之破产。

在尼古拉弥留之际，他的另一位密友——即著名的数学家和天文学家保罗·达尔·波佐·托斯卡内利一直陪伴在他病榻旁边。尼古拉遗体被安葬在罗马的圣彼得锁链教堂，这是罗马城内一个以收藏圣彼得当年被囚禁时所用镣铐而命名的教堂，尼古拉的遗体与圣物相伴。而他的心脏则被取出葬在他的故乡小城——库萨，实现了他梦回故乡的夙愿。

二、库萨的尼古拉的学术研究历程

1. "新时代"的第一位哲学家

作为德国人的库萨的尼古拉，其成名之后的主要活动都在意大利及奥地利南部地区，虽然他的影响并没有波及德意志的广大腹地，对于推动德国的文艺复兴运动也没有发挥足够大的作用，但是这并不能影响其为德国最早的伟大的人文主义学者的事实。作为一名天主教的高阶官员，尼古拉在处理教会事务之余，搜集、整理古典文献，开展数学和自然科学研究，写作了数量可观的有关数学、物理学和天文学领域方面的著作，这些著作明显具有毕达哥拉斯派和新柏拉图学派的烙印。在天文学方面，尼古拉斯认为宇宙是无限的，宇宙运动必然具有一个中心，但这个中心不会是地球。他认为地球是环绕太阳运行的。他的这一看法要领先哥白尼的《天体运行论》100多年。尼古拉注重在自然科学研究中运用实验方法。他断言数学上的"化圆为方"问题无解，但同时又给出了简单而足够精确的近似解法。他第一次证明了空气有重量，还是最早用现代方法观察植物生长发育过程的第一人，并断言植物是从空气中吸取养分的。他还是世界史上绘制中欧和东欧地图的第一人，并设计了历法改进的方案。

库萨的尼古拉作为文艺复兴时期具有泛神论思想的伟大的自然哲学家，被誉为"新时代的第一位哲学家"，在中世纪哲学向近代哲学发展的历史进程中更是做出了桥梁和纽带的标志性贡献。可以说他既是经院哲学的最后守护人，又是埋葬思想僵化、观念陈腐的经学哲学，奠定近代哲学基础的第一人。他对于文艺复兴时期的自然哲学发展史方面发挥了承前启后的标志性作用。尼古拉所创建的具有独创性和过渡性特色的泛神论的哲学理论体系，既包含有古希腊的毕达哥拉斯、德谟克利特和亚里士多德的思想精华，又杂糅了艾克哈特的哲学中对立面统一的思想，还从伪狄奥尼修的著作中继承了否定神学的思想，并利用了当时数学和其他自然科学所取得的最新成果。他在自然哲学上的伟大贡献为推动之后文艺复兴时期乃至启蒙时代的自然哲学的发展奠定了坚实的基础。

他的哲学体系虽然保留了基督教神学和神秘主义思想的成分和色彩，但是已开始摆脱正统经院哲学的束缚，以泛神论的观点解决上帝和宇宙及其人三者之间的问题，动摇了上帝至高无上的权威地位，其理论表现出具有唯物主义性质的自然哲学倾向，从而开创了文艺复兴以来自然哲学思潮的先河。

尼古拉还在认识论方面提出了新见解，将认识能力分为三种类型或三个阶段，即感性、知性和理性。这样的分类体现出尼古拉对于自然科学研究中观察实验方法的重视。他认为，感性认识与知性认识具有自身的局限性，它们只能形成关于世界的片面知识，而非世界的整体，要想认识世界的整体，就必须进到理性认识阶段。才能获得对于事物的真正可靠的知识。但是尼古拉提出只有求助于神秘的直观以至神的启示才能获得理性认识获得的观点，标志着尼古拉的认识论思想不可能完全摆脱神秘主义思想的束缚。

他的哲学成果对此后的布鲁诺、莱布尼茨以至黑格尔等人思想的形成，都产生了深刻影响，从而推动了文艺复兴乃至之后启蒙时代资本主义哲学思想的勃兴。

2.《从天主教的协调》到《论有学识的无知》

库萨的尼古拉正是通过自己的一系列学术著作才构建了自己的哲学王国，下面就来让我们来了解一下尼古拉的学术研究历程以及主要著作。

1431 年，巴塞尔宗教会议召开，尼古拉作为一位忠实的"公会议至上主义"支持者，针对天主教世界由来已久存在的分歧问题撰著了《天主教的协调》（亦名《论广泛的和睦一致》）一文，库萨的尼古拉在这篇文章中强调一切事物虽有矛盾，但是可以协调，借以阐明宗教内部的矛盾也是可以协调的，进而呼吁整个天主教派的各个利益集团应该摒弃分歧，采取协调的方式来求得团结。《天主教的协调》这篇文章被看作是中世纪晚期欧洲政治思想的重要文献之一，[1] 它的发表标志着库萨的尼古拉成为"公会议至上主义"派的精神领袖。他的这一观点虽然是站在"公会议至上主义"派的角度而发的，但是其主张教会团结高于一切的思想内核客观上却又符合教皇和罗马教廷的根本利益，因而也得到教皇的赞许，库萨的尼古拉本人因此而得到尤金四世的青睐。另外，这篇

---

[1]　P.M.瓦兹.尼古拉·库萨：十五世纪一种关于人的观点.莱顿：莱顿大学出版社，1982:4，转引自：李秋零.上帝·宇宙·人.北京：中国人民大学出版社，1992:23.

文章其中的一节还对"君士坦丁赠与"一说提出了质疑。这一质疑比之洛伦佐·瓦拉的《君士坦丁赠与的辨伪》还要早上整整7年的时间。

在这一节中，尼古拉以遍览古籍的方式来考证"赠礼"事件的说法不足凭信。首先，因为"赠礼"作为一件重要的历史大事，完全应该被当时的各类著述所记载。但是，在与君士坦丁大帝同时代的基督教著名学者如圣安布罗斯、圣杰罗姆、圣奥古斯丁等人的著作中均未提及此事；其次，在君士坦丁大帝之后发生的教廷因为领地和财产跟某个国王发生争执的时候，还是屡屡请求皇帝或者是其他国王帮助调停仲裁，这种种表现足以说明当时的教皇并不拥有世俗的统治权；第三，在教廷档案室中所存的5世纪和6世纪时期的教皇写给罗马皇帝的信中，仍然明显承认皇帝在西欧的统治地位；第四，成书于12世纪的《格列先教令集》作为被天主教会公认的最为严谨可靠的著作，也没有收录过《诏令》，由此可见《诏令》的真实性令人生疑。当然，尼古拉所进行的考证只局限于就史料记载而言，而瓦拉则是以历史为依据，从诏令中使用的语法、文中涉及的旧制以及称号等方面全面系统地探讨剖析了"君士坦丁赠礼"的可疑之处，可以说是考证严密、令人信服。正是因为尼古拉早就已经具备了这样的认识，所以当洛伦佐·瓦拉的《君士坦丁赠与的辨伪》甫一面世，尼古拉自然就会站出来支持瓦拉的观点。当然，尼古拉秉承的理念是纯洁教会，所以他站出来旗帜鲜明地支持瓦拉的观点目的并非是为了颠覆天主教会的权威性和神圣性，而只是想实现天主教会回归原始的纯粹。

1436年，深受他的同学保罗·达尔·波佐·托斯卡内利影响的尼古拉刻苦钻研历法问题，并完成了《论历法改革》一书，对历法的改善问题提出了自己独到的见解。

1437年，尼古拉受命出使拜占庭帝国。在由拜占庭返回罗马的途中，最终确定了对于构建他的哲学理论体系具有里程碑意义的《论有学识的无知》的体系框架。正如尼古拉在该书结尾致他的老师即枢机主教朱利亚诺的信中所说的那样：这部作为他"长时间以来通过各种研究途径所寻求获得的东西"在他"循海路从希腊回来之前"还"一直没有获得成果"，直到他"回航时才得到启示"。[1] 这是一部杂糅了艾克哈特神秘主义哲学中的对立统一思想、大阿尔伯特和阿奎那的神学思想以及伪狄奥尼修斯的否定神学的思想，并有赖于新柏拉图主义的泛神论思想的参与而整合到一起从而形成尼古拉自己独特的思想体系的哲学著作。所以可以说，拜占庭之行让尼古拉所寻获的普罗克洛斯《论柏拉图的神学》的手稿，以及同新柏拉图主义者普勒托和他的学生柏萨留的交流成为尼古拉构建自己的初步的哲学理论体系的催化剂，进而成为体系的最后一块理论基石。那些理论成为了尼古拉构架泛神论哲学的理论体系的基石。

1440 年，库萨的尼古拉终于出版了代表自己哲学思想发展高峰的第一部著作——《论有学识的无知》。同年，尼古拉还完成了另一部有关哲学方面的著作——《论假设》，这部著作普遍被认为是《论有学识的无知》的姊妹篇。[2] 在这部书中，尼古拉将在《论有学识的无知》中尚没有来得及展开以及将那时候还没有考虑成熟的一些观点和看法在这部书中进行了深入的探讨和阐发。尼古拉首先将人类的认识定义为假设，然后围绕着认识这个基点来对人固有的认识能力和创造能力作了深入剖析，这部书提出的观点成为《论有学识的无知》的补充，进一步完善了尼古拉的哲学思想体系。

在这期间，在尼古拉到处游走于各国为教皇寻求支持者的百忙之中，并没有忘记继续构建自己的哲学帝国，在 1444 年，尼古拉完成了《论隐

---

[1] 库萨的尼古拉.论有学识的无知.尹大贻，朱新民，译.北京：商务印书馆，1988:166.
[2] 李秋零.上帝·宇宙·人.北京：中国人民大学出版社，1992:26.

秘的上帝》一书的写作工作，并购买了大量的天文仪器进行各种天文实验和研究工作。次年，他又抽空撰写了几本有关讨论上帝的小册子，即《论寻觅上帝》《一位异教徒与一位基督徒的对话》《论与上帝的父子关系》等几部小册子，这是他对有关上帝问题研究思想碎片的整理。这几部小册子对于构建尼古拉的哲学体系起到了添砖加瓦的效能。此外，他在这几年间还完成了数篇有关数学方面和天文学方面的研究文章。

在 1449—1450 年两年间，厚积薄发的尼古拉终于又完成了《为有学识的无知的辩护》和《门外汉论智慧》《门外汉论精神》和《门外汉论天平实验》等四部著作。其中，《为有学识的无知辩护》的写作是源于经院哲学家们对《有学识的无知》的诋毁和中伤，因为库萨在该书中的研究手段及其观点视角与经院哲学家们所尊奉的正统经典截然不同，因而在经院哲学家内部掀起了轩然大波，他们对尼古拉进行了激烈的批驳，《为有学识的无知辩护》正是在如此巨大的压力下得以问世。在该书中，尼古拉为自己的观点进行了辩护，指出传统的经院哲学僵化的体系已经不适应时代的发展和需要，只有不断使用新的研究手段，引进新的理论方法，才能够解决经院哲学所面临的严重危机。作为一位倡导实现教会统一和纯洁的虔诚的天主教徒，尼古拉所做的一切不是要颠覆经院哲学，而是要拯救和发展经院哲学。

《论智慧》《论精神》和《论天平实验》这一系列著作的完成则标志着尼古拉自己所构建的哲学体系已经发展到了第二阶段。[1]这三部著作是以对话录的方式描述了一位所谓的朴直者即对哲学一无所知的门外汉同演说家和哲学家就哲学问题的对话。书中用简练通俗、浅显易懂的文字探讨了尼古拉哲学体系中的三大主题，即上帝、宇宙和人之间的关

[1] 李秋零.上帝·宇宙·人.北京：中国人民大学出版社，1992:26.

系问题。《论智慧》剖析的是上帝代表了无限的精神或无限的智慧这个主题；《论精神》探讨的是人的精神这一主题，指出只是由于精神的存在才能够保证人具有了与其他万物相区别的尊严和人生目标；《论天平实验》涉及的内容主要是如何通过实验的方式来帮助人们更加准确地认识世界。

拜占庭帝国的灭亡以及自己在布利克森地区所遭遇的种种挫折和失败，让尼古拉认识到只有实现所有教众们的思想上的和谐一致才能够真正建立一个统一的稳定的天主教，进而才能对抗异教徒的进攻。所以他在 1453 年完成了他的另一部比较重要的著作——《论信仰的和平》。

在就任布利克森大主教以后直至去世的这一期间，尼古拉虽然政治上挫败不断且疾病缠身，但是他仍然没有放下手中的笔，更没有停止头脑中的思想，除了 1453 年写了《论信仰的和平》以外，他还相继撰写了《绿宝石》（1458）、《论本原》（1459）、《论可能—存在》（1460）、《论非它》（1462）、《论球戏》、《论智慧的追逐》（1463）。

3. 尼古拉学术研究的意义和贡献

库萨的尼古拉作为文艺复兴时期的哲学先驱，在中世纪哲学向近代哲学发展的历史进程中做出了桥梁和纽带性的标志性贡献。他在继承了新柏拉图主义后，并在汲取了古希腊毕达哥拉斯、德谟克利特和亚里士多德的思想的基础上，利用当时数学和其他自然科学所取得的最新成果，构建了具有独创性和过渡性特色的泛神论的哲学体系。他的哲学体系虽然保留了基督教神学和神秘主义思想的成分和色彩，但是已开始摆脱正统经院哲学的束缚，以泛神论观点解决上帝和宇宙及其人三者之间的问题，动摇了上帝至高无上的权威地位，其理论表现出具有唯物主义性质的自然哲学倾向，从而开创了文艺复兴以来自然哲学思潮的先河。

库萨的尼古拉在一些自然科学先进思想方面作了极富创造力的哲学性预见。在天文学方面，他认为宇宙是单一的，不为任何其他宇宙所限制；宇宙同时也是无限的，因而宇宙没有中心，没有边缘。他认为地球是环绕太阳运行的。他的这一看法要领先哥白尼的《天体运行论》100多年。尼古拉还注重在自然科学研究中运用实验方法，注重理论与实践的相结合。他断言数学上的"化圆为方"问题无解，但同时又给出了简单而足够精确的近似解法。他第一次证明了空气有重量，还是最早用现代方法观察植物生长发育过程的第一人，并断言植物是从空气中吸取养分的。他充分认识到了精确测量法在物理学、医学以及生理学方面精确测量的意义，因为提出了使用流水的方式作为计量时间，以及在测量脉搏、呼吸次数和不同轻重物体自高空下落速度的计量方式的思路。他还是世界史上绘制中欧和东欧地图的第一人，并设计了历法改进，建议用新的历法取代过时的儒略历的方案。这些有关自然科学问题方面的哲学思考，推动了那个时代自然科学的发展和进步。

在尼古拉以泛神论为理论基础的自然哲学当中，还包含有丰富的辩证法思想内核，其代表作《论有学识的无知》中就首次提出了"对立统一"这个命题。他用数学方法对这种观点进行论证，认为无限的线与无限的三角形、无限的圆、无限的球体都是统一的。这种观点直接影响了以后辩证法思想的发展，是德国古典唯心主义辩证法的前驱。具体表现为在他在《论有学识的无知》中提出的极大极小对立面一致和对立面互相转化的观点。他指出，大与小是一个相对的概念，事物内部包含着对立面的统一，但是这种统一又是暂时的和非均衡的，事物的性质由其内部占主导地位的方面所决定，但是这种非均衡性又必然会打破这种不均衡的稳定性，使原来占主导地位的性质处于从属地位，而原来居于从属地位的性质则转变为占据主导地位。这实际上揭示了对立面互相转化的思想。

尼古拉还在认识论方面提出了新见解，他强调认识的实现是从相对认识到绝对认识的一个过程。他将认识分为三个阶段，即感性、知性和理性。这样的分类充分体现出尼古拉对于自然科学研究中观察实验方法的重视。他认为，感性认识与知性认识具有自身的局限性，它们只能形成关于世界的片面知识，而非世界的整体，要想认识世界的整体，就必须进到理性认识阶段。只有如此才能获得对于事物的真正可靠的知识。但是尼古拉提出只有求助于神秘的直观以至神的启示才能获得理性认识获得的思想，标志着尼古拉的认识论思想还不可能完全摆脱神秘主义思想的束缚。

库萨的尼古拉作为近代哲学的先驱，可以说他既是经院哲学的最后守护人，又是埋葬思想僵化、观念陈腐的经学哲学，奠定近代哲学基础的第一人。他的泛神论学说体系以及极大与极小的对立统一的思想影响并促成了布鲁诺最终突破哥白尼的"日心说"和人类中心主义，提出神就是宇宙或自然，宇宙是极大与极小、无限与有限、原因与结果等一系列对立面相互统一的观念；这些思想后来又被斯宾诺莎进一步发扬光大，成为近代以来自然科学家们普遍接受的宇宙观。另一方面对莱布尼茨以至黑格尔等人思想的形成，都产生了深远影响，从而推动了文艺复兴乃至之后资本主义哲学思想的勃兴。

三、《论有学识的无知》（中译本）导读及要略

1. 导读

《论有学识的无知》是伟大的自然哲学家库萨的尼古拉的代表作之一，也是阐述他的泛神论的自然哲学理论体系最为重要的著作，是尼古拉哲

学思想的精华体现。

1440 年，库萨的尼古拉出版了代表自己哲学思想发展高峰的第一部著作——《论有学识的无知》。李秋零先生认为，这本书用"有学识的无知"这样一个看似互相矛盾互相抵牾的名字实际上来自于圣奥古斯丁曾提出的一个概念，从而更为充分也更为准确地表达了人类在上帝面前的无知和自省。在这部著作中，尼古拉用认识论的视角深入探讨了这个问题，他指出上帝是绝对的极大，宇宙是相对的极大，宇宙只是绝对极大的上帝的"缩影"，宇宙中的事物与宇宙整体既是矛盾的，同时也是统一的，即极大与极小是统一的，一与多也是统一的。

《论有学识的无知》（中译本）是 1988 年由商务印书馆作为"汉译世界学术名著丛书"中的一本出版发行，是根据美国 1954 年出版的茨尔曼·赫隆英译本转译，原著是拉丁文。该书译者为尹大贻和朱新民。共 171 页，分三卷的篇幅来就这一问题进行阐述。其中卷一、卷二由尹大贻译，卷三由朱新民译。

前言为尼古拉致他的导师，亦即朱利亚诺枢机主教的一封信。信中描述了尼古拉写作此书思路产生的心路历程。

卷一：论述了上帝是绝对的极大；

卷二：论述了宇宙是相对的极大；

卷三：论述了基督教的一些神学问题。

译后记：译者简要介绍了库萨尼古拉的生平并对其伟大贡献做一简要评述。

其中第一、二卷包含有一些泛神论思想并夹杂了一些异端思想，但第三卷的神学观点则与经院正统神学的观点是一致的。这部书的面世标志着尼古拉已经完成了自己哲学理论体系的初步构建，因为这部书中所涉及讨论的上帝、宇宙和人这三大主题，正是 17 世纪近代西方形而上学理论思想的三大基石。尼古拉在论证这三者相互关系时，完全摒弃了中世纪时期经院哲学的理论体系框架，而是利用古希腊和古罗马的古典文化、自然科学的最新研究成果以及文艺复兴时期兴起的人文主义学说来重构新的哲学理论体系。《论有学识的无知》这部著作的完成标志着"西方近代第一个具有'泛神'论特征的，以上帝、宇宙、人为主题的相对完整的哲学体系"的初步形成，它"构成了古代哲学和近代哲学之间的桥梁，揭开了文艺复兴哲学乃至近代哲学的序幕"。

2.《论有学识的无知》节选赏析

（1）由于我们追求知识的自然欲望不是没有目的的，它的直接对象就是我们自己的无知。如果我们能够充分实现这一欲望，我们就会获得有学识的无知。甚至对最热情地追求知识的人来说，也不可能有别的东西对他更有益处；那就是他确实在他本人的那个特定的无知中获得最深的认识；谁对他本人的无知认识得越深，他的学识就会越多。

（2）真理既不能多于，也不能少于它的本质，它是最绝对的必然性；而我们的智力则与之相反，只是可能性。因此，事物的本质也就是本体论的真理，是不可能全部无遗地加以掌握的；它虽然一直是所有哲学家的探讨目标，但是没有一个哲学家看到了它的真实面目。我们越是深刻地学习这个关于无知的教训，我们就越是接近于真理本身。

（3）种、类和宇宙只有一个界限，而它就是万物的中心，圆周和接合。宇宙并不竭尽上帝无限而绝对极大的能力，并不像某些单纯极大那样给上帝的能力加上一种限制。所以，宇宙并没有达到绝对伟大的界限，就像类达不到宇宙界限，种达不到类的界限，或个体达不到种的界限一样。结果就是万物都以尽可能好的方式存在于极大和极小之间，并以上帝作为万物总体以及其每个成员的开端、当中和终结，这样，万物无论是上升或下降或趋向于中心，就都可以接近上帝。所以万物在其无穷多种多样中都可以联结到一起来，是由于上帝在它们全体之间建立了联结。

（4）可是有悟性的灵体其行动是超时间性的，可以说是在一个永恒的水平上，当他转向永恒的事物时，并不能把这些永恒的事物转化到他自身中去。因为他自己是不朽的，他也不可能被转化到它们里面而不再是一个有悟性的实质。但他能够以这样一种方式而转化到它们里面去，像是被吸收到一种同永恒东西相似的样子中去，不过，这只是以不同程度完成的。他越是热诚地专心于它们，他就越是充分地和深刻地被那些永恒事物所完善化，他的存在也就越是深刻地隐没到永恒的存在之中。

（5）当一个人凭着信仰以其心智的全部力量归依那最纯洁的永恒真理，就把其他一切都撇弃于背后，而只选择这个真理为热爱的对象并热爱它，这样，他的心灵就确实有了一个转变……用最热诚的爱去爱他就是在心灵的运动中走向他的历程；他不仅是可热爱的，而且他是仁爱本身。当一个灵体迈着爱的脚步走向仁爱本身时，它就渗透到仁爱中，这不是任何时间性的运动，而是以完全超出时间的和一切时间性运动的方式进行的。

（6）但是，如果悟性从肉体（在这肉体内它曾受到时间的支配）中被解脱出来之后并不去达到它所渴望的目的，而是陷入无知之中；如果它曾是为真理而被造出来的，并被造成具有最深切的渴望，不是在阴影和表面之中去寻找真理，而是确实地和面对面地寻找真理的……悟性的功能乃是认识存在，这种知识是它的生命。因此，由于最终认识那稳固的、永恒的、被渴望的对象乃是它的生命，所以，它同那个永不改变的被渴望的东西相分离……它的受苦方式，我们只能理解为好像是被剥夺了真理和健康所不可或缺的养料，同时丧失了获得它们的一切希望，因而，永无休止地和永无终结地永远在临死挣扎中。

（7）这是一种痛苦得超出一切想象的痛苦的生存，因为它是活着的死，是在虚无中的存在，是比无知更空虚的知识。

马尔西利奥·费奇诺：
倡导『爱』的神哲学家

引言

马尔西利奥·费奇诺（Marsilio Ficino，1433—1499）是文艺复兴时期著名的意大利神哲学家和思想家，同时他还是那个时代一位著名的医学家。帕拉赛尔苏斯（Paracelso，1493—1541）就认为，马尔西利奥·费奇诺是意大利最好的医生。[1]此外，费奇诺还对音乐、魔法以及和谐理论、星相、魔鬼学、神秘术数和一些神秘现象以及古代异教神秘哲学颇感兴趣，并体现了极深的造诣。费奇诺开创了文艺复兴时期用人文主义思想来重新诠释柏拉图思想的序幕，从而使在经院哲学中已经沉寂良久的柏拉图思想焕发出了新的生命力，推动了文艺复兴时期人文主义思想中关于"人"的理论的完善和升华，并引导中世纪时期的"异端"思想实现了与基督教神学理论的接驳，进而使"灵魂不朽"的观念演变成基督教的正式信条。正因为如此，他被视为中世纪末期欧洲国家高扬"新柏拉图主义"旗帜的重要领军人物和代表者，同时也成为文艺复兴时期推动基督教神学体系接受并融入人文主义思想的重要影响者。除此之外，费奇诺还被视为首位将毕生献给世界精神和世界灵魂的大师，对于促进近代欧洲相对完整而丰富的文化共同体的形成功不可没。[2]

在经过了一千多年的基督教发展演变的浸染后，基督教哲学在11—

---

[1] 欧金尼奥·加林.文艺复兴时期的人.李玉成，译.北京：三联书店，2003:192.
[2] 梁中和.灵魂·爱·上帝——柏拉图"斐奇诺神学"研究.上海：华东师范大学出版社，2012:序.

14 世纪发展到了经院哲学阶段。经院哲学的产生可以追溯到加洛林王朝文化复兴时期的宫廷学园和教会学院，并最终形成了"唯名论"和"实在论"两种派别。经院哲学发展的前期阶段是以安瑟伦为代表的主张柏拉图主义、新柏拉图主义和奥古斯丁的哲学—神学为理论基础。而在 12 世纪的下半叶，亚里士多德哲学借助于阿拉伯哲学和犹太哲学为媒介在欧洲各大学中得到广泛传播，亚里士多德哲学中的"神学目的论"和其所构建的形而上学体系对基督教神学产生的现实意义被认可，进而由托马斯·阿奎那将其调和并汇入到基督教传统神哲学当中，后来被天主教会确定为官方的正统宗教哲学体系，从而颠覆了柏拉图主义在天主教神学思想体系中的地位。作为一种思辨性的宗教哲学，虽然经院哲学作为一种调和理性与信仰之间矛盾的思想体系，对于理性的发展具有一定的促进作用，但是其以抽象且烦琐的辩证方法来论证基督教信仰的特点后期演化为拘泥传统、脱离实际且不顾事实的迂腐学风，并成为禁锢人们头脑的精神枷锁。

文艺复兴时期，随着人文主义思潮的高涨，为了摆脱经院哲学对人们思想的束缚，人们认为只有反对僵化的经院哲学化的亚里士多德主义，才能彻底颠覆经院哲学在思想领域的统治地位。于是，随着拜占庭文化在亚平宁半岛的影响日渐扩大，新柏拉图主义也日益受到人们的关注并逐渐开始复兴。美第奇家族在佛罗伦萨出资开办了著名的柏拉图学园，由马尔西利奥·费奇诺负责主持，这里成为柏拉图思想的研究中心，费奇诺也成为新柏拉图主义的坚定支持者和捍卫者。他试图以复兴柏拉图主义的方式来摧毁经院哲学所构建的托马斯—亚里士多德体系，从而使哲学摆脱长期以来所处于的超验的、神秘的信仰领域的误区，他的努力使其成为文艺复兴时期高扬新柏拉图主义思想的第一位旗手，进而影响了整个文艺复兴运动的发展进程，以至于对人类的思想发展史上做出了不可磨灭的贡献。

一、马尔西利奥·费奇诺的生平

1. 托斯卡纳的医学世家

1433 年 10 月 19 日，马尔西利奥·费奇诺出生于意大利托斯卡纳（Toscana）地区一个叫菲利内瓦尔达诺（Figline Valdarno）的小镇。这个有着浓郁乡村风情的小城距离佛罗伦萨只有 20 公里之遥，佛罗伦萨的文艺复兴之风早就浸润了这个幽静的小城，所以并不闭塞和落后，这里的人们得风气之先，思想也异常活跃。

费奇诺的父亲迪奥提菲克·费奇诺（Dietifeci Ficino）是一位著名的外科医师，他因为自己冠绝群伦的医术不仅在瓦尔达诺镇，而且在佛罗伦萨城也拥有着良好的口碑。他深得乡人们的好感，而且在佛罗伦萨的上层社会中也是交好众多，甚至于他还成了当时统治着佛罗伦萨的美第奇家族的座上宾。但是，费奇诺父亲体面的职业却并没有使他的家庭过上富足无忧的生活，因为在中世纪，从事医生这一职业并非当时人们谋生的途径和手段。在他们看来，行医济世救人所彰显的道德情操对于他们提升自己的身份地位的重要性，相比于收费行医而言不可同日而语，因而老费奇诺行医完全属于义务服务，当然，在为贵族显宦出诊的时候，那些被诊治的病人们也会以赞助的方式来表达自己的谢意。费奇诺一家主要就以自己薄有的田产收入以及贵族病人的赞助来维持基本的生活，所以并不能够保证费奇诺从小就生活在衣食无忧的家庭环境里。需要说明的是，费奇诺的父亲虽然是一位医师，却也同样是一位人文主义者，他对古希腊和古罗马时期的古典著作有着特殊的爱好，所以他在家中也收藏了大量有关古希腊和古罗马的经典文献。费奇诺从小就生活在富有书香之风的家境当中，从而为他后来的兴趣取向打下了初步的基础。

费奇诺天资聪颖，爱好阅读。在他还没有接受学校教育的时候，他的父亲迪奥提菲克·费奇诺就开始有目的地引导培养他把阅读兴趣集中到这些古典著作上，所以，年纪尚小的费奇诺就已经初步阅读了一些古希腊和古罗马经典作家的著作，受到了良好的人文主义文化训练，这对于他以后能够接受新柏拉图主义思潮进而推动新柏拉图主义的发扬光大打下了良好的基础。但是费奇诺的身体自小就体弱多病，据说他成人以后依然身材矮小、瘦骨嶙峋，一副弱不禁风的样子。更为严重的是，他患有严重的神经衰弱，据说这一疾病来自于他母亲的遗传。费奇诺的母亲名叫亚历山德拉·迪·纳诺奇奥·迪·卢多维克·达·蒙提瓦基（Alessandra di Nanoccio di Ludovico da Montevarchi），据记载，她是当地一位颇为神秘的女性，这是因为她能够做预测未来命运的梦，有着超乎寻常的预测能力。当然，凡是具有神秘的预测能力的人往往在神经系统方面似乎都有着病态的症状。费奇诺神经衰弱的病症导致了费奇诺后来的抑郁症状并伴随了他一生，但同时也折磨了他一生，令他痛苦不堪。

迪奥提菲克·费奇诺一直亲自辅导着幼年时期的费奇诺。直到 1445 年，老费奇诺发现自己已经再也没有什么可以教给小费奇诺的时候，12 岁的费奇诺才被他的父亲送到了佛罗伦萨接受正规的教育。费奇诺求学的地方并非是当时普遍流行的教会学校，可能也不是什么正规的世俗学校，而只能说是几位学者联合组建的私人学堂。在这里，据说孔曼多·迪·西蒙·孔曼迪（Commando di Simone Commandi）负责教授费奇诺的拉丁语法学习，安东尼奥·德·贝尔纳迪（Antonio de Bernardi）则引导费奇诺关注对西塞罗作品的研究，西塞罗的很多作品都体现了柏拉图思想的精髓，因此，费奇诺正是通过对西塞罗作品的学习，才了解了柏拉图的思想，并为之后他的思想关注点转向新柏拉图主义做了初步的铺垫。在这一时期的学习阶段，费奇诺还掌握了鲁特琴（Lute）的弹奏技巧，并最终成了当时颇有名望的鲁特琴弹奏大师。鲁特琴也称琉特琴，是一种曲颈拨弦乐器，它是文艺复兴时期欧洲风靡一时的家庭用独奏乐器。贝尔纳迪本身就是鲁特琴的爱好者，因而他毫无保留地将弹奏鲁特琴的技巧传授给费奇诺，使得在音乐方面有着超人天赋的费奇诺成为当时的鲁特琴演奏高手，[1]而音乐自然也就成为了之后费奇诺缓解抑郁症的最佳良药。总之，费奇诺在这里接受了较为全面的世俗教育，受到了良好的人文主义思想的熏陶，因为费奇诺几乎没有接受过神学教育，所以注定了费奇诺的学术之路必然是从人文学科开始起步的。

曾经于1349—1351年间爆发过后来蔓延了整个欧洲大陆的黑死病（即鼠疫）的佛罗伦萨仿佛被撒旦施与了恶毒的咒语，在1448年又一次突然爆发了瘟疫，这已经是15世纪以来佛罗伦萨爆发的第六次瘟疫了。这场瘟疫来势凶猛，很快就夺去了大批人的生命，城里的人们人人自危，于是纷纷逃离这座被死神笼罩着的城市。同样，费奇诺也不例外，他离开了生活了3年的佛罗伦萨来到了距离佛罗伦萨68公里的小城比萨。这里远离肆虐的瘟疫，成了世外桃源。

虽然被瘟疫的威胁时刻笼罩着，但是在比萨逃难的费奇诺并没有忘记自己的学业，他投身到弗朗西斯科·达·卡斯蒂廖内（Francesco da Castiglione）门下学习希腊语的初级教程。在15世纪那个年代的亚平宁半岛上，懂得希腊语的老师本来就凤毛麟角，要想找到一位精通希腊语的学者那就更是如同想在沙漠中找到一眼甘泉一样艰难，卡斯蒂廖内虽然能够设立教席传授希腊语，不过他也仅仅是粗通而已，而且晦涩难懂的希腊语也让语言方面并不具备超常天赋的费奇诺无法窥得门径，所以

---

[1] 李宇靖.费奇诺人文主义研究.上海师范大学博士学位论文，2013:24.

直到费奇诺在1462年接受科西莫·迪·乔凡尼·德·美第奇（Cosimo di Giovanni de' Medici）的邀约创办"柏拉图学园"后并翻译完成了《俄耳甫斯的颂歌》后，才表明他真正掌握了这门语言，也是直到那个时候，具备了能够阅读柏拉图原著能力的费奇诺才可以真正称为柏拉图和新柏拉图主义者。[1]

2. 医学院的哲学爱好者

1451年，费奇诺在完成了初级学校的学业后，开始考虑进入佛罗伦萨学院继续学业。在这个时候，选择什么样的专业成为摆在他面前的首要问题。以医师为职业的老费奇诺虽然是一位人文主义思想的拥趸，但是他更看重的是医师这个职业的显赫的社会身份，所以在费奇诺完成这个私人学堂的学业之后准备申请进入佛罗伦萨学院深造的时候，在专业选择方面，他的父亲施加的影响以及费奇诺从小对父亲体面工作所受到的潜移默化的影响，使得费奇诺在专业选择上非但没有拒斥父亲的干预，反而欣然接受了父亲的建议。于是，费奇诺就申请攻读佛罗伦萨学院的医学专业。事实上，有些人认为费奇诺在大学攻读的专业"Physics"是物理学，其实这是对中世纪时期学科分类的误解以及医学术语的迁转不了解所致。在现代英语中，物理学为Physics，这个词源于古典拉丁文Physicsa，本意为物理学和自然科学，但是在古典时期，物理学是被纳入自然哲学的范畴之内的。Physicus也被用来称呼学习自然哲学的学生，到了12世纪的时候，Physicus开始用来称呼受过教育的医生，后来变成特指医学博士，意为医学从业者不再仅仅只需要具备实践技能，也需要接

---

[1] 李宇靖. 费奇诺人文主义研究. 上海师范大学博士学位论文，2013:24.

受自然哲学和科学方面的教育。[1] Physics 这个词源同时也发生了微妙的迁转，那就是这个词具有了表达与理论医学相关联的知识和实践方面的内容。[2] 因为之后费奇诺与科西莫·迪·美第奇的交集恰恰是因为费奇诺担任了科西莫的家庭医生。[3] 试想如果费奇诺没有进行过有关医学方面的专业学习，他又怎么能够获得这份体面的工作呢？而且，在中世纪的欧洲大学里，课程设置与今天是截然不同的，当时课程设置最为齐全的巴黎大学也不过只设有四个学部：文学、医学、法学和神学。[4] 即使部分科学内容被个别大学纳入到教学内容当中，但是也没有为它们设置单独的学科分类。所以，很多人误认为费奇诺攻读的"Physics"是物理学专业其实是完全错误的，在中世纪晚期，这一名词所指的恰恰是理论医学专业。

当然，15 世纪那个时代的所谓的医学专业，并非是我们今天所看到的具有严谨纯粹科学性的一门学科，那个时代被称为是欧洲医学发展的黑暗时期，当时所谓的医学研究是包含着巫术、占卜、星相及神秘主义等门类的一个大杂烩。所以，虽然费奇诺入学佛罗伦萨学院攻读医学专业的学位，并师从当时的医学专业的专家尼科洛·提格诺斯（Nicolo Tignosi），不过这个时代下的医学专业所具备的水平注定不会让费奇诺成为一位现代意义上的真正的医学大家，但是失之东隅，收之桑榆，因为那个时代医学专业所具有的多门类特点，使得费奇诺在学习的过程中能够更多地涉猎了有关巫术、占卜、星相学及神秘主义思想领域的大量书籍，从而为之后的费奇诺在思想领域上大放异彩并成为哲学家奠定了

[1] 孙益.西欧的知识传统与中世纪大学的起源.北京：北京师范大学出版社，2012:85—86.
[2] Bylebyl Jerome .The Medmcial meaning of Physica// Renaissance Medical Learning: Renaissance Medical Learning. Evolution of a Tradition Vol. 6 . Chicago: University of Chicago Press 1992:16. 转引自高建红 .12—16 世纪西欧的医生.复旦大学博士学位论文，2011:94.
[3] 欧金尼奥·加林.文艺复兴时期的人.李玉成，译，北京：三联书店，2003:179.
[4] 黄福涛.外国高等教育史.上海：上海教育出版社，2003: 67.

初步的基础。

其实，费奇诺同时兼具哲学家和医生双重身份这种情况在古代欧洲并非个例，在古罗马时代，提出四元素说的著名的医学大师克劳迪亚斯·盖伦（Claudius Galenus，129—199）就同时是一位哲学家，而且在中世纪时期，很多哲学家也都兼具有医学家的身份，比如托马斯·阿奎那（Thomas Aquinas，约1225—1274）的老师大阿伯拉尔（Pierre Abelard，1079—1142）虽然并没有过行医的历史，但是在他关于自然哲学的著作中就涉及到了人体解剖学和生理学及心理学方面的内容，而且这些方面的著作为后世许多医学家所引用，可见其完全可以被认定为具有哲学家身份的医学专家；13世纪时期博洛尼亚大学的医学教授塔代奥·阿尔德罗提（Taddeo Alderotti，1210或1223—1295）同时也是一位精通逻辑学并且对亚里士多德哲学有着极为强烈兴趣的医学专家；而阿巴诺的皮耶特罗（Pietro d'Abano,1250或1257—1316）则同时拥有哲学和医学的双重博士学位,并且具有哲学家、占星家和帕多瓦大学医学教授的多重身份。[1]萨莱诺医学院的教师卡拉布里亚的乌尔索（Urso of Calabria）就在他的著作中使用了大量的亚里士多德的术语和概念，为医学理论和实践打下了坚实的哲学基础。[2]类似情形不胜枚举。因而精通哲学的费奇诺医生在那个时代也就不显得另类了。同样，费奇诺的导师尼科洛·提格诺斯作为一位医生，也兼具有哲学家的另一个身份。所以，费奇诺在这里既能接受到医学专业的学习，同样还在亚里士多德哲学方面也得到了更为专业的训练和熏陶。

---

[1] 高建红.12—16世纪西欧的医生.复旦大学博士学位论文，2011:86.

[2] 孙益.西欧的知识传统与中世纪大学的起源.北京：北京师范大学出版社，2012:86—87.

3."柏拉图学说"的新信徒

当然，在 15 世纪上半叶，亚里士多德哲学作为维系托马斯·阿奎那经院哲学体系的权威思想，理所当然地被打上了神学的烙印，因而这一时期的亚里士多德哲学已经并非是纯粹的了，而是被羼杂了神学家们的基督教哲学的杂质。费奇诺从老师提格诺斯这里所接受的亚里士多德哲学内容自然也是如此。提格诺斯作为亚里士多德哲学的忠实拥趸，为了将纯粹的经院主义哲学思想原原本本地灌输给费奇诺，自然就会推崇亚里士多德哲学的正统地位，并极力强调柏拉图哲学的"异端"地位。当然，这个时候的费奇诺还并非一个十足的"新柏拉图主义者"，所以他的思想与他的导师之间没有形成抵牾。在提格诺斯极为严苛的督促和教导下，费奇诺对于亚里士多德哲学的掌握达到了精通的程度。费奇诺的这段学习经历其实并没有影响到他最后成为著名的新柏拉图主义者，因为正是通过对亚里士多德哲学的专业学习，才能使费奇诺更好地认识到亚里士多德哲学中存在的问题与不足，因而最终也才会促成费奇诺转向柏拉图，成为中世纪末期高扬新柏拉图主义旗帜的重要领军人物和代表者。

1454 年，费奇诺写作了一篇名为《太阳的美景和光芒》的论文，这是费奇诺开始从事柏拉图学说研究的开始。此后他在拜访他的父亲的一位老朋友——克里斯托弗罗·兰迪诺（Cristoforo Landino，1424—1504），一位坚定的新柏拉图主义者的时候带去了自己名为《柏拉图教义基础》的部分手稿，呈请兰迪诺审阅。兰迪诺的赞赏增强了费奇诺继续研究柏拉图主义的信心，并坚定了费奇诺成为一位"新柏拉图主义者"的信念。但是兰迪诺建议他去学习希腊语，以便为他能够更好地研究柏拉图学说打下坚实的语言基础。

这个时候，费奇诺早已经在1452年就结识了当时佛罗伦萨权倾一时的统治者，同时也是费奇诺未来的伯乐和雇主——科西莫·迪·乔凡尼·德·美第奇。据记载，老科西莫同兰迪诺一样，也读到过《柏拉图教义基础》的手稿，同样也提出了费奇诺需要进修希腊语的建议。费奇诺能够结识老科西莫应该是借助于他父亲的声望。老费奇诺因为自己超卓的医术早已就是美第奇家族的座上宾，当他着意培养费奇诺继承自己的衣钵的时候，必然一方面会在行医问药方面加以言传身教的指点，而另一方面，则一定会将自己的广博人脉也转给儿子。所以老费奇诺一旦登门问诊，一般都会携费奇诺同去。就这样，在父亲的引介下，费奇诺当然就结识了这位佛罗伦萨的伟大僭主。

于是，就在1456年这一年，即费奇诺刚刚23岁的时候，正在攻读医学专业的他开始频繁出现在佛罗伦萨学院古希腊语专业的课堂上，只为了旁听这门艰涩难懂的古老语言。但是，费奇诺对于柏拉图的兴趣招致了他父亲的坚决反对。老费奇诺作为一位坚定的亚里士多德哲学的信徒，对费奇诺离经叛道的大逆行为深恶痛绝。所以据说有一段时间他强迫费奇诺前往亚里士多德主义的大本营——博洛尼亚大学强化亚里士多德哲学教育。当然，性情温顺的费奇诺表面上并没有忤逆父亲的要求。他遵从父命来到博洛尼亚大学短暂进修亚里士多德的哲学。表面上费奇诺是重归亚里士多德主义旗下，但是事实上，外表柔弱骨子中叛逆的费奇诺从未放弃过自己对新柏拉图主义的膜拜。

当然，需要说明的是，费奇诺所反对的亚里士多德主义主要体现为这一学说有关世俗方面的内容，而亚里士多德哲学中被托马斯·阿奎那的经院哲学所加以利用并改造的神学部分却不在费奇诺反对的范围内。但是毕竟在中世纪后期，作为经院神学体系支柱的亚里士多德主义在保守派的眼中是作为一个整体存在的，因而任何对亚里士多德哲学内容的反对都是他们所不能容忍的，所以费奇诺自然也遭受到了亚里士多德主义卫道士们的鞭挞。时任佛罗伦萨大主教兼佛罗伦萨学院校长的圣安东尼（St. Antonius of Florence, 1389—1459）苦口婆心地劝说费奇诺放弃对柏拉图思想的追求，要多钻研托马斯·阿奎那的经典著作，从而回归到亚里士多德哲学的正确的轨道上来。作为一个在与他人的交往中秉持着做事留有余地原则的人来说，费奇诺对圣安东尼的劝说并没有给予直白的拒绝，相反，他一方面表现出顺从这位德高望重的老人的建议，开始大量阅读阿奎那的有关经院哲学方面的原著，但是这并不代表费奇诺已经放弃了对柏拉图主义的热爱，暗地里，他还是一如既往地继续对柏拉图哲学的研究工作。

4. 被逐回老家的忤逆者

但是，费奇诺表面上的顺从并没有缓释以圣安东尼校长为首的亚里士多德主义力挺派的警惕性。1457 年的时候，当约翰·阿吉罗普洛斯（John Argyropoulos）这位希腊著名学者（自从拜占庭帝国在奥斯曼骑士的圆月弯刀和战马铁蹄下覆亡后，就逃亡到意大利的他就一直在大学中讲授关于古希腊的语言和文学等方面的课程）准备在佛罗伦萨学院举行有关柏拉图主义的讲座的时候，之前一直蛰伏隐隐不发的费奇诺再也无法掩饰心中的渴望，他试图提出要参加这个讲座的申请，马上就遭到了圣安东尼校长的严词拒绝，同时将费奇诺逐回他的家乡——那个幽静祥和的菲利内瓦尔达诺小镇，令他闭门思过。

其实，在中世纪晚期的大学中，虽然经院哲学仍然占据着统治地位，但是其他学说已经有了较为宽松的政治环境可以获准宣讲和生存，所以阿吉罗普洛斯准备在佛罗伦萨学院开设讲座应该是得到获准并且是合法的。既然讲座是合法的，那学生申请参加旁听讲座也理所当然应该是合法的。但是费奇诺的申请不仅被驳回，而且还遭受了被驱逐回家闭门思过的严厉惩处，这种处罚应该说是过于严厉了。考虑到老费奇诺因为自己的超卓医术而在佛罗伦萨上层交际圈中所拥有的丰富人脉，以及他对费奇诺热爱柏拉图主义的坚决反对，所以应该是老费奇诺的授意才会导致佛罗伦萨学院的校长对费奇诺采取如此过于严厉苛刻的处罚手段。

但是在这一年，费奇诺还是完成了自己的四部作品——《论美德》《论哲学家的四个学派》《论上帝和灵魂》以及《论神圣和癫狂》。[1]但是前三部作品并没有被付梓出版，这几部没有得到传世的作品的湮灭也许是费奇诺后来随着自己认识能力的提高而主动放弃了出版的意愿。

事实上，自从费奇诺被逐回家乡以后，他就再也没有返回佛罗伦萨学院继续他的学业。因为没有证据说明费奇诺是在那里正常毕业并且拿到了自己医学专业的学位，所以，费奇诺应该是以肄业的身份离开这座大学的，也许是因为他中途赴博洛尼亚大学短暂进修亚里士多德哲学和被逐回菲利内思过导致了这样的结果，或者是一张医学学位证书的诱惑已经不足以阻挡费奇诺对柏拉图主义的热望和追求了，总之，费奇诺已经不用再为了是遵循着亚里士多德——医学——谋生还是遵循着柏拉图——哲学——精神世界的人生道路而纠结了。他放弃了拥有一张真金白银的官方的学位而选择了对柏拉图主义侍奉终生。自然，正因为费奇诺的这一选择，才最终能够为欧洲文艺复兴乃至中世纪时期的哲学发展史留下了一段华彩乐章。

离开佛罗伦萨后，费奇诺回到自己的家乡，从此便埋首在浩瀚的哲

---

[1]　李宇靖.费奇诺人文主义研究.上海师范大学博士学位论文，2013:252.

学经典中撷取着柏拉图思想的精髓。在这一期间，他基本上完成了对普罗提诺主义和普罗克洛斯主义形而上学的理解。1458年，费奇诺完成了《论快乐》（*On Pleasure*）一书，该书后来于1497年，即费奇诺离世的两年前才得以出版刊行。当然这段时间，已经具有相当程度古希腊语水平的费奇诺在苦读钻研希腊语原版的柏拉图哲学经典文献的同时，还广泛涉猎了包括赫尔墨斯·特立斯墨吉斯忒斯（Mercurius ter Maximus）、琐罗亚斯德（Zoroaster，?—前583）以及毕达哥拉斯（Pythagoras，约前580—约前500）、古代希腊罗马地理学、神话学家斯特拉波（Strabo）、马可比乌斯（Macrobius）和胡基努斯（Hyginus）等众多各派别先贤大家的古希腊语原版著作，以及塞涅卡（Lucius Annaeus Seneca，约前4—65）、阿普里乌斯（Apuleius）、波斐利（Porphyrius，约347—420）等拉丁文作家的经典文献。

当然，原来一直强迫费奇诺皈依亚里士多德主义流派的老费奇诺此时已经放弃了这种徒劳的意愿，但是却继续坚持着让费奇诺继承自己行医衣钵的想法。虽然费奇诺并没有在佛罗伦萨学院拿到任何能够证明自己医术水平的官方文件和执照，但是，他仍然带着费奇诺四处行医，一方面通过实践提升费奇诺的医术水平，另一方面也利用这种方式为费奇诺积累人脉，为费奇诺今后的谋生之路拓展更为广阔的空间和领域。因为老费奇诺凭借着自己超卓的医术成为科西莫最为信任的医生，所以一旦美第奇家族中的成员染恙在身，出诊的必然是老费奇诺，而在这一期间，费奇诺就扮演老费奇诺的助手经常出入科西莫的府邸。后来随着费奇诺医术水平的提高并可以亲手为科西莫及其家人诊治疾病，隐隐然已经呈青出于蓝而胜于蓝之势。更为重要的是科西莫也是一位狂热的新柏拉图主义者，而且早在1439年的时候，他就曾经试图在佛罗伦萨设立一个类似于当年柏拉图在雅典所创立的研究学术的阿加德米（Academy）学园（后人为称呼方便俗称为柏拉图学园）那样的学术机构。实际上今天的大学"学院"就是从"阿加德米"这个词来的。当年费奇诺的《柏拉图教义基础》四卷本手稿完成后，科西莫也恰好是极少数的传阅品读者之一，所以科西莫更是引费奇诺为同道中人，两人经常就柏拉图哲学问题进行深入的探讨。

5. 卡勒基别墅中的新主人

从 1457 年到 1462 年，自从佛罗伦萨学院肄业以来，费奇诺在菲利内瓦尔达诺镇的家中已经蛰伏了 5 年之久了，费奇诺日复一日重复着一样的事情：或者是埋首故纸堆中阅读经典文献，或者是拎着药箱为乡人诊治疾患。虽然这时他的超卓医术已经为他带来了无数的荣耀，甚至于被誉为意大利最好的医生，但是对于费奇诺而言，医学只是他谋生的一个手段，只能是旁门左道而已，而自己真正追求的则是"新柏拉图主义"思想的传播和光大。

1462 年，当已经 29 岁的费奇诺真的以为自己就要循着这样皓首穷经的生活即将老死乡间的时候，一封来自佛罗伦萨的书信改变了他 5 年来一成不变的生活，也彻底改变了他的命运。

这是一封来自于新柏拉图主义者——科西莫·德·美第奇亲笔所书的信件。在这封信中，这位已 73 岁高龄的佛罗伦萨僭主亲自邀约费奇诺赴佛罗伦萨帮助他完成一个梦想，那就是去创建一个新柏拉图主义者的"世外桃源"——柏拉图学园。科西莫的这个梦源于 23 年前他与拜占庭哲学家和宗教改革家盖弥斯托斯·普勒托（Georgius Gemistus Pletho, 1355—1450）的一次交流。他的思想激发了科西莫对新柏拉图主义的兴趣，科西莫由此成为一位"新柏拉图主义者"，并形成了"柏拉图哲学是古代思想界最美丽的花朵"[1]这样一个坚定的信念,从而开始有了创建一个类似于当年雅典的"柏拉图学园"这样一个学术研究机构的梦想。

23年之后,科西莫决定把这个梦想付诸实现,而如何挑选一个合适的主持者则是一个首要的问题。科西莫如此放心地将主持这样一个学术机构的重任托付给一位年仅29岁且尚没有在思想界获得足够名声的年轻人,自然有赖于6年前费奇诺的《柏拉图教义基础》手稿。虽然费奇诺的这部著作因其稚嫩和不成熟最终并没有出版面世,但是作为有幸的鉴读者,科西莫不仅了解到费奇诺对新柏拉图主义的推崇,同时也知道费奇诺完全是一位坚定的新柏拉图主义者。而且通过随后几年两人就新柏拉图主义思想的交流与探讨,科西莫认定费奇诺完全可以承担这个责任,并且会推动新柏拉图主义运动的进一步发展。这是科西莫邀约费奇诺来到佛罗伦萨的主要原因。当然,科西莫邀请费奇诺来到他的身边还有另外一层含义,那就是这时的费奇诺已经可以说是亚平宁半岛上最好的医生之一了,而古稀之年的科西莫当然面临着各种病痛的折磨,通过这样的手段把费奇诺罗致到自己的身边,自然还能够让费奇诺同时扮演自己家庭医生的角色,此举真可谓是一举两得。

费奇诺收到邀约自然是欣喜若狂,他仿佛看到了自己的新天地已经向他张开了欢迎的臂膀,自己将获得学术上的新生,所以在他后来描述在收到佛罗伦萨来信这一时刻的喜悦心情时是这样说的:"我收到信……来自我的父亲……这使我确信,我生命中最有益的医生,用他全部的审慎,打算关心我的学习。他将为我的学习提供重要保障,同时以一种赞赏的态度对待我的学习,而且将在他神圣的居所用最为慷慨的爱接纳我。"[2]

---

[1] 布克哈特. 意大利文艺复兴时期的文化. 北京: 商务印书馆, 1991: 215.

[2] Christine Raffini. Marsilio Ficino, Pietro Bembo, Baldassare Castiglione: Philosophical, Aesthetic and Political Approaches in Renaissance Platonism. New York: Peter Lang, 1998:19.

在这里，费奇诺分别使用了父亲和医生两个称呼，而这两个称呼都同样指向科西莫，父亲一词并非生理意义上的指称代词，更非对科西莫的谄媚之语。费奇诺用"父亲"一词指代科西莫恰好是表达了自己在学术研究方面所获得的新生命毫无疑问是科西莫赐予给他的，所以在这个意义上而言，科西莫被他称为父亲毫不为过；而"医生"一词的含义也并非狭义而言。因为科西莫这封邀请函又拯救了费奇诺颓废的状态，让他重新焕发了振奋的精神，因而"医生"一词和"父亲"一词对于他而言，表达的是同样意义的两方面内容。

对于科西莫的热情邀约，原本对费奇诺涉猎柏拉图主义思想横加干涉阻挠的最大拦路虎——他的父亲老费奇诺最为关心的还是费奇诺今后的谋生问题。他本来希望自己的儿子能依靠高超的医术而过上体面的上层生活，但是他也深知正是自己的肆意干涉让费奇诺最终丧失了获得行医执照的可能性。当然，科西莫也深知老费奇诺的忧虑所在，他向老费奇诺表达了费奇诺在自己心目中的重要性，指出，老费奇诺只具有治愈人身疾病的价值，而"马塞利奥被从天堂送到这里是为了治愈灵魂"。[1]可见科西莫对费奇诺寄予了极高的期望，同时他还允诺将为费奇诺提供优裕的生活条件和衣食无忧的保障。老费奇诺出于对科西莫的尊重和信任以及两人多年的友谊，最后同意了费奇诺离开菲利内瓦尔达诺镇，重返阔别5年的佛罗伦萨并定居下来，开始了他新的人生。当然在这之前的5年当中，费奇诺频繁往返于佛罗伦萨和菲利内瓦尔达诺镇两地目的只是诊治病患，这时的他对于佛罗伦萨而言只是一位匆匆过客而已。

科西莫对于费奇诺的加盟感到了莫大的欢欣。为了践行对老费奇

[1] Giovanni Corsi. The Life of Marsilio Ficino in The Letters of Marsilio Ficino: Vol.3. Members of the Department of Language of the School of Economic Science, eds. and trans., London: Shephard Walwyn, 1981: 138.

诺的诺言，科西莫一俟费奇诺抵达，马上就将位于佛罗伦萨圣爱智德（Sant'Egidio）大道的一处房产及一座位于卡勒基山（Colegio Hill）上刚刚修缮和装修完毕的别墅赠与费奇诺，这座别墅是科西莫所有房产中他最为钟爱的一座，但是为了践行对老费奇诺的诺言并表达自己对费奇诺的重视，科西莫还是慨然忍痛割爱。这座别墅距离科西莫的府邸仅仅只有1公里之遥，科西莫让费奇诺住在这里也是为了两人之间沟通方便起见。费奇诺最终就是在这座别墅里辞世的。除了房产，科西莫还赠给费奇诺少量的柏拉图和普罗提诺作品的希腊语手抄本，这一类的手抄本在15世纪的那个时代就是昂贵的稀世珍品。当然，这既是馈赠，但却又是"赤裸裸"的提醒，即科西莫此举包含有两层含义：其一是表明自己对费奇诺的重视；其二则是隐晦地提醒费奇诺天下没有免费的午餐，我邀请你来不是为了享受，而是要发扬光大新柏拉图主义。事实上，科西莫所赠的别墅并非只是充当费奇诺的落脚之地，它更是预备开办"柏拉图学园"的正式场所。

为了推动费奇诺尽快开展工作，科西莫自作主张请来了希腊语老师以期提升费奇诺的希腊语能力。其实费奇诺早在1456年完成了《柏拉图教义基础》一书之后，就接纳了克里斯托弗罗·兰迪诺以及科西莫的建议开始恶补希腊语了，但是6年后的科西莫并不清楚费奇诺的希腊语水平，年已古稀自感时日无多的他迫切希望费奇诺能够早出成果，所以才有此举措。但是就在这一年，费奇诺翻译完成了《俄耳甫斯的颂歌》（*Orphic and Homeric Hymns*）并出版。这是费奇诺第一部译自希腊语的拉丁文著作。其娴熟的翻译技巧和精确的语言运用表明了费奇诺已经完全掌握了希腊语。科西莫这才知道自己为费奇诺聘请希腊语教师一事完全是画蛇添足，几成笑柄。此后费奇诺又翻译了赫尔墨斯·特立斯墨吉斯忒斯的作品《牧人集》（*Poimandres*）。

在费奇诺通过"资格"考核后，科西莫才真正认可了费奇诺的能力和水平，同时也觉得自己识人有度，这时科西莫才把真正的任务交给费奇诺，那就是要求费奇诺翻译《柏拉图对话录》。对于新柏拉图主义者来说，《柏拉图对话录》才是真正至善至极的真理，文艺复兴时期新柏拉图主义者梦寐以求的就是能看到拉丁版的《柏拉图对话录》，这一重任就落到了费奇诺的肩上。

科西莫自觉时日无多，他迫切希望能够在有生之年看到这部拉丁文作品的出版，所以他对费奇诺的这项工作颇多干涉和督促。就如在《〈斐利布篇〉义疏》所附的科西莫致费奇诺的信中所描述的那样："我昨天到了卡勒基，不是为了耕耘我的土地，而是为了耕作我的灵魂。尽快吧，马塞利奥。将柏拉图关于至善的书籍一起带来——这到目前为止我假设你已经如你许诺的那样将之从希腊文翻译成拉丁文——因为与了解一条通往幸福的最为确定的道路相比，没有一样东西更值得我如此热心地去渴望。再见，你来的时候不要忘记带着你那俄耳甫斯的七弦琴"。[1]由此可见科西莫渴望见到《柏拉图对话录》拉丁文译本的迫切心情。

在科西莫的大力督促下，加之费奇诺自身对柏拉图主义的热爱所迸发出来的工作热情以及废寝忘食的不懈努力，1464年7月的时候，费奇诺共完成了《柏拉图对话录》中28篇的其中10篇的拉丁文译本的翻译工作。此时，权倾一时的佛罗伦萨僭主、文艺复兴的赞助者和支持者科西莫已经病入膏肓，为了满足科西莫的临终心愿，费奇诺亲自在科西莫的病榻前为他朗读了拉丁文译本中《柏拉图对话录》其中的两篇：柏拉图关于至善理论的《斐勒布篇》和探讨关于"理念"问题的《巴门尼德篇》，这是《柏拉图对话录》中最为重要的两篇对话，也是相对而言较

[1] Marsilio Ficino. The Philebus Commentary. Michael Allen,ed.and trans.Los Angeles: University of California Press, 1975:3. 转引自李宇靖. 费奇诺人文主义研究. 上海师范大学博士学位论文，2013:33-34.

难翻译的两篇。虽然科西莫此时的健康情况已经不允许他阅读其他 8 篇，但是就他而言，只要能够完成这部书的拉丁文本的翻译工作就足以欣慰了。1464 年的 8 月 1 日，75 岁的科西莫摩挲着费奇诺翻译完成的《柏拉图对话录》的拉丁文本手稿阖然长逝。科西莫死后被佛罗伦萨共和国政府赠予"国父"称号，可谓是殊荣至极。

费奇诺所完成的《柏拉图对话录》拉丁文译本在当时被赋予了极高的赞誉，人们认为这是一部质量精良、语言精确、技巧娴熟的译本。正如费蒂吉埃尔所评价的那样："整体来说错误罕见。费奇诺的译本的最大的本质的价值事实上是它的精确；甚至通常来说是逐字逐句翻译的"，费奇诺"以最为优美的语言'通俗化'了柏拉图的哲学，而他介绍的的确是柏拉图：滋润 16 世纪的正是《对话集》的精髓。"[1]

科西莫去世后，他的长子皮耶罗·迪·科西莫·德·美第奇（Piero di Cosimo de' Medici，1416—1469）接掌共和国政府的大权，成为佛罗伦萨的新一代僭主。皮耶罗在文化政策上和老科西莫一脉相承，在科西莫在世的时候，他就一直与费奇诺交好并且在希腊语和拉丁语方面对费奇诺助力颇多，因此当他甫一上台，就继续支持费奇诺的翻译事业以及"柏拉图学园"的筹建工作。

虽然科西莫已经去世，但是这样的权位更迭却丝毫没有影响到费奇诺的工作热情和进度，在这一段时期内，他成果频出。当然，费奇诺个人翻译希腊语的新柏拉图主义流派的各类著作并非是创建"柏拉图学园"的全部内容，费奇诺本人也深知这一点。

所以 1462 年的时候，当他接到科西莫的邀约而一俟抵达佛罗伦萨后，

---

[1] Christine Raffini. Marsilio Ficino, Pietro Bembo, Baldassare Castiglione: Philosophical, Aesthetic and Political   Approaches in Renaissance Platonism. New York: Peter Lang, 1998:22. 转引自李宇靖. 费奇诺人文主义研究. 上海师范大学博士学位论文，2013:31.

就开始着手学园的创建工作。首先，他先将老科西莫赠给他的卡勒基庄园布置得像当年的雅典 "柏拉图学园" 一样，别墅旁的台佐勒河（Terzolle）仿佛就像是当年环绕着雅典学园的基菲索斯河（希腊语：Κηφισός 或 Κηφισσός）一般的景致。而别墅中的大客厅则被费奇诺布置成为学员们聚会学习的主要场所：其中在大厅墙面上镌刻着柏拉图有关治学和人生认识的各种格言，比如 "万物来自善归于善" "避免过度，逃脱苦痛，喜乐当下" 等；同时，费奇诺还委托那个时代著名雕刻家制作了一尊高达 2 米的柏拉图塑像并矗立在大厅的正中央，雕像前还常燃着长明灯。

当然，"自称为科西莫精神的继承人"[1] 的费奇诺并非 "一个人在战斗"。虽然这个学园只是 "一个组织相当松散的友人学派，而不是按后来数世纪中的学院方式牢固建立起来的机构"[2]。但是，费奇诺仍然用心经营这个学园。科西莫·美第奇和费奇诺 "邀集了许多精通古希腊文学和哲学遗产的拜占庭学者和哲学家从事柏拉图主义的翻译、注释、研究和宣传工作"[3]，其中他曾经拜访过并为他审看过《柏拉图教义基础》手稿的克里斯托弗罗·兰迪诺就加盟其中。他在卡勒基的别墅中接待来自各地的新柏拉图派学者和爱好者，有的担当费奇诺的助手承担 "学园" 的管理，有的成为导师负责教学工作，有的则作为 "学员" 接受费奇诺及其他新柏拉图主义者传授柏拉图的思想和学说。费奇诺被尊称为柏拉图学园的首席导师。自此以后，在卡勒基山麓旁边的这所别墅里面，经常举办各类有关 "新柏拉图主义思想" 学说的讲座和论坛，这里俨然已经成了欧洲 "新柏拉图主义者" 的沙龙会客厅。随着费奇诺的声

[1] 布克哈特.意大利文艺复兴时期的文化.北京: 商务印书馆, 1991: 216.
[2] 保罗·奥斯卡·克里斯特勒.意大利文艺复兴时期八个哲学家.姚鹏, 陶建平, 译.上海: 上海译文出版社, 1987:51.
[3] 黄裕生.西方哲学史（学术版第三卷）: 中世纪哲学.南京: 凤凰出版社, 江苏人民出版社, 2005:705.

名鹊起，他也被时人赞誉为"再世柏拉图"，成为欧洲"新柏拉图主义者"的精神领袖。后来随着学园越来越多学者的加盟，虽然大家同为"新柏拉图主义者"，但是各位导师之间毕竟还存在着学术观点上的差异和分歧，因而就导致了学员们也逐渐分化成了费奇诺派、皮科派和萨沃纳罗拉派等各种学术流派。为了加强对"柏拉图学园"的管理力度，费奇诺还成立了"柏拉图兄弟会"，这个组织有着严格条例和会规，加入这个兄弟会的条件是要具备渊博的学识和高尚的道德人格以及对费奇诺忠贞的信服和膜拜。这些成员之间见面的相互问候语是"向柏拉图致敬"。在当时据说费奇诺在"柏拉图兄弟会"中拥有 80 个弟子和朋友。

柏拉图学园的活动主要涉及三个方面的内容：第一方面是学园的主要任务即教学任务。因为柏拉图学园并非一个纯粹的规范化的以学校教育为主的教育机构，而更像是一个松散的沙龙式的学术团体，因而其传道授业的主要方式是组织论坛活动、演讲、朗诵会和自由式的哲学和文学讨论会；第二是娱乐活动，学园主要效仿柏拉图的《会饮》篇中所描述的古希腊时期的礼仪场景举办节日宴会。这种遵循古典礼仪的庆典宴会主要在柏拉图生辰和逝世的纪念日时举办。据说这是由"豪华者"洛伦佐所倡导的一个里程碑式的纪念仪式——参与者各自选好《柏拉图对话录》中的发言者角色，惟妙惟肖再现了《会饮篇》中欢娱的场景，并以最清高的哲学方式淋漓尽致地抒发了参与者对爱情的世俗想象；第三是半教学性质的活动，包括私下的演讲、修辞学课程、翻译经典、论辩、有针对性的演说和命题演说。在费奇诺的思想理念中，佛罗伦萨柏拉图学园主要是围绕柏拉图主义的两个思想核心开展各项活动，即畅所欲言和交流思想。

参与"柏拉图学园"各种沙龙活动的人员当中不光是哲学家，而且还有诗人、修辞学家、律师政治家、医生、牧师和音乐师。当然，学园在费奇诺的悉心经营之下成为文艺复兴时期欧洲大陆上令人向往的思想圣地，以至于"意大利其他城市和外国的名人前来拜访费奇诺或参加集会，而费奇诺的信函来往则成为保持学园成员间联系并唤起局外人对这个学园活动的兴趣的媒介"[1]。这些人还有一个共同的身份，那就是他们都属于"新柏拉图主义"学说的拥趸。当然，学园中这样的成员构成并不是偶然自发形成的，而是由费奇诺精心组织遴选出来的。这些成员虽然身份不同，他们共同的爱好使得他们能够以"新柏拉图主义"为精神纽带而联结为一体，虽然他们讨论的内容和主题偶尔会超越哲学、宗教、神秘主义的学说而涉及医学、语法学、文学、法律和政治学等各个领域和范畴的一些内容，但是总体而言，"新柏拉图主义思想"仍然是学园的主流。这些活动也就成了具有一定学识的上层人士之间的联谊活动，他们之所以能够聚首到卡勒基别墅之中，一方面是为费奇诺渊博的学识和独具魅力的人格所倾倒，另一方面则是他们都具有共同的爱好甚至可以说是共同的哲学倾向——"新柏拉图主义"。他们以"新柏拉图主义"作为精神"内核"构建了一个独特的"精神沙龙"。"柏拉图学园力图将柏拉图的学说与基督教相结合，使得基督教在柏拉图哲学的基础上完善化"。"回到柏拉图主义，成为这个学园响亮的口号"。[2]可以说，费奇诺使柏拉图学园成为佛罗伦萨那个时代思想文化的标志性象征，影响着佛罗伦萨的文化氛围和生活方式，给佛罗伦萨的社会生活带来了巨大的影响。这里也成为意大利文艺复兴运动的思想策源地。

在费奇诺 1499 年去世以后，柏拉图学园的管理工作转由他的弟子弗朗西斯科·蒂亚开多（Francesco da Diacceto）主持。在这段时期，被

---

[1] 保罗·奥斯卡·克利斯特勒.意大利文艺复兴时期八个哲学家.姚鹏，陶建平，译.上海：上海译文出版社，1987:51.

[2] 黄裕生.西方哲学史：第三卷（中世纪哲学）.南京：凤凰出版社，江苏人民出版社，2005:705.

视为独裁者的美第奇家族已经被共和派于 1494 年驱逐出佛罗伦萨，因卡勒基别墅作为原本美第奇家族资产的历史"污点"使得柏拉图学园的名声也受到了牵连，因而蒂亚开多将柏拉图学园迁往由佛罗伦萨的另一位巨富家族鲁切拉伊（Rucellai）家族赠予的奥理切拉黎花园继续开办，以期能够消除学园原有的美第奇家族的"烙印"。此时柏拉图学园虽然仍然是佛罗伦萨甚至是意大利的思想文化中心，但是费奇诺派别的影响力随着他的去世已经是日渐式微。学园也不再单纯以参与者是否为"新柏拉图主义"者为评判参与者的标准，开放包容的学术氛围使得原有的以抽象哲学、神秘主义学说和神学为主题的学术讨论不再一枝独秀，历史、文学及修辞学等学科范畴也开始成为学园研讨的主题之一。而政治学和军事学开始成为学园讨论的常态主题更是在尼科洛·马基雅维里（Niccolò Machiavelli）成为学园的常客以后才出现的。在马基雅维里参与讨论的时候，经常参与的人还有诗人路易吉·阿拉曼尼；哲学家弗兰切斯科·达·迪亚塞托、雅各布·达·迪亚塞托；历史学家雅各布·纳尔迪和菲利波·德·内尔里；以及巴蒂斯塔·德拉·帕拉、扎诺比·布翁德尔蒙蒂、安东·弗兰切斯科·德利·阿尔比齐、安东尼奥·布鲁恰利等人。[1] 而马基雅维里的《论李维》的创作大纲则正是在奥理切拉黎花园的探讨中最终形成的。虽然说，这个时候美第奇家族已经重返并掌控了佛罗伦萨的权力，但是奥理切拉黎花园不再是卡勒基别墅了，柏拉图学园也不再是美第奇家族的御用工具，这里已经变成了反对美第奇家族僭主统治的阴谋者的"俱乐部"。柏拉图学园也正是因为这个原因而招致了灭顶之灾。1522 年，奥理切拉黎花园中的常客扎诺比·布翁德尔蒙蒂和路易吉·阿拉曼尼策划在圣体节（6 月 19 日）准备刺杀出任枢机主教的朱利奥·德·美第奇，

[1] 毛里齐奥·维罗利. 尼科洛的微笑：马基雅维里传. 上海：世纪出版集团，上海人民出版社，2008：176.

亦即之后的教皇克莱门特七世。在美第奇家族眼中，柏拉图学园已经变成了阴谋者的密室，于是他们强令关闭了柏拉图学园。就这样，由美第奇家族科西莫在1462年一手创立的，在经历了60年风雨历程后，享誉欧洲的柏拉图学园被同样是美第奇家族的朱利奥下令强行关闭而结束了历史使命，真可谓是天道循环，不免让人唏嘘不已。

费奇诺在主持柏拉图学园的同时，1465年还承担起了皮耶罗的两个儿子——洛伦佐（Lorenzo de' Medici，1449—1492）和朱利亚诺（Giuliano de' Medici，1453—1478）家庭教师的身份。但是，他仍然还是把主要精力放在对古希腊思想文化的传播工作上。在皮耶罗的建议下，费奇诺在佛罗伦萨大教堂为热情的市民们公开做了名为《论〈斐利布篇〉》的演讲，促进了"新柏拉图主义"学说的广泛传播。1466年，费奇诺开始着手主要探讨为"人"和"自然"的不同"命名"理论的《克拉底鲁篇》的翻译工作。

1469年12月2日，费奇诺的支持者和赞助者——一直体弱多病的"痛风者"皮耶罗·德·美第奇在担任佛罗伦萨僭主5年后去世了。但是，这并不意味着费奇诺失去了权贵的庇护，因为皮耶罗的去世却为佛罗伦萨带来了新一位的强力领导人——即史上赫赫有名的豪华者洛伦佐。当然，在皮耶罗去世初期洛伦佐并没有能够单独执政，而是和他的弟弟朱利亚诺·德·美第奇共同执掌大权。作为二人的家庭教师，费奇诺自然而然地继续受到了美第奇家族的庇护和赞助。

6."柏拉图学园"与豪华者洛伦佐

1473年1月13日，从来不曾进行过专业的神学学习，也从来没有在教会中任职过的费奇诺出人意料地受洗并被多明我会任命为教士，1487

年又当选为佛罗伦萨圣母百花大教堂的牧师会成员。这应该是得益于费奇诺本身就是一位虔诚的天主教徒，并且具有极为丰富的基督教神学知识，虽然他极力鼓吹柏拉图主义学说，但是其实在他的内心深处，他坚持基督教信仰更甚于对柏拉图主义学说的坚守，这也就是他为什么因为无法敉平柏拉图主义与基督教神学分歧而导致抑郁的原因。而在他完成了柏拉图学说与基督教哲学调和任务之后，其实也标志着费奇诺对基督教哲学的最终回归。所以，他受洗成为教士并担任教区牧师也就成为顺理成章的事情。

　　1474 年，费奇诺虽然已经成为教区的牧师，但是忙碌的教务工作并没有影响费奇诺写作的热情。同时，"柏拉图学园"的事业也呈现出蒸蒸日上的势头。共同执政的洛伦佐和朱利亚诺兄弟二人也全身心地支持"学园"的各项活动。洛伦佐更是一位狂热的"新柏拉图主义者"。他在阅读柏拉图的"会饮篇"的时候突然产生了一个创意，那就是"学园"应该仿照柏拉图在《会饮篇》中所描述的盛宴场景，以重演对话录中的思辨过程来举行佛罗伦萨"柏拉图学园"自己的学术沙龙狂宴。于是，在这一年的 11 月 7 日，传闻中的柏拉图生日那一天，卡勒基别墅里面举行了盛大的欢宴，"学园"中的成员包括费奇诺以及洛伦佐等多人纷纷以《会饮篇》中的人物的身份参与活动。其中有菲耶索莱的主教安东尼奥·德哥里·阿格里、诗人克里斯托弗勒·兰蒂诺、修辞学者博纳多·努兹、托马索·本奇、乔万尼·卡瓦尔康蒂还有诗人卡洛·玛苏皮尼的两个儿子：克里斯托弗勒·玛苏皮尼和卡洛·玛苏皮尼，第九个就是马奇里奥·费奇诺自己，代表了九位缪斯女神。在筵席撤下后，博纳多·努兹拿出了一部柏拉图的对话《会饮：论爱》，朗诵了其中所有的演讲，读完后他提议其他的宾客各选一篇演讲来释义，大家一致赞成。抽签结束后第一篇斐德诺的演讲由乔万尼·卡瓦尔康蒂来解释；帕萨尼亚斯（Pausanias）的演讲由神学家安东尼奥解释；医生厄里克西马库斯（Eryximachus）的演讲则对应地由医生费奇诺负责；而属于阿里斯托芬的内容则交给诗人克里斯托弗勒；卡洛·玛苏皮尼则扮演青年阿伽通的角色；交给托马索·本奇的是苏格拉底的议论；阿尔喀比亚德的演讲交给克里斯托弗勒·玛苏皮尼；这样抽到的签筹就都得到了对应分配。但是主教和医师突然发现必须要离开，一个是为了去观照灵魂，一个是去料理身体。他们把自己将要负责的那部分内容转交给了乔万尼·卡瓦坎提，于是剩下的人都转向他，安静下来准备倾听。自此以后，这种方式作为"学园"的传统节目保持并发扬光大起来。

1478 年 3 月 20 日，对费奇诺一生有过重要影响的且让他爱怨交加的老费奇诺去世了。费奇诺继承了他父亲留下的位于菲利内瓦尔达诺镇的房产和在佛罗伦萨市区内的一栋小房子。同时他还得到了他母亲的家族所在地蒙提瓦基的一处地产。当然代价是费奇诺必须与他的母亲生活在一起并且负责赡养送终。不过费奇诺因为与母亲本就有着超乎寻常的母子感情，因而赡养问题并没有让他感到重担在身，反而与母亲在一起生活的日子还冲淡了他原有的忧郁症痼疾。

在这一年的下一个月，发生了一件让佛罗伦萨共和国动荡不安的阴谋事件，这就是帕齐家族阴谋颠覆美第奇家族统治的事件——"帕齐阴谋"（Pazzi conspiracy）。帕齐家族也是佛罗伦萨的显贵之家，他们同样对佛罗伦萨的权力有着强烈的渴望，但是，在强大的美第奇家族面前，他们只能屈居于弱势地位，不甘心蛰伏的帕齐家族和教皇西克斯图斯四世（原名 Francesco della Rovere，1471—1484 在位）勾结起来，准备推翻美第奇家族在佛罗伦萨的僭主统治。在 1478 年 4 月 26 日，这是一个星期日。当民众们聚集在佛罗伦萨大教堂举行大弥撒时，美第奇兄弟遭到了刺杀。朱利亚诺·德·美第奇被弗朗切斯科·德·帕齐（Francesco de'

Pazzi,1444—1478）和比尔那多·班第（Bernardo Bandi）一共刺了 19 刀，最后导致失血过多而死。洛伦佐虽然也受伤十分严重，但还不足以致命。他夺路逃跑，并很快纠集自己的支持者对反叛者进行镇压。愤怒的佛罗伦萨民众抓住并处死了所有的主要共谋者，帕齐家族的政变失败。帕齐家族被剥夺了在佛罗伦萨的家业，所有残余的家族姓氏的标志都被抹去。

帕齐阴谋的破产标志着佛罗伦萨僭主"豪华者"洛伦佐的正式亮相。洛伦佐继续支持费奇诺的"柏拉图学园"的活动，在这一期间，"柏拉图学园"的事业也发展到了顶峰。[1]

1478 年对于佛罗伦萨来说，实在是命运多舛的一年，除了帕齐阴谋所导致的政治动荡以外，佛罗伦萨还遭受了瘟疫的侵袭。虽然这次瘟疫并没有像 1348 年席卷了整个欧洲的"黑死病"那么可怕，但是同样造成了佛罗伦萨城的动荡不安。而多年浸淫哲学之中的费奇诺并没有忘记自己的医生身份和职责所系。在瘟疫爆发之后，费奇诺就投入全部精力编写了《对瘟疫的建议》一书，以指导佛罗伦萨民众防治瘟疫的工作，同时他还亲自寻诊问药，以救治饱受瘟疫之苦的普通民众，这些举动充分体现了费奇诺济世救人的仁爱之心。

1492 年 4 月 9 日，费奇诺的弟子及庇护者——年仅 43 岁的佛罗伦萨的僭主——"豪华者"洛伦佐于 4 月 9 日因胃疾而阖然长逝。洛伦佐的离世也标志着佛罗伦萨黄金时代的结束。

7. 退隐卡勒基

1494 年，法国国王查理八世入侵佛罗伦萨，美第奇家族的统治被民

---

[1]　梁中和.灵魂·爱·上帝——斐奇诺"柏拉图神学"研究.上海：华东师范大学出版社，2012:25.

众推翻，佛罗伦萨新任的当政者"豪华者"洛伦佐的儿子皮耶罗·德·美第奇（Piero di Lorenzo de' Medici）被流放。萨沃纳罗拉成为佛罗伦萨新的精神和世俗领袖。基于与美第奇家族的特殊关系，这时年过六旬的费奇诺为了避免受到牵连，而且也对昔日与权贵的交往生活日生厌倦，所以他借此卸任了佛罗伦萨大教堂的教职，回归到卡勒基别墅埋首故纸堆中，以笔耕为乐事。

1495年，费奇诺将自己与遍布整个欧洲的友人之间多年的来往信件在经过25年的收集后于威尼斯结集出版，共达12卷之多。这些书信是斐奇诺与赞助者美第奇家族、国王、教皇、主教、友人、学生等各种人物的通信，细致生动地反映了斐奇诺各方面的活动与思想。虽然其中只有一少部分涉及严肃的纯哲学理论方面的内容，如《论柏拉图神学的五大关键》《论保罗对第三重天的狂喜》《论光》《论Magi的星》《神圣法则不可能来自星辰》等，但是即使是其他的往来信件，那其中轻松话题中的字里行间中也丝毫无法掩盖费奇诺思想碎片的光芒。1496年，费奇诺对自己所翻译的柏拉图的所有对话集进行了重新修订并添加了新的解释，修订工作完成后该书在佛罗伦萨再版发行。1497年，费奇诺开始尝试对圣保罗的《福音书》和《罗马书》进行释义工作。

1498年，陪伴了费奇诺一生的母亲亚历山德拉·达·蒙提瓦基以84岁的高龄去世了。虽然多年来费奇诺一直在悉心照料着她，但是体弱多病的母亲还是终于不敌病痛的折磨而撒手尘寰。生性温和且忧郁的费奇诺与母亲有着非比寻常的感情。在父亲去世后，母子两人相依为命。母亲的离世对费奇诺的打击无比巨大，在母亲离世的一年里，费奇诺长久地沉浸在丧母的悲痛之中而无法自拔，使得他原本已经变得轻微的忧郁症再次严重起来，以至于他甚至无法全神心地投入到对《福音书》和《罗马书》的释义工作当中。1499年10月1日，费奇诺在母亲离世一年之后，也因为自幼以来就伴随他的胃肠疾病加重而阖然长逝，终年 66 岁。

费奇诺虽然与美第奇家族有着莫大的关联，但是其人格魅力和高尚的品德使他仍然得到了佛罗伦萨民众的拥戴和共和国官方的尊敬。他去世后也是殊荣至极，佛罗伦萨官方为他举办了隆重的葬礼。在葬礼的那一天，佛罗伦萨万人空巷，民众们纷纷赶赴葬礼现场。佛罗伦萨共和国的首席秘书马尔切洛·阿德里亚尼（Marcello Adriani）亲自致悼词。费奇诺的遗体被埋葬在他曾经担任过牧师会成员的佛罗伦萨圣母百花大教堂旁边的圣雷帕拉塔教堂（Santa Reparata）的遗址上。

终其一生，费奇诺几乎都试图在基督教神学体系中为柏拉图主义学说正名，而其调和主义的思想则贯穿了他思想发展历程的始终。构成费奇诺哲学理论体系的"爱"论和"灵魂"论通过"人"这一媒介实现了上帝与世俗世界的沟通，从而把"人"的地位提高到宇宙中心这样一个地位。"费奇诺学说的出现表明人文主义宗教观已经从对个别问题、个别概念的探讨发展到建立理论体系的水平"，[1] 从而对文艺复兴时期基督教与人文主义思想的结合揭开了序幕，推动了基督教人文主义化的进程。费奇诺也被誉为"佛罗伦萨最伟大的哲学家和名副其实的形而上学家"，"对佛罗伦萨文化的整个时期打上了自己的印记"，[2] 进而影响了整个意大利以至于整个欧洲的文艺复兴运动。

---

[1] 刘新利，陈志强.欧洲文艺复兴史：宗教卷.北京：人民出版社，2008:58.

[2] 保罗·奥斯卡·克利斯特勒.意大利文艺复兴时期八个哲学家.姚鹏，陶建平 译.上海：上海译文出版社，1987:60.

二、费奇诺学术研究生涯及其主要学术著作

1.初涉柏拉图研究

费奇诺一生著述及译注颇多，真可谓是著作等身。其著作涉及柏拉图主义、神秘主义以及医学等多方面范畴。

费奇诺的学术研究工作开始于 15 世纪 50 年代。在 1454 年，当他 21 岁的时候，他开始了学术研究的写作工作。他的第一部作品名为《关于太阳的美景和光芒》，这是一部篇幅稍短的作品，是费奇诺于 9 月 13 日写给他的朋友安东尼奥·塞拉菲克（Antonio Seraffico）信件的形式写就的论文。这是费奇诺第一篇讨论柏拉图学说的文章。在这篇论文中，他首次开诚布公地对柏拉图的哲学思想表示了好感。[1]这部作品更多地带有新柏拉图主义创始人普罗提诺（Plotinus，204—270）思想的烙印。可见，费奇诺研究柏拉图学说显然是受到了普罗提诺以及后期的新柏拉图主义者普罗克洛斯（Proclus，410—485）和他的跟随者伪狄奥尼修斯（Pseudodionysius）的影响。这是费奇诺哲学思想开始对柏拉图哲学产生兴趣并把研究方向转向它的关键节点，由此就开启了其研究柏拉图主义学说的学术历程。

之后，当然也许就是在同时，费奇诺还在进行着名为《柏拉图教义基础》的写作工作。因为据记载在一年之后的 1455 年，他的父亲的一位老朋友——克里斯托弗罗·兰迪诺（Cristoforo Landino，1424—1504），他是文艺复兴时期意大利语言学家、著名诗人，同时还是一位坚定的新

---

[1]　李宇靖.费奇诺人文主义研究.上海师范大学博士学位论文，2013:24.

柏拉图主义者。他在佛罗伦萨学院以修辞学为主题进行演讲的时候，费奇诺和他的父亲一起出席，同时费奇诺还将自己刚刚完成的《柏拉图教义基础》的部分手稿呈请兰迪诺审阅。作为新柏拉图主义者的兰迪诺读后对年轻的费奇诺竟然有如此宏大的抱负大加赞赏，并大力支持和鼓励费奇诺尽快完成这部著作，所以，费奇诺后来才会说正是在克里斯托弗罗·兰迪诺的帮助下，他才最终完成了这部四卷本的《柏拉图教义基础》。[1]这部书的手稿全部完成以后兰迪诺成了它的第一个读者，同时著名的佛罗伦萨僭主，也是后来费奇诺的雇主，即科西莫·德·美蒂奇也读过这部书的手稿。由此推断，这部书体现了费奇诺对柏拉图及柏拉图学说的初步认识。不过后来这部书由于某种原因遗失了。据笔者判断，这部书的手稿应该是从来就没有被付梓印刷，所以才没有传世。因为费奇诺写作此书依据的文献一方面来自于西塞罗著作中的内容，另一方面主要来自于探讨柏拉图学说的多位思想家的拉丁文本文献。兰迪诺和科西莫审阅后，两人提出的一致意见都是暂缓付梓印刷，并建议费奇诺先去学习希腊语。由此可见，这部《柏拉图教义基础》在两人的心目中都是不成熟的作品。此书后来佚失更大的可能性，则是在费奇诺精通希腊语，并能够阅读希腊语版本的有关柏拉图哲学的原著后，深刻认识到此书的粗浅疏漏后自行放弃的结果。因为费奇诺是一位爱惜自己"羽毛"的学人，他后来既然能够将自己 25 年来的来往书信收集起来结集成册，如果他真的在意他的这部《柏拉图教义基础》，那么就没有理由这么轻易遗失了。

1457 年，费奇诺因为狂热沉迷于柏拉图学说而被佛罗伦萨学院官方逐回他的老家菲利内瓦尔达诺小镇。但是费奇诺并没有就此沉沦，相反更刺激了他的创作欲望。于是，在家乡小镇的这段时间里，他相继完

---

[1]　Christine Raffini. Marsilio Ficino, Pietro Bembo, Baldassare Castiglione: Philosophical, Aesthetic and Political Approaches in Renaissance Platonism. New York: Peter Lang, 1998:16.

成了《论上帝和灵魂》《哲学礼赞》《论快乐》《论神圣和癫狂》等作品，这些作品主要探讨了有关神圣存在、人类情感以及哲学中的抽象概念等内容。第四篇《论神圣和癫狂》是以致佩莱格里诺·迪格利·阿格里（Pellegrino Degli Agli）书信的形式创作出来的，后来被编入他的《书信集》中的第一卷中于 1495 年出版发行，这时距离他完成这篇文章的时间已经是长达 38 年之久了。当然，这段时间他的作品虽少但是正属于厚积薄发的阶段，他正在为他今后的学术道路打下坚实的理论基础。

2. 在"柏拉图学园"的日子

1462 年，费奇诺受到科西莫的邀约正式创立并主持佛罗伦萨"柏拉图学园"。在科西莫的要求和推动下，同时也是科西莫对费奇诺是否具有熟练精通和掌握希腊语的能力验证。费奇诺首先将希腊语的《俄耳甫斯的颂歌》翻译为拉丁文版本。这是费奇诺第一部译自希腊语的拉丁文著作，其娴熟的翻译技巧和精确的语言运用表明了费奇诺已经完全掌握了希腊语。之后费奇诺又翻译了赫尔墨斯·特立斯墨吉斯忒斯的作品《牧人集》。其实这两部著作都不是真正意义上的新柏拉图学派的作品，而是充满了古典时代晚期和基督教早期的神秘主义思潮和折中主义哲学的因素的神秘主义流派的代表作。但是因为"新柏拉图主义思想"中已经超越了元典的"柏拉图学说"，其中折中主义哲学以及浓厚的神秘主义色彩正是"新柏拉图主义"所具有的明显特征之一。而且在早期新柏拉图主义形成的过程中，就杂糅着神秘教派及毕达哥拉斯派的思想碎片。在文艺复兴时期，新柏拉图主义者为了对抗经院哲学的保守势力，更引入神秘主义的学说并将之融入新柏拉图主义的思想体系之中以构建一种"混合态"的哲学理论体系；而且，在中世纪时期，各个哲学体系之间的界限往往是模糊不清的，所以很多新柏拉图主义者同样在某种程度上接受了神秘主义思潮的影响。而上述两部作品往往就被认为对于后来新柏拉图主义的形成具有一定的影响。虽然后世学者将之证为柏拉图生活时代之后的伪作，但是文艺复兴时期的学者们却还是对其深信不疑。所以，科西莫建议费奇诺翻译神秘主义思想流派的作品既大有深意，同时又是合乎情理顺理成章的举动。当然，费奇诺顺利地完成了测试。

顺利通过测试考验之后，费奇诺开始正式承担起老科西莫赋予他的任务和迫切期望——那就是翻译有关柏拉图学说的重要文献——《柏拉图对话录》中的篇章。自1463年开始翻译《斐利布篇》和《巴门尼德篇》始，直至1484年，费奇诺将《柏拉图全集》付印出版，费奇诺才算最终完成了此项浩大的翻译工程。虽然全集中的内容还包括柏拉图的书信集，但是据信费奇诺针对《柏拉图对话录》的翻译工作也一直进行了长达20年的时间。《柏拉图全集》的出版被誉为欧洲文化史上最伟大的成就之一，可见费奇诺居功至伟。

1464年这一年，费奇诺除了完成十篇对话录外，还完成了阿基努斯（Alcinous）的《斯玻西波斯的定义》（*The Definitions of Speusippus*）、毕达哥拉斯的《毕达哥拉斯语录》（*The Sayings of Pythagoras*）和色诺克拉底（Xenocrates）的《论死亡的慰藉》（*On the Consolation of Death*）的翻译工作。费奇诺为了表达对皮耶罗大力支持"柏拉图学园"的感激之情，所以将自己刚刚完成的色诺克拉底——这位伟大的柏拉图的弟子及雅典"柏拉图学园"主持人的著作《论死亡的慰藉》翻译稿题献给了皮耶罗·德·美第奇。

随着费奇诺翻译工作的拓展以及对"新柏拉图主义"更深入的理解，反而导致了他陷入了自己人生中最为严重的一次精神危机。作为一位虔诚的基督徒，费奇诺突然发现自己的宗教信仰与自己所钟爱的学术研究两者之间出现了难以调和的矛盾，因为他所翻译和追崇的古代经典文献包括"新柏拉图主义"方面的种种文本大多是来自于埃及、波斯、希腊等非"基督教传统"地区的古代神学著作，它们普遍都受到了新柏拉图主义创始人普罗提诺理性神秘主义的影响。同样，生活于5世纪后期的新柏拉图主义者普罗克洛斯和他的跟随者亚略巴古的狄奥尼修斯的许多理念也继承自普罗提诺的理性神秘主义学说。费奇诺认为，此后那些中世纪和文艺复兴早期的其他柏拉图主义者，以及圣保罗的劝化者们也都受到同一传统的波及，并且这一传统在基督教发轫之初，就已经成为复杂的新柏拉图主义的坚定支持者所坚守的准则。所以，作为自1460年代开始就已经成为新柏拉图主义学说的卫道士和诠释者的费奇诺，自然也概莫能外。并且他已经完成了对普罗提诺主义和普罗克洛斯主义在形而上学体系内的理解，同时，对这些思想在异教世界中的发展和历史也进行了卓有成效的研究。

作为与基督教神学理论相背离的"异端"思想，"新柏拉图主义"所宣扬的理性思想与构成基督教思想根基的亚里士多德——托马斯·阿奎那的"形而上"哲学体系完全是截然不同的两个方向，如果想要实现基督教"柏拉图主义化"，那么唯一的路径就是要将"柏拉图主义"的理性和亚里士多德的"形而上"哲学加以调和进而与基督教完美地结合起来。因而如何在脱离亚里士多德的"形而上"的思想体系的基础上来实现基督教的"柏拉图主义化"，就必须找到契合二者的切入点，这一问题成为困扰费奇诺的无解难题。虽然"费奇诺确信，真正的宗教即基督教，和真正的哲学即柏拉图主义，在根本上是彼此能调和一致的……他相信柏拉图的理性的任务是证实和支持基督教的信仰和权威，甚至认为为了真正宗教的利益而复兴真正的哲学，这是神意安排给他自己的使命"[1]。因为无法实现向同时代的人们展示自己对于基督教所具有的理性和哲学真理的认识，这一困惑和无奈导致了原本费奇诺从小就有的抑郁症更加严重了。

但是，在费奇诺的内心深处，"新柏拉图主义"始终是拯救灵魂的唯一良药，要想走出这一困境，还必须从柏拉图的学说中寻找答案。这时，洞晓费奇诺此刻困境的意大利作家乔瓦尼·卡瓦尔坎蒂建议费奇诺不妨从柏拉图有关"爱"的观点中寻找自己理论的归宿，卡瓦尔坎蒂拨云见雾般的一语点拨，让久困于抑郁中的费奇诺如梦初醒。

1469年，费奇诺开始着手就《柏拉图对话集》中的《斐利布篇》和《会饮篇》用拉丁文进行评论和注释。这就是后来的《〈斐利布篇〉义疏》和《〈会饮篇〉义疏》的最初雏形。可以说，这两部著作写作的开始成为费奇诺学术生涯中的分水岭，同时也是一个重要的转折点。在此之前无论是费奇诺初次试水研究柏拉图学说的《柏拉图教义基础》，还是之后的《论美德》《论神圣和癫狂》《论快乐》，抑或是翻译作品《俄耳甫斯的颂歌》《牧人集》《柏拉图对话录》等，都属于费奇诺思想早期发展的产物，在这一期间，费奇诺广泛涉猎了包括柏拉图学说、神秘主义思潮、伊壁鸠鲁主义以及琐罗亚斯德等众多流派的思想学说，等等。但是，这些学说在费奇诺的头脑中还只是碎片般的存在，而没有被整合成为一个完整的哲学理论体系。当费奇诺在面临着如何弥合夹杂着其他异端邪说的新柏拉图主义理论与基督教神学理论思想冲突的关头的时候，其实也正是他的自我思想理论体系即将成熟破关的关键瓶颈期。因为"随着时间的推移"和费奇诺思想的日渐成熟和发展，他"自然而然地从翻译演化到评论，演化到写一

---

[1]　Paul Oscar Kristeller. The Philosophy of Marsilio Ficino, Virginia Conant. trans. New York: Columbia University Press, 1943:323.

些更具有他个人特质的东西"[1]就成为题中应有之义，卡瓦尔坎蒂不经意间的一席话，则成为费奇诺思想火花迸发的催化剂。事实上，正是这一次偶然的谈话才催生了《〈斐利布篇〉义疏》和《〈会饮篇〉义疏》的面世。

在《柏拉图对话录》中，《会饮篇》的主题思想反映了人们内心隐秘之处的情感，即人类的情爱，这是人类情感与行为神秘而复杂的领域。正如费奇诺所说的那样：爱是"宇宙的纽带和接合"。[2]爱能"更迅速地团结理智，比之知识与上帝更接近、更稳定，因为知识的力量更多地存在于差异，而爱则存在于太一。"[3]所以在费奇诺看来，"爱"所具有的天然共有的属性自然也会成为弥合柏拉图学说与基督教神学理论的黏合剂。虽然此篇文章只是《柏拉图对话录》中的一篇，但是，其并非简单的社交场合谈话，而是如同戏剧中的台词那样，"爱"作为这篇对话录的唯一主题始终与修辞、演讲、口才这些问题紧密相连并贯穿这篇谈话录的始终。柏拉图的《会饮篇》认为：当心灵摒弃肉体而追求真理的时候，这时的思想才是最美好的。而当灵魂被肉体的罪恶所感染时，人们追求真理的愿望也就不会是真实纯粹的。当人类对肉欲没有强烈的需求时，心境就是平和的，肉欲是人性中兽性的表现，是每个生物体的本性，人之所以是所谓的高等动物，是因为在人的本性之中，人性是强于兽性的，精神交流是美好的、是道德的。这就是人类的爱，而爱才是人类的终极价值。其实柏拉图这里所明确的"爱"主要是指一个成年男子和美少年之间的恋爱，而这种认识也和当时希腊风气有关。希腊学者认为只有男人之间的爱情才是真正的爱情，而男女的婚姻制度不过是为

[1]　李宇靖.费奇诺人文主义研究.上海师范大学博士学位论文，2013:41.

[2]　Paul Oscar Kristeller. The Philosophy of Marsilio Ficino. Virginia Conant. trans. New York.Columbia University Press, 1943:121.

[3]　Paul Oscar Kristeller. The Philosophy of Marsilio Ficino. Virginia Conant.trans. New York.Columbia University Press,1943: 264.

了人类社会的延续。当然,费奇诺为了避免有关男同性恋的内容招致教廷的审查而将其书中所涉及的有关"男性之爱"的内容删改洗净,由此可知费奇诺对这种被教廷视为"大逆不道的行为"是抱有一定程度的理解和支持的。不过我们今天通常所说的"柏拉图式恋爱"已经演化成精神恋爱的代名词,代指追求心灵沟通,排斥肉欲的理性精神上的纯洁恋爱,可以说与原来意义上的"柏拉图恋爱"正可谓是谬之千里了。

而在《斐利布篇》中,柏拉图主要探讨了"至善"的真谛问题,同时将"善"与知识和快乐两大主题密切地联系起来。而对于"至善"这一主题的讨论则表明费奇诺已经将自己的哲学视野拓展到了伦理道德哲学的范畴。在这部著作中,费奇诺主要讨论了人生中的至善究竟是快乐还是知识这一问题,他的最终结论是,在一切肉体的和灵魂的快乐中,只有知识才是最高的快乐。费奇诺通过评论和解释的方式对柏拉图"爱"和"善"的理论进行了解构和重构,并试图将其作为与亚里士多德体系的基督教神学之间连通的脐带,以实现自己调和柏拉图主义与基督教神学的最终目的。这一切表明,这两部作品的完成标志着费奇诺已经完成了对新柏拉图主义思想的形而上学的理解,同时,也为费奇诺构建自己的哲学体系奠定了理论基石。

1470年,完成了《〈斐利布篇〉义疏》和《〈会饮篇〉义疏》的费奇诺在此基础上开始着手写作他一生中最为重要的作品——《柏拉图神学》。费奇诺的这部《柏拉图神学》几乎耗尽了费奇诺余生的全部心血,直到12年后才最终完成。

3. 《柏拉图神学》的面世

1474年,费奇诺除了继续对他初步完成的《柏拉图神学》手稿进行精雕细琢之外, 还相继完成了《论基督宗教》一书的写作以及扬布里柯 (Jamblicus) 的《论毕达哥拉斯学院》和土麦拿的赛翁 (Theon of Smyrna) 的《论算术》的翻译工作。在《论基督宗教》这部著作中, 费奇诺除了继续高扬 "灵魂不死" 的旗帜外, 还从人的灵魂的神圣性角度对 "灵魂不朽论" 进行了更多且更深入的探讨, 并更加深入地论证了人与上帝的关系问题, 这无疑是对《柏拉图神学》中关于 "灵魂不朽" 理论的发展和进一步升华。

1475 年, 费奇诺接受了洛伦佐提出的把柏拉图的学说惠及广大的意大利民众的建议, 因而他将自己原本用拉丁文写作的《〈斐利布篇〉义疏》翻译成意大利文并开办讲坛对民众进行宣讲。1476 年, 费奇诺完成了论文《柏拉图神学的五个关键》《保罗的狂喜》《论光》和《论魔法师的星》。1477 年又发表了《反对占卜师的观点》一文。1478 年, 佛罗伦萨暴发瘟疫, 费奇诺以医生的身份发表了《对瘟疫的建议》一书。

1482 年, 费奇诺倾注了多年心血并经过长达 12 年的写作及其修改工作, 代表着费奇诺最高哲学水平的皇皇巨著——《柏拉图神学》终于出版了。费奇诺也自认为这部著作代表了他自己的最高学术成就, 是一部独立的哲学探究性作品。

随后的 1484 年, 费奇诺在完成了柏拉图所有著作的拉丁文翻译工作后, 将之结集成册以《柏拉图全集》的名称出版发行。《柏拉图全集》的出版被誉为西方文化史上最为伟大的成就之一。当然, 对于费奇诺而言, 1484 年的收获不仅仅只是局限于《柏拉图全集》出版, 更重要的事情则是在这一年中, 费奇诺与康科迪亚伯爵皮科·德拉·米兰多拉 (Giovanni Pico della Mirandola, 1463—1494) 的相识, 皮科也是文艺复兴时期意大利著名的哲学家, 他少年即成名, 在 1484 年与费奇诺相遇的时候, 皮科虽然还仅仅是只有 21 岁的弱冠少年, 但是他却已经成为意大利名闻遐迩的哲学家了。尽管两人之间各自的哲学观点存在着明显的分歧，但这丝毫没有阻碍他们建立真挚的友谊。自此皮科加盟柏拉图学园，成为费奇诺的弟子以及得力助手。两年后，皮科就因为大胆地提出反驳宗教、哲学、自然哲学和奇幻术的 900 论题而享誉整个欧洲。

1488 年又成为费奇诺高产的一年。在这一年里，他先后翻译了著名的希腊化时期的古埃及新柏拉图主义女性学者希帕提娅（Hypatia，370—415）的弟子辛奈西斯（Synesius of Cyrene）的《论梦》、11 世纪时期曾任拜占庭皇帝的秘书米哈伊尔·普塞洛斯（Michael Psellos，1018—1078）的哲学小册子《论灵明》、新柏拉图主义叙利亚支派的创始人扬布里柯的《论埃及人和迦勒底人的秘仪》，还有来自于小亚细亚西部利迪亚国的普尼希安（Priscian）的《泰奥弗拉斯托斯：论灵魂》、波菲利（Porphyry）的《论斋戒和追寻神圣的意义》、赫米埃的《论斐德罗》、司马那的泰文的《论算术》，他还翻译了阿基努斯的《柏拉图概述》《毕达哥拉斯语录》、普洛克罗斯的《论〈阿尔喀比亚德〉》等。

1489 年他完成并出版了《论瘟疫的治疗》，从而完善了自己有关瘟疫诊疗学说方面的著述。同时随着年岁的增长和思想的日渐成熟，费奇诺逐渐对人生有了越来越多的感悟，于是，他将自己有关神秘主义的思想以及占星学方面的理论结合起来完成了一部从医学和心理学方面探讨有关人生意义的著作——《人生三书》（De triplici vita）。其实《人生三书》共由三分册组成的合集。其一为《论健康生活》（De vita sana），它是题献给费奇诺的学生和赞助人——洛伦佐·德·美第奇的，这部分内容目的是为了指导人们采取适当的饮食和习惯来保证健康的生活；其二为《论长寿》（De vita longa），是费奇诺题献给一位名为菲利波·瓦洛里（Filippo Valori）的显要的佛罗伦萨人及洛伦佐的门徒的一篇作品，这部分内容主要是为老年人提供了一些如何实现长寿的建议；其三为《从天体获得生命》

（*De vita coelitus comparanda*），主要是从星相学的角度探究了在地球上汲取天体力量的可能性。费奇诺将这一分册题献给了匈牙利国王马蒂亚斯·科维努斯（Matthias Corvinus，1443—1490）。当然，这部书因为其所宣扬的星相学以及神秘主义的理论，而招致了当时的教皇英诺森八世以及相当一部分保守派的质疑。他们认为这是一部宣扬邪恶魔法和巫术的书。对于正在大肆鼓吹"捕猎女巫"的英诺森八世而言，这部书无异于是"顶风作案"。但是，深谙处世之道的费奇诺并不会像他的弟子皮科所犯的"900论题"的错误那样直逆"龙颜"。他一方面授意印刷所印制了大量各地民众及学者的表扬信，以褒扬《生命三书》的方式来争取底层舆论的支持。另一方面他又成功争取到了威尼斯的外交家以及人文主义学者埃尔莫劳·巴尔巴罗（Ermolao Barbaro，1454—1493）的鼎力相助，"他使教皇相信这本书不应该被禁止"。[1]当然，费奇诺的庇护者洛伦佐的居中斡旋也居功至伟。最终，费奇诺逃过一劫，避免了像皮科一样招致天主教廷的戕害。

1490年，他完成了对普罗提诺的《九章集》的翻译工作。这部被誉为翻译水平极高的著作，从另一个角度也体现了费奇诺有关形而上学哲学体系的构建更多的是汲取自普罗提诺的学说。这时费奇诺著述之中所包含的越来越多的涉及魔法及星相学等有关神秘主义思想的内容引起了教廷的关注和非议。一向对巫术迷信深恶痛绝的教皇英诺森八世派人彻查此事，但是费奇诺凭借着自己的高超辩才以及良好的人脉关系躲过了这一劫。《九章集》于1492年5月正式出版。因为同年4月"豪华者"洛伦佐因病去世，因而这部作品就成为费奇诺题献给伟大的洛伦佐最好的悼念祭品。

---

[1] Ficino. The Book of Life. Charles Boer, eds.and trans. Irving: University of Dallas Press, 1980: Preface(XI).

1494 年，费奇诺开始了《〈蒂迈欧篇〉义疏》和《〈巴门尼德篇〉义疏》的写作工作。至 1499 年费奇诺去世时，他手头尚有《福音书》和《罗马书》的释义工作没有完成

三、《柏拉图神学》的写作背景及其内容要略

1. 写作背景

《柏拉图神学》是费奇诺最具有代表性的学术著作，甚至可以说是代表了他的最高学术成果以及他对柏拉图主义学说发展的最大贡献，是一部具有里程碑意义的关于柏拉图主义的哲学著作。

1470 年，完成了《〈斐利布篇〉义疏》和《〈会饮篇〉义疏》的费奇诺开始逐渐走出了自己的思想危机，自然也就让困扰他良久的抑郁症日渐减轻了。因为这时费奇诺通过上述两篇作品的写作使得他已经窥见了敉平柏拉图主义与基督教神学之间沟壑的门径，即依赖于"爱"与"善"两大理念以及在此基础上形成的自己关于"美"的观点。以其三种理念作为理论基石，必然能够成为解决有关新柏拉图主义和基督教神学的冲突的锦囊妙计。所以，他开始着手写作他一生中最为重要的作品——《柏拉图神学》。虽然之前作为新柏拉图主义集大成者的普洛克罗斯曾经同样写过《柏拉图神学》这样一部同名著作。[1] 但是那部探讨柏拉图有关神学思想的同名著作诞生于基督教早期的公元 3 世纪，在那个时代基督教神学还没有形成一个完整的体系，因而也就谈不上如何调和柏拉图神学思想与基督教的结合问题，到了 1200 年之后的费奇诺这个时代，基督

---

[1] 梁中和.灵魂·爱·上帝——柏拉图"斐奇诺神学"研究.上海：华东师范大学出版社，2012:58.

教哲学已经占据着统治地位,而柏拉图学说则被视为异端,因而如何调适柏拉图有关神学的思想以使其同基督教哲学达到完美的融合就成了费奇诺亟待解决的问题。所以费奇诺才决心重写一部《柏拉图神学》,这部书的写作工作历经 12 年后才最终完成。

在《柏拉图神学》这部具有前瞻性和哲学性的杰出著作中,充分体现了费奇诺对宗教和哲学进行调和的大胆尝试。费奇诺完全从基督教哲学传统理念的视角来认识和解释柏拉图的神学思想体系,通过自己的努力将以柏拉图学说为代表的包括古代神学思想的所谓"异端"学说与基督教哲学实现了完美的结合。费奇诺的这部书呈现出一个高度复杂的思想理论体系。其中心议题不仅是费奇诺对于"来世"的追问,更是对"现世"的观照。费奇诺在写作中不仅详细考察了中世纪,尤其是经院哲学的状况,而且复兴了许多古代神哲学的主题,其观念对于文艺复兴后期自然哲学家们和天文学家的革命性的宇宙观念的发展大有裨益。他首先构建了自己的宇宙论观,把宇宙视为一个博大的具有严格等级的体系。在他的宇宙观中,宇宙被分为了由五个图式构成的等级体系:即太一、心智、理性的灵魂、性质、形体分别为五个等级。在这个体系中,每一个存在物均按照自己的等级都据有自己的固定位置,并各有其不同程度的完美性。[1] 在如何看待心智、理性的灵魂、性质和身体这些概念的同时,费奇诺更专注于对人类灵魂的本质和力量、灵魂的灵性载体以及灵魂在上帝创造等级秩序中的核心位置的阐释。这一体系完全不同于之前柏拉图主义的先哲普罗提诺的理念。普罗提诺关于宇宙等级的图式是将至高的神、中间实体以及现世世界之间的关系描述成一种包罗万象的发散的泛神论形式。而费奇诺则赋予了"性质"这一存在物以固有的等级,将原

---

[1] 保罗·奥斯卡·克利斯特勒.意大利文艺复兴时期八个哲学家.姚鹏,陶建平,译.上海:上海译文出版社,1987:52

来普罗提诺图式中的"灵魂"抽离出来给予其在新的图式中心中的特权地位，从而强调和突出了灵魂的核心和枢纽式地位。所以《柏拉图神学》这部著作还有一个副标题——"论灵魂不朽"，鲜明地将灵魂置于中心位置。因而"灵魂不朽"也就成为贯穿《柏拉图神学》一书的主题。这一主题不仅阐述了费奇诺对于"来世"的看法，而且提出死亡并不是"灵魂意识"的终结。这一学说是费奇诺"对人的存在和人的生活目标所做的解释的必然补充和结果"。[1] "他把灵魂不朽看作柏拉图主义的主旨，也看作自己学说的主旨，只有灵魂不朽，人才有可能分享上帝的荣耀，才有可能直接洞见上帝。"[2] 费奇诺从柏拉图、普罗提诺和赫尔墨斯著作中提炼出"灵魂"这一概念，"复活了新柏拉图主义世界灵魂的学说"。[3] 他认为灵魂在上帝创造的等级秩序中居于核心位置。灵魂既是一个会成为整体的部分，同时也是一个包含部分的整体。费奇诺对图式进行修改和完善的目的一方面"部分地是要使图式更加对称，部分地是要把图式的中心这一特权地位给予人的灵魂，从而他为人的尊严的学说提供了一种形而上学的依据和认可"。[4] 因为他坚信，"灵魂确实是上帝所创造的万物中的中项。它处于较高存在的和较低存在的物的中间，同时具有前后两者的属性"。[5] 这一认识为打通新柏拉图主义学说与基督教神学提供了近乎完美的理论，同时也为他的学生皮科后来发展这一学说提供了坚实的理论来源。因为在中世纪时期，个体灵魂不朽的观念是被基督

[1]　保罗·奥斯卡·克利斯特勒.意大利文艺复兴时期八个哲学家.姚鹏，陶建平译.上海：上海译文出版社,1987:55-56.

[2]　黄裕生.西方哲学史：第三卷（中世纪哲学）.南京：凤凰出版社，江苏人民出版社，2005:705.

[3]　保罗·奥斯卡·克利斯特勒.意大利文艺复兴时期八个哲学家.姚鹏，陶建平译.上海：上海译文出版社,1987:53.

[4]　保罗·奥斯卡·克利斯特勒.意大利文艺复兴时期八个哲学家.姚鹏，陶建平译.上海：上海译文出版社,1987:52

[5]　Paul Oscar Kristeller. The Philosophy of Marsilio Ficino. Virginia Conant.trans. New York.Columbia University Press, 1943:106

教神学体系完全否定的异端思想, 而费奇诺所阐发的 "灵魂不朽" 理念则将个人与上帝紧密地联系到了一起, 费奇诺通过这一调和手段使得这一观念被基督教神学思想所接纳, 并在 1512 年天主教会的第五次拉特兰会议上, 教廷宣布正式将 "灵魂不朽说" 纳为天主教会的教义。虽然没有明确证据表明, 这是费奇诺调和新柏拉图主义学说与基督教哲学的努力的直接结果。但是不能否认正是由于费奇诺的努力, "灵魂不朽论" 才得以被世人普遍认可和接受, 因而最终才会有可能被天主教廷将其认定为永久教义, 所以说, 费奇诺在其中的贡献是不容忽视和抹杀的。关于 "灵魂不朽论" 和 "柏拉图式的爱" 两大学说成为费奇诺的形而上学哲学完整的理论体系的理论基石。

2.《柏拉图神学》的简要导读及特色、意义

《柏拉图神学》共分十八卷。而十八卷的内容又分别阐述了三个方面的内容。

第一部分: 由卷一——卷四构成。主要探讨了对上帝、创生以及灵魂诞生问题的一般分析。

卷一。主要论及了四个被创造的实体: 即心智、理性的灵魂、性质、形体经过哲学意义上的上升运动最终到达真理之光, 即上帝的过程。

卷二。主题为上帝。主要探讨了神圣的本质、上帝不是什么以及神圣的特性等三个问题。并对上帝的无限性给予了论证。

卷三。通过存在的层级和层级自身的比照关系下降, 来证明灵魂具有将万物连接起来的本质特征。

卷四。论证了三种灵魂的存在: 世界灵魂; 十二界域灵魂, 包括行星和元素界域; 在其他界域里面和截然不同的所被创造的生物的灵魂。

第二部分：由卷五—卷十四构成。主要证明了"灵魂不朽性"这一论题。

卷五。从一般的推理看理性灵魂的不朽性。并认为它是生命的原则，是天然优越于形体的能力。

卷六—卷十二。是对理性灵魂所具有的不朽性的精确详细的证明。

1. 卷六第一节。承接前五卷所论述的内容，揭示了前五卷的内容是作者与卡瓦尔坎蒂、兰迪诺、努兹（Bernardo Nuzzi）和瓦斯普奇（Giorgio Antonio）在卡瓦尔坎蒂的乡间别墅中讨论成型的。费奇诺在此回答了卡瓦尔坎蒂询问"柏拉图的观点为什么是正确的这一问题"。

2. 卷六第二节。费奇诺在此节中以同唯物主义辩驳的方式分别论述了灵魂的三种作用：在身体中发挥的生殖作用、通过身体展现的感觉能力、通过自身显现的智力能力。

3. 卷六第三节—卷八。论述了灵魂的不可分性。四节—十三节：证明灵魂不是物质性的也不是以物质为形式的，并且灵魂是不可分的；卷七：列举了灵魂不能与能力和感觉相分离的证据；卷八：从理智本性来推导灵魂不可分的证明。

4. 卷九。以灵魂独立于身体来推断灵魂的不朽性。

5. 卷十。从一般的结构性或审美原则作为论据来论证灵魂的不朽性。

6. 卷十一。以灵魂的永恒性以及非物质对象的特征作为论据来论证灵魂的不朽性。

7. 卷十二第一—第四节。基于头脑与上帝的关系来论证灵魂的不朽性。

8. 卷十二第五—第七节。以上七点论证皆来自于视觉、听觉和心智方面的论据。且明确说明这些论据大多为圣奥古斯丁所言。进而为之后的论证奠定了基础。

卷十三—卷十四。征象所显现出来的不朽性。

1. 从灵魂从对其之下的事物和对自身的能力来看，可以证明灵魂是不朽的。

2. 从灵魂所模仿的十二个征象来探讨宗教所具有的普遍性和本质。

第三部分：卷十五—卷十八。这部分解决了关于灵魂不朽的五个问题。

卷十五。所有人共有一个灵魂吗？本卷对阿威罗伊的观点进行了详尽的反驳。是本书的核心部分。

卷十六第一—第六节。为什么上帝将灵魂置于肉体之中？这个问题的解答同时也回应了伊壁鸠鲁主义者的疑问。

卷十六第七节。为什么理性的灵魂会体验杂乱的情感？

卷十六第八节。为什么理性灵魂不自愿和身体分离？

卷十七—卷十八。在进入肉身之前以及离开肉身之后灵魂是什么状态？对灵魂的创造、安置以及种类和灵魂如何运动做了详尽的解答。[1]

《柏拉图神学》完全是一部充分体现了费奇诺个人的伟大的思辨性的哲学巨著。属于典型的文艺复兴时期的意大利式作品，它既可以被看作是一部"神学大全"，又可以被视作"哲学大全"和"柏拉图大全"。虽然在其理论架构中存在着诸多问题，但是其突破基督教神学界限而试图弥合柏拉图主义学说的尝试无疑是大胆的、具有开拓性意义的。

费奇诺在《柏拉图神学》中采用了一种毫无修饰、朴实无华的崇高庄严之风格的写作形式，大量引用经典作家的长句来雕饰和美化文章内容，善于运用明喻或暗喻的方式来阐释他的哲学理念和主张，但是同时在语句安排和修辞上极富有挑战性，而且经常会省略各个句子之间的连接词，还会出现类似电影"蒙太奇"似的且又独具诗歌意象的思维跳跃，这一切会带给读者一种受虐般的心灵拷问，艰涩佶聱的且与经院神学大相径

---

[1] 艾伦 (Michael Allen).《柏拉图神学》纲要. 梁中和，译 // 灵魂·爱·上帝 斐奇诺"柏拉图神学"研究. 上海：华东师范大学出版社，2012:371-377.

庭的语汇都需要读者进行受到训诫而出神状态。重要的是，甚至当他使用经院神学的概念的时候，费奇诺仍然尝试避免使用与经院神学相同的术语和概念以体现其与经院哲学的截然不同之处。当然，这就需要我们在阅读这部伟大的作品时要与经院哲学中所阐述的相应问题对号入座。

　　费奇诺因为性情温和，所以从来不会像布鲁诺和康帕内拉那样高扬自己的旗帜，自然也不会因此而被关进监牢或者被绑在火刑柱上。但是他的确又是一个勇敢的具有思辨性的思想家，只不过他的观点始终隐藏在温情脉脉的面纱之后。因此，天主教的正统派们在阅读《柏拉图神学》时，就可以从中发现丰富的传统型论证，而激进的叛逆者或改革派在阅读时则会窥见异端生发的端倪。但是，《柏拉图神学》不会因为其隐含着锋利的剑芒，就丧失其为一部伟大的哲学作品的本质和内涵。费奇诺也因此而成为佛罗伦萨乃至意大利文艺复兴时期最伟大的哲学家。所以费奇诺的"柏拉图主义不仅仅在文艺复兴时期的哲学思想中是一个重要因素；尽管有许多缺点和弱点，它还是构成了柏拉图主义历史中的最重要和最令人感兴趣的阶段之一"。[1]

[1] 保罗·奥斯卡·克利斯特勒.意大利文艺复兴时期八个哲学家.姚鹏，陶建平 译.上海：上海译文出版社，1987:63.

乔瓦尼·皮科·德拉·米兰多拉：
英年早逝的神童哲学家

引言

康科迪亚伯爵乔瓦尼·皮科·德拉·米兰多拉（Giovanni Pico della Mirandola，1463—1494），是意大利文艺复兴时期的著名哲学家，新柏拉图主义的代表人物，是佛罗伦萨"柏拉图学园"除费奇诺之外的第二灵魂人物。他少年成名，有着哲学"神童"的美名。在他年仅23岁的1486年，就曾因为大胆地提出有关宗教、哲学、自然哲学和奇幻术的900论题而名声大噪、享誉欧洲。他与费奇诺在对待柏拉图哲学的态度上截然不同的是费奇诺试图让柏拉图主义凌驾于其他任何哲学之上，而皮科则只是试图调和柏拉图主义和亚里士多德主义两大学说的对立，并把希腊文化、犹太文化和基督教文化统一起来，以期建立一个适合全人类的世界宗教，并且皮科的调和主义态度并不反对经院哲学。他的代表著作《论人的尊严》（*Oratio de hominis dignitate*）就是皮科·德拉·米兰多拉在1486年提出900论题时写就的一篇长篇讲演稿，被称为"文艺复兴时代的宣言"。他被誉为以神秘哲学的理论拥护基督教神学的第一位基督教学者。

米兰多拉家族是亚平宁半岛上的一个显赫的贵族世家。该家族长期居住于意大利中北部摩德纳公国（Modena）境内古老的米兰多拉（Mirandola）城堡之中，并被赐爵为米兰多拉公爵，后来米兰多拉就成为其家族姓氏中的成分。历史悠久的米兰多拉城堡位于物产丰饶的波河沿岸平原，居于此处的米兰多拉家族一直因之而自豪。14 世纪的时候，米兰多拉家族宣布城堡独立，米兰多拉城堡成为一个自由城市。1414 年，神圣罗马帝国皇帝西吉斯孟德（Sigismund von Luxemburg，1433—1437 在位）为了感谢米兰多拉家族对他的支持，就将康科迪亚（Concordia）这块土地赏赐给皮科的父亲，并给米兰多拉家族加爵为康科迪亚伯爵。米兰多拉家族为了保证自己的政治利益以及独立性，还与意大利实力较强的斯福尔扎家族（House of Sforza）、贡扎加家族和埃斯特等多个家族保持着千丝万缕的同盟关系。同时，其家族世系多年来一直与亚平宁半岛上的其他贵族家庭互通婚姻，其中皮科的兄弟姐妹们就纷纷与统治着费拉拉、博洛尼亚和弗利以及科西嘉岛等地的贵族家族进行联姻，这些联姻的家族们在强敌环伺的情况下为了避免招致势力较大的邦国的吞并，只能采取联姻的方式来求得同气连枝、互为奥援的效果。

一、皮科的生平

1. 衔玉而生的世家子

皮科于 1463 年 2 月 24 日出生，这已经是他的父母结婚第 23 个年头了。在他出生之前他还有着众多的兄弟姐妹，但是在婴儿存活率极低的中世纪只有两个哥哥存活下来，且均比他长寿：哥哥加莱奥特一世伯爵（1442—1499）后来一直统辖着米兰多拉城堡；而皮科另一个哥哥安东·马里亚（Anton Maria，1444—1501）则成为神圣罗马帝国军队的将军，负责为神圣罗马帝国的皇帝腓特烈三世（Friedrich III der Schöne，1286—1330）和马克西米利安一世（Maximilian I，1459—1519）征伐连连。米兰多拉家族一直长久地保有着世袭的米兰多拉公爵和康科迪亚伯爵的爵位，直到 1708 年，其家族因为参加了法国国王路易十四（Louis XIV，1638—1715）的同盟，所以其封爵领地米兰多拉城堡被神圣罗马帝国皇帝约瑟夫一世（Josef I，1678—1711）占领，进而被下令并入摩德纳公国。因为其封爵领地的丧失，所以到 1747 年，米兰多拉家族延续多年的封爵头衔不得不最终被废止了。

　　皮科从小就出生于这样一个显赫富贵的名门望族家庭，所以衔玉而生的他自然就拥有着其他普通人所不具备的先天条件。他的家中藏书丰富，既具备有关基督教神学方面的大量书籍，同时文艺复兴初期热衷于对古代希腊罗马经典古籍文献及其名人手稿进行收藏的这种时尚风也刮到了位于波河沿岸的这座古堡里，他的父亲米兰多拉公爵作为一位乐于接受新思想的饱学之士，更是投身于这股风潮之中，他豪掷千金不计投入地到各地图书市场大肆收买各类经典古籍文献及其名人手稿，所以在皮科出生的时候，米兰多拉家族的藏书已经蔚为大观，甚至堪比一个大学的小型图书馆。

　　皮科的母亲朱莉亚·博亚尔多（Giulia Boiardo）亦是出身于撒丁王国一个贵族家庭的大家闺秀。在文艺复兴时期，皮科母亲的博亚尔多家族（Boiardo）也是意大利的人文主义世家之一，他们家族的许多成员都在艺术创作或者是学术研究方面取得了卓尔不凡的成就。

　　当天资聪颖的皮科甫一出生，显露出超乎常人的聪慧和惊人的记忆力的时候，米兰多拉家族就对皮科寄予了极大的期冀，并首先将康科迪亚伯爵的爵位传给了还在襁褓中的皮科。同时皮科的母亲还希望他日后能够进入教廷获得高等级的教职；另一方面也盼望他能够在学术研究方面做出出类拔萃的成绩。所以，当皮科还牙牙学语的时候，她就聘请教授拉丁语和希腊语的教师开始对皮科进行灌输式的语言训练。因而皮科的母语甚至就可以说是拉丁语和希腊语。这一条件为之后皮科大量阅读希腊语和拉丁语的原版文献手稿奠定了基础。当皮科初步掌握了这两门语言以后，他的母亲就有意识地开始引导皮科阅读他父亲收藏的那些古典经典文献和手稿。这个时候，皮科已经完全没有任何窒碍就能够理解和领会古代经典作家文献中的精髓含义了。

皮科凭借着超人的记忆力、与生俱来的语言能力以及天赋异禀的理解力和领悟力使得他博得了"神童"的美誉。他的声名已经不再被局限于小小的米兰多拉城堡，而是远远地传到了教廷的驻跸地——罗马城。于是，1473年，年幼的皮科就被教廷任命为教皇法庭的首席书记官。而这一年，皮科才仅仅只有10岁。年幼的皮科能够获得一个如此重要的教会职位在意大利可以说是不同寻常的。

2. 求学经历

1477年，年仅14岁的皮科放弃了教廷首席书记官的职务，在母亲的陪同下前往博洛尼亚大学研习教会法。1479年，皮科出人意料地突然放弃了在博洛尼亚大学对教会法的学习，转而前往费拉拉大学攻读哲学学位。皮科的这次选择应该和他母亲的突然离世有着莫大的关联。皮科的母亲一直希望皮科能够在教廷中获得显赫的职务，这也应该是皮科母亲离世前未能实现的遗愿。所以皮科为了完成母亲的这个愿望，暂时放弃了当时看似较为尊贵实则发展受限的书记官职务，在母亲的要求下转赴博洛尼亚大学研习教会法，这是皮科母亲为了皮科能够提升自己神学理论及教会法方面的知识储备，以利于将来在教职方面获得更好的发展机会而采取的顺理成章的举动。但是1478年8月13日，深爱皮科而且对他要求颇为严厉的母亲因病辞世。虽然皮科少年老成，但是年仅13岁即丧母对皮科内心的打击还是颇为严重的。一年之后，随着丧母之痛的日渐减轻，加之皮科儿时在研读古代希腊罗马古代经典文献时所接受的人文学科教育的启蒙，决定了皮科的内心深处更渴望对人文主义思想的探索和研究。在他洞晓了自己真正的兴趣爱好之后，他必然会卸下母亲遗愿给他带来的束缚，转而去追求自己的理想。这应该才是皮科放弃研习教会法转而从事哲学研究的真正原因所在。

在前往费拉拉的路途中，16 岁的皮科与年仅 25 岁的意大利著名的宫廷诗人安吉洛·波利齐亚诺（Angelo Poliziano）陌路相逢，波利齐亚诺本名安吉洛·安布罗吉尼，波利齐亚诺是他的别名，他也以别名而著称于世。波利齐亚诺与皮科同样也是少年成名，早在他 16 岁的时候，他就已经将《荷马史诗》中的《伊利亚特》篇翻译为拉丁文。他于 1473 年曾被聘为佛罗伦萨僭主伟大的"豪华者"洛伦佐的家庭教师和秘书。但是 1479 年双方失和，波利齐亚诺遂离开佛罗伦萨。皮科与波利齐亚诺两人的这次相遇就应该是波利齐亚诺离开美第奇家族另寻前程的那个时间段，两人神交已久，彼此甫一见面就惺惺相惜、倾盖如故，从此二人就结下了深厚的友谊。

在这条路上，皮科还遇到了一位茕茕孑立、踽踽独行多明我僧团的托钵僧。这位 27 岁的苦行托钵僧后来成为佛罗伦萨发展史上的风云人物，他就是推翻美第奇家族在佛罗伦萨的僭主统治，建立佛罗伦萨神权共和国的吉洛拉漠·萨沃纳罗拉（Girolamo Savonarola, 1452—1498），这位意大利文艺复兴时期著名的宗教及政治改革家被视为是历史上最具有争议性的宗教人物之一，因为他既被有的人尊称为圣徒和殉道者，但是同时也被另一些人谴责为狂热者和异端。这时的萨沃纳罗拉就已经是托马斯·阿奎那的忠实信徒了，他把自己的所有精力都倾注于钻研和宣传《圣经》以及托马斯·阿奎那的《神学大全》《反异教大全》等著作上面。

他此行的目的地和皮科方向一致，也是要前往费拉拉。这个城市是萨沃纳罗拉出生地，他此行是要去那里的修道院讲授宣扬《圣经》。皮科与萨沃纳罗拉的这次相遇以及之后的交往和思想沟通影响了皮科的思想走向，使得皮科在构建自己的哲学思想中始终坚持亚里士多德主义与柏拉图主义的非对立性，并从来都没有放弃过对经院哲学的坚守，这些在一定程度上应该是来自于萨沃纳罗拉这位极端的反人文主义者的影响。

此后在皮科生命中的大部分岁月里，皮科始终与波利齐亚诺和萨沃纳罗拉二人保持着极为密切的联系与沟通。

在费拉拉大学仅仅只是学习了一年哲学之后，1480 年，皮科就离开了费拉拉大学转投更为古老的帕多瓦大学继续攻读哲学专业。这座建于1222 年的大学是因为当时的博洛尼亚大学限制学术自由，而且不能保证师生基本的公民权利，所以大批的教授和学生从博洛尼亚大学脱离出来而建立的，因而崇尚学术自由成为这种大学坚守不悖的信条。这座大学比肩于当时最为有名的博洛尼亚大学、巴黎大学、牛津大学和剑桥大学，是当时欧洲重要的文化教育中心。在哲学方面帕多瓦大学更是亚里士多德主义流派的传统中心，因而皮科在这里接受了极为完备的亚里士多德哲学的教育。这也应该是后来皮科成为一位新柏拉图主义者后还仍然"坚定地忠诚于亚里士多德及其学派"的理由所在。[1]

在帕多瓦大学，皮科在接受亚里士多德主义的哲学教育的同时，更希望能够有机会广泛涉猎更多有关希伯来哲学方面的书籍，有着超高语言天赋的皮科虽然已经精通拉丁语和希腊语，但是对于希伯来语却一窍不通。这时在意大利赫赫有名的专门研究阿维罗伊（Averroes，1126—1198，即伊本·路士德，西班牙穆斯林哲学家、医学家）哲学的犹太裔

---

[1] 保罗·奥斯卡·克利斯特勒.意大利文艺复兴时期八个哲学家.姚鹏，陶建平 译.上海：上海译文出版社，1987：76.

学者埃利亚·德尔梅迪哥（Elijah Delmedigo）受邀来到帕多瓦大学主持一场哲学辩论会。正是在这次辩论会上，皮科结识了埃利亚。于是皮科就跟随埃利亚·德尔梅迪哥开始学习希伯来语，并且两人还一同学习阿拉伯语，一起研读阿拉米语（Aramaic language）手稿。埃利亚·德尔梅迪哥是 15 世纪意大利最负盛名的犹太医生、翻译家、哲学家和作家。他曾经以犹太人身份在佛罗伦萨和威尼斯公开讲学，讲授希伯来语和古典哲学。[1] 共同的兴趣爱好使得皮科和埃利亚·德尔梅迪哥形成了亦师亦友的亲密关系。同时，埃利亚·德尔梅迪哥为了方便皮科更好地研读和深入理解希伯来哲学的真正精髓，还特意不辞辛劳地为皮科将大量的犹太学者的希伯来手稿翻译成了拉丁语，从而使皮科能够得以拥有比同时代人多得多的相关研究资料。在同一时期，在帕多瓦大学任教的著名犹太学者约翰南·阿莱曼诺（Yohanan Alemanno）也曾经担任过皮科的希伯来语教师。精通希伯来语的皮科在自己的哲学研究生涯中获得了同时代许多其他哲学家所不具备的优势，这一优势使得皮科所秉持的"调和论"观点囊括了"亚里士多德及其希腊语、阿拉伯语、拉丁语的所有追随者"，"他在这些已知的来源中还加上了犹太的希伯来神秘哲学家，他是通过研究希伯来文而熟悉这些哲学家的，因此他也许是使用希伯来神秘哲学文献的第一位基督教学者"。[2]

1482 年，皮科完成了在帕多瓦大学的学业。辗转三地的求学经历也许是让皮科感到了厌倦，更有可能是皮科觉得大学教育水平已经不足以再为他提供新的知识了。总之，他没有再试图进入其他的大学进行深造，反而回到了米兰多拉城堡。在这之后四年期间里，皮科或者是宅居祖宅

[1] 卢镇.犹太人对意大利文艺复兴的贡献.历史教学，2011，（22）.

[2] 保罗·奥斯卡·克利斯特勒.意大利文艺复兴时期八个哲学家.姚鹏，陶建平，译.上海：上海译文出版社，1987：73.

进入冥思状态；或者是在亚平宁半岛上的各个人文主义中心四处游历遍访名师高人。

3. 与费奇诺的相遇

1484 年，皮科邀约埃利亚·德尔梅迪哥前往佛罗伦萨去拜会当时在亚平宁半岛上如日中天的新柏拉图主义的代表人物、"柏拉图学园"的掌门人费奇诺。据说这是 11 月的一个午后，当洛伦佐·德·美第奇与马尔西利奥·费奇诺正在位于卡勒基山麓的别墅里，热烈地探讨有关新柏拉图主义深奥艰涩的学术问题的时候，乔瓦尼·皮科·德拉·米兰多拉来到别墅之外请求会见，当然随行的还有皮科的希伯来语老师埃利亚·德尔梅迪哥。这个时候的费奇诺已经年过五旬，而且早已经是享誉全欧洲的哲学大师。洛伦佐更是佛罗伦萨权势炙热的强权僭主。但是当他们二人得知前来拜访的是近年来声名鹊起的哲学新秀皮科的时候，都毫不迟疑地出门相迎，有中国古代"倒屣相迎""一沐三握发，一饭三吐哺，犹恐失天下之贤"的古风了。

是年，51 岁的费奇诺早已经是一位立场鲜明的新柏拉图主义者，而皮科则与费奇诺立场相左，作为一位接受过极为完善的经院哲学教育的思想家，21 岁的皮科更忠诚于亚里士多德主义。但是，两人学术观点上的分歧以及 30 岁的年龄差异并没有影响两人成为忘年之交。不久，皮科就加盟了"柏拉图学园"，作为已经有着 22 年历史的"柏拉图学园"的缔造者和亲手创建者，费奇诺毫无疑问是"学园""无可争议的领袖"。但是，皮科虽然"深谙柏拉图主义的古代资料，并把柏拉图的学说放在某种重要的地位上，所有这一切使他比那个时代的专业哲学家的一般态度更接近费奇诺的见解",然而,"他从未宣称自己要复兴柏拉图哲学"。[1] 所以皮科并非真正的"新柏拉图主义者",但是即使这样,皮科也以他个人所独具的魅力以及渊博的学识很快就得到了学园中师生们的认可,并成为"学园"中除了费奇诺之外的新的灵魂领袖。不过,这丝毫没有影响皮科对费奇诺的仰慕和尊重。在卡勒基别墅里,皮科甚至要求将自己的住所安排在费奇诺的旁边,目的是为了随时能够聆听费奇诺的教诲以及方便同费奇诺探讨学术问题。而此次随行的埃利亚·德尔梅迪哥也留在佛罗伦萨负责教授费奇诺希伯来语。

作为文艺复兴时期佛罗伦萨最伟大的艺术赞助者,同时也是诗人和哲学爱好者的"豪华者"洛伦佐·德·美第奇,更是喜欢将所有的学术才俊罗致到自己的周围,所以他对皮科的到来和加盟"柏拉图学园"更是欣喜非常,此后他对皮科钟爱有加,成了皮科的资助人和保护者。后来皮科因为绯闻案而入监,以及之后因为900论题被裁定为"异端"而遭到逮捕,都正是有赖于洛伦佐的调停和斡旋,皮科才得以免遭牢狱之灾。可以说,如果没有洛伦佐如此慷慨的帮助和大力支持,皮科的人生道路也许早就会终结在巴黎那黑暗的牢房里,也许我们后人所能看到的这位康科迪亚伯爵的学术成就远远没有今天如此丰硕。在同一年,皮科和他的两个哥哥就遗产和爵位的继承问题发生了龃龉。皮科对是否拥有贵族头衔的爵位并不感兴趣,他更在意自己对真理的追求。所以最终皮科宣布放弃爵位继承,换来了巨额财产的补偿。不过后来他的朋友们仍然称呼他为康科迪亚伯爵。

[1] 保罗·奥斯卡·克利斯特勒.意大利文艺复兴时期八个哲学家.姚鹏,陶建平 译.上海:上海译文出版社,1987: 67.

4."900"论题的萌生

1485，皮科来到巴黎大学访学。作为由索邦神学院发展而成的著名大学，基督教神学教育始终是巴黎大学的重点学科，因而这里也成为当时欧洲重要的经院哲学和神学研究中心，同时这里还是阿维罗伊主义哲学的研究重镇。而皮科在埃利亚·德尔梅迪哥的影响下对阿维罗伊主义也产生了浓厚的兴趣，所以，巴黎大学必然会成为皮科膜拜的圣地。

在巴黎访学期间，皮科开始更多地思考亚里士多德主义与柏拉图主义的关系问题。因为在 1485 年皮科写给埃尔莫劳·巴尔巴罗（Ermolao Barbaro,1454—1493）的那封著名的长篇书信中就明确说明了困扰他的这一问题。在这封信中，皮科坚持认为，在中世纪和伊斯兰世界关于亚里士多德所做的研究评论（如阿维罗伊和阿维森纳所做的那样）是最好最完善的。试图调和柏拉图和亚里士多德的学说也是他的目的所在，因为在他看来，这两人的学说看似相去甚远，实际上只不过是用不同的方式表达同一种概念罢了，这两者是完全意义上的殊途同归。或许正是由于这封信的原因，皮科被朋友们戏称为"概念的调和者"和"和谐伯爵"（因为皮科拥有康科迪亚伯爵的爵位）。据信，在访学巴黎期间，皮科开始萌生了其后著名的"900 论题"的创作念头。

1486 年 3 月，皮科从巴黎返回佛罗伦萨。应该确信，这一期间是皮科有关"900 论题"的论文正在酝酿或者是早期写作的阶段。当然，也许这个时候皮科的头脑中所思考的选题并没有 900 个之多，因为后来最终成型的"900 论题"涵盖了涉及宗教、哲学、自然哲学以及神秘主义的学说等多方面的问题。而有关神秘主义方面的论题就受到了希伯来神秘主义思潮的影响。皮科开始关注希伯来神秘主义学说则是在这一年的秋季。

在佛罗伦萨，并没有明确的记载提到皮科与费奇诺以及波利齐亚诺和洛伦佐等人就论题中的有关选题进行过探讨。但是因为皮科与三人之间所具有的亦师亦友的关系，如此重大的哲学选题皮科不可能不与他们进行过事先的沟通和讨论。

这一年 5 月 8 日，胸有成竹的皮科从佛罗伦萨启程，踌躇满志的他看来是准备前往罗马将他的 900 论题公之于众，这个时候，他仿佛就是一位勇敢的斗士，准备向教廷和天主教传统派进行挑战。他以为，在他的面前也许会有荆棘也许会有坎坷，但是最终他将获得的一定是鲜花和掌声。可是让他万万没有想到的是，在他前行的准备挑战权威的路途上，会有一场无法预料的灾祸正在等待着他。

当皮科一行离开佛罗伦萨的时候，洛伦佐叮嘱皮科，请他在经过阿雷佐城的时候，一定要去城里拜访他的表弟——久利亚诺·德·美第奇（Giuliano de' Medici），这是一位贵族出身的青年。因为久利亚诺知道表兄洛伦佐与皮科的关系，而他又自称是皮科的崇拜者。因而他一再央求表兄能够给他提供引见皮科的机会，因为能够见到在亚平宁半岛上如日中天的皮科，会让他在朋友圈的聚会中增加炫耀身份的话题。所以这一次洛伦佐就郑重其事地要求皮科顺路满足一下他表弟的虚荣心。

皮科答应了洛伦佐的要求。因为同仰慕其名的那些附庸风雅的贵族权贵宴乐欢饮，对于少年成名的他而言早已经是司空见惯的事情了，他以为这次拜访同以往的类似经历不会有任何区别。所以当他抵达阿雷佐的时候，就欣然登门拜访这位叫久利亚诺的贵族青年。但是，皮科万万没有想到，这次的登门拜访却成为导致他最后身陷囹圄的缘由，甚至差点让他付出生命的代价。为了欢迎皮科的盛情光临，同时也为了炫耀自己与皮科的亲密交情（其实这样的交情是洛伦佐的表弟厚着脸皮哀求来的），洛伦佐的表弟久利亚诺在自己的宅邸安排了盛大奢华的欢迎宴会，同时，还遍邀了阿雷佐的所有显宦贵族。皮科虽然并不喜欢这种虚伪的社交场合，但是出身贵族的他仍然会礼貌得体地与仰慕者应酬交流。皮科在宴会上遇到了一位优雅大方、仪态端庄、举止高贵、妩媚动人的少妇，立刻为之倾倒，而这位少妇也为皮科这位美少年英俊潇洒的外表和渊博的学识所吸引。皮科和这位少妇在席间的觥筹交错中暗地里眉目传情、频送秋波。这位少妇名叫玛格丽塔（Margherita），是久利亚诺的新婚夫人，25岁且从来没有谈过恋爱的皮科虽然知道这是一场不伦之恋，但是他还是无法遏止地疯狂地爱上了她。

其实皮科计划在见过洛伦佐的表弟之后就马上赶赴罗马。但是因为这位令他倾心钟情的玛格丽塔，却让皮科改变了自己的行程。被爱情冲昏了头脑的皮科找借口提出借住在洛伦佐的表弟的府上。蒙在鼓里的久利亚诺全然不知道真相，相反还为皮科主动提出借住家中而欣喜不止呢。

沉迷于爱情之中的皮科在借住期间，已然忘记了自己要赶赴罗马的目的，而是寻找着一切可能的机会同玛格丽塔秘密幽会。最后情难自抑的两人为了长久厮守在一起，终于商定准备私奔。但是，纸里终究是包不住火的，两人私情的蛛丝马迹已经为久利亚诺有所察觉，并在皮科和玛格丽塔私奔的时候当场擒获了他们。久利亚诺在盛怒之下，将皮科暴打一顿后送交官方。之后，饱受皮肉之苦并奄奄一息的皮科被投进监狱。

身陷囹圄之中的皮科虽然羞愧难当，但是走投无路的他在万般无奈之下也只好向洛伦佐求救。洛伦佐作为一位有胸襟有气度的领袖人物，看重的是皮科的卓越才华，所以对他的私德之亏并不在意。在洛伦佐的极力斡旋之下，他的表弟久利亚诺终于撤回了对皮科的诉状。皮科才得以逃脱这次因桃色纠纷招致的牢狱之灾。不过，这件桃花案并没有对皮科的个人形象产生任何不好的影响。因为在中世纪的欧洲，一个男人如果勇于为了自己的爱情付出牺牲反而是值得尊重的，即使这种爱情只是一场并非光明正大的不伦之恋，也丝毫不会影响到这种爱情的纯洁程度。同时这个小插曲一方面还表明了皮科为了追求不计后果的莽撞；但是从另一方面却又体现了他对爱情的无比执着。

皮科虽然脱离了牢狱之灾，但是伤势尚未痊愈的他已经不适合马上进行长途跋涉了。皮科不得不暂时打消了准备去罗马的打算。当然，他也无颜继续留在阿雷佐养伤了，于是他南行来到了与阿雷佐相距36公里的小城佩鲁贾，准备先行养伤然后再作打算。在养伤的闲暇之余，同时也是为了驱散荒唐爱情失败后的抑郁和不快，已经具备娴熟的希伯来语言文字能力的皮科开始把自己的视线和兴趣转向对有关犹太神秘主义哲学的研究中来。皮科对犹太教的神秘主义教派——卡巴拉派的学说兴趣尤为强烈，并深深地沉迷于其中。卡巴拉派的思想原理来自圣经"创世记""启示录"以及《创造之书》和《光辉之书》。卡巴拉派神秘主义思想主张的"生命之树"是卡巴拉思想的内核，它被视为是神创造宇宙的蓝图，或者称之为神体的构造图。皮科认为，"生命之树"是"宇宙神秘的因果关系"的完美体现。

在秋天的时候，伤势已经基本痊愈的皮科给费奇诺写了一封信。在这封信中，皮科避而不提自己那场荒唐的爱情闹剧，更耻于提到自己因为此事所遭受的身体上的伤痛。相反，他反而用兴奋的语气和口吻表达了他仿佛发现所罗门宝藏一般的狂喜：他认为在以斯德拉书、琐罗亚斯德以及东方三博士和麦琪的神谕等这些著作中，都集中体现了迦勒底人的哲学智慧，但令他大为遗憾的是，其中所蕴含的各种神秘意义他还没有完全洞晓。据信在这一时期，皮科已经对他所要提出的论题选题进行了新的调整和进一步完善。他提出了新的与希伯来神秘主义哲学思想有关的论题，或是将大量有关希伯来神秘主义思想的内容充实到这些论题的写作当中，最终才形成了后世可见并在天主教社会掀起轩然大波的"900

论题"。11 月 10 日，在皮科给一位朋友的书信中，确认自己的"900 论题"最终完成。[1]

5. 前往罗马

在离开佩鲁贾启程前往罗马之前，皮科为自己写下了这样的文字：我前去罗马吉凶未卜，如果我成功了，那说明只是上帝因为对我的青睐和赞誉才给予我的成功。但是如果我失败了，那么我将错失一切。

1486 年 11 月底，皮科终于抵达了罗马。据信皮科在秋天的时候因为桃花案而招致的伤势早已经痊愈，但是皮科拖至年底才离开佩鲁贾抵达罗马。这是因为皮科在经过对希伯来神秘主义哲学的研究之后，对自己将要提出的论题进行调整补充而延宕多日，使他耽搁了赶赴罗马的行程。而皮科一俟启程，则标志着皮科的所有论题写作已经全部完成。

1486 年 12 月 7 日，这位康科迪亚伯爵终于迫不及待地将他的"900 论题"公之于众。"900 论题"的正式公布对于欧洲大陆的天主教社会而言，应该不啻石破天惊一般地公开挑战檄文。皮科清楚地知道，随着"900 论题"的公布，他将迎来无数的指责、谩骂和诘难。他坚信，真理掌握在他的手中，他不惧怕任何围攻和辩论。但是，论题发布之初，却反应平平。也许是人们还没有意识到"论题"所具有的轰动性。所以，皮科极为自信地宣布，他要在罗马举办一次盛大的辩论会，诚挚邀请欧洲各地的博学之士远赴罗马就他所提出的"900 论题"进行辩论，而他则负责所有参加辩论的学者们的各项费用（因为他有继承的巨额遗产为保障）。他要在这座讲坛上为自己的"900 论题"的正确性进行辩护。其实皮科试图推动的这场辩

[1]　皮科·米兰多拉.论人的尊严.顾超一，樊虹谷译.北京：北京大学出版社，2010:6.

论一方面是想力证自己理论的正确性，另一方面更是想利用这样的辩论扩大自己"900 论题"的影响力。

在这一期间，皮科为了迎接即将到来的辩论会，进行了充分的准备。他在综合提炼自己的"900 论题"精髓的基础上完成了一篇名为《论人的尊严》的演讲稿，来充分阐释自己"900 论题"所包含的理念。

"900 论题"发表之初虽然没有掀起轩然大波，但是梵蒂冈天主教廷的"当家人"英诺森八世（乔瓦尼·巴蒂斯塔·西博 Giovanni Battista Cibo）却敏锐地意识到，这是对天主教会以及教皇本人的赤裸裸的挑衅，这样的举动会让罗马教廷颜面尽失。英诺森八世是于 1484 年通过贿赂选举教皇的枢机主教团才得以登上教皇宝座的。他本人昏聩不堪却又极端残暴。他自知自己在天主教会中本没有什么威信可言，能够登上教皇宝座完全是依赖于贿选的"神奇魔力"。因为他一直以来就将神秘主义思潮视为"异端邪说"。所以 1484 年他甫一登位，就决定以打击巫术迷信的方式来树立自己的权威。12 月 5 日，教皇英诺森八世发布了名为"Summis desiderantes affectibus"谕令，训谕中提道："在上日耳曼的一些地区，诸多男女不顾拯救、弃绝信仰，反而将灵魂托付恶魔，并且通过咒语、符咒、魔法以及其他可憎的迷信和巫术，甚至通过冒犯及犯罪，使妇女不孕、牲畜不孳，使作物不生、果树不实。……这是本教廷之职责，扫除一切阻碍余之裁判官行使职责之障碍，谨防无辜信众遭异端邪说及其他恶行之毒害。出于宗教之热忱，上日耳曼之上述地区不能没有裁判官的职权，凭借教皇之权威，裁判官应在这些地区对犯有上述罪行之人行使纠正、监禁及惩处之责。"[1]明确地对巫术进行严厉斥责，并号召

---

[1] Alan Charles Kors，Edward Peters ed. Pope Innocent Ⅷ. Summis desiderantes affectibus// Witchcraft in Europe, 400—1700: A Documentary History. Philadelphia： University of Pennsylvania Press，2000： 178—179. 转引自陆启宏：禁欲与放纵——魔鬼信仰与近代早期西欧的资本主义. 史林, 2007, (5).

欧洲各地开始"猎巫"行动，从而首先掀起了中世纪晚期西欧社会巫术迫害序幕，激发了全欧洲捕杀女巫的高潮，尤其是激起了在德意志境内对从事女巫职业的妇女们的迫害。许多无辜的民众，尤其是妇女被指控为运用妖术而遭到残酷的迫害。

天主教廷和这样一位昏聩无能却又残暴血腥的教皇面对皮科的挑战，自然不会忍气吞声无动于衷。首先教皇英诺森八世宣布皮科将要举办的"900 论题"辩论会为非法的，从而阻止了皮科试图扩大论题影响的可能性。1487 年 2 月 20 日，英诺森八世还宣布组建一个临时的专门委员会对皮科的"900 论题"的合法性进行审查。当然，在英诺森八世的授意下，秉承着英诺森八世谕旨的委员会成员自然会抱着吹毛求疵的精神来审查这些论题。终于，这个由 16 个教区主教以及神学家和宗教人士所构成的所谓的委员会经过 3 月 5 日、6 日和 12 日及 13 日仅仅四天的讨论就确定皮科"900 论题"中的 7 个论题是非正统的，还有 6 个论题是可疑的。其实这个本着以惩处皮科大逆不道之举而组建的委员会，只要找到一个微小错误就可以无限放大，进而置皮科于死地，何况还找到了 13 条错误的论题。而且，这个委员会还拒绝了皮科就这些所指出的错误论题进行的书面答辩状，这其实完全就是欲加之罪何患无辞的路数。

但是皮科擅自将书面答辩状公之于众。英诺森八世没有想到皮科胆敢如此对抗他和教廷的权威，于是，恼羞成怒的他在气急败坏之下竟然宣布皮科的"900 论题"全部都是错误的。罗马教皇给皮科的这些论题裁定的罪名是：这些论题中一部分是来自于异端邪说的结果；还有一些是对天主教圣人神圣观点的公然冒犯和恶毒的诋毁；其他大部分的论题只不过是对异教哲学家的错误思想的贩卖。当然，皮科的"900 论题"的确"都是依靠极为不同的来源的：赫米斯、琐罗亚德斯、奥甫斯、毕达哥拉斯、柏拉图、亚里士多德以及后二者的所有希腊追随者和注释者，阿维森纳和阿维罗伊以及和他们一起的其他阿拉伯哲学家，托马斯·阿奎那、邓·司各脱（John Duns Scotus，约 1265—1308）以及一些其他中世纪拉丁语思想家，最后，还有犹太人的希伯来神秘哲学的信徒"[1]。可见英诺森八世对"900 论题"的裁定应该说还是经过了细致的调查研究的，并没有信口开河。但是皮科公布答辩状的举动并不代表其内心试图颠覆天主教神学体系，相反他虽然加盟了新柏拉图主义代表人物费奇诺的"柏拉图学园"，但因为他"受过完善的经院哲学教育，更坚定地忠诚于亚里士多德及其学派"。[2]他只是想"强调自己的基本信念，即所有这些思想家都为真理做出了自己的一份贡献"。[3]所以他认为各个学派的哲学家，都占有一份真理。[4]这才是他的"900 论题"涵盖了如此众多学派观点的真实缘由所在。而皮科之所以有如此认识，恰恰来源于他的与生俱来的调和立场。但是，教皇的武断裁决完全把皮科置于天主教廷的对立面。由此，皮科与天主教廷和教皇英诺森八世公开决裂。6 月 6 日，教皇英诺森八世发表简短声明，要求皮科必须放弃自己的辩护权利才有可能得到饶恕。

自感失败的皮科万般无奈之下，为了不至于局面一发不可收拾，7 月 31 日，皮科发表声明宣誓放弃自辩的权利，并马上向教皇呈递了自己亲笔签署的悔过自白书。但是他又深知英诺森八世是一个两面三刀反复无常的小人。于是，皮科为了免遭毒手，决定逃离亚平宁半岛。

[1] 保罗·奥斯卡·克利斯特勒.意大利文艺复兴时期八个哲学家.姚鹏，陶建平，译.上海：上海译文出版社，1987：72.
[2] 保罗·奥斯卡·克利斯特勒.意大利文艺复兴时期八个哲学家.姚鹏，陶建平，译.上海：上海译文出版社，1987：72.
[3] 保罗·奥斯卡·克利斯特勒.意大利文艺复兴时期八个哲学家.姚鹏，陶建平，译.上海：上海译文出版社，1987：72.
[4] 保罗·奥斯卡·克利斯特勒.意大利文艺复兴时期八个哲学家.姚鹏，陶建平，译.上海：上海译文出版社，1987：73.

6.逃离亚平宁半岛

　　1487 年年底，皮科来到了法国巴黎大学，这里的索邦神学院是他要寻求庇护的目的地。当年他就是在这里萌生了"900 论题"创作想法。而且因为当他公开他的"900 论题"的时候，索邦神学院的官方曾经表示了谨慎的支持态度。在皮科的"900 论题"被英诺森八世斥为谬论之后，四面楚歌的皮科仍然将索邦神学院视为知音，皮科自认为这里将会成为他的庇护地。但是，天真的皮科万万没有想到，任何承诺或者是立场在权势面前几乎都会缩水。当然，索邦神学院也无法独善其身。所以，当皮科来到这里后，索邦神学院只是暂时收留了他，但没有给予皮科所期望的各种优厚待遇，甚至连一份教职也没有给他。投奔法国前皮科的满心期望变成了如今的落寞尴尬，其中的心理落差可想而知。心气高傲的皮科并没有蜗居在索邦学院内，而是准备在法国境内四处游历，但是令皮科没有想到的是，教皇英诺森八世的针对他的"海捕公文"已经在阿尔卑斯山脉以北地区生效了。

　　1488 年 1 月，皮科游历到里昂城的附近。这里与当时统辖法国、意大利和瑞士交界的阿尔卑斯山西部的萨伏依（Savoia）公国接壤，它的首府尚贝里距离里昂仅 100 公里之遥。萨伏依公国作为天主教廷的坚定盟友自然唯教皇谕令马首是瞻。于是，当萨伏依公爵卡洛一世得知皮科在里昂附近出没的消息后，就立即派兵将皮科逮捕。当然，作为大国夹缝之中的小公国，卡洛一世深谙生存之道。他逮捕皮科既能讨好英诺森八世，但是又因为皮科是法国的客人，他也不敢得罪身边的法兰西国王查理八世，所以他索性将皮科交给法国处理。查理八世接到这个烫手山芋有苦说不出，只好将皮科关押在巴黎附近一个叫文森纳（Vincennes）的城堡的地牢里面。

皮科万万没有想到他在短短的两年时间内竟然接连遭受了两次牢狱之灾。他知道能救出他的贵人只有那位伟大的"豪华者"洛伦佐。于是，他又一次向洛伦佐发出了求救信。当然，皮科这一次求救与上一次截然不同。上一次皮科身陷囹圄是因为私德有亏，所以他的求救并非理直气壮。但是这一次皮科完全可以站在道义的高点上要求洛伦佐伸出他的援助之手。

洛伦佐作为文艺复兴时期"一位伟大的艺术精品鉴赏家和文学家的保护人"，不管洛伦佐是否是借此而附庸风雅或者说是自高身份，但是对于"具有几乎是超人天才的米兰多拉在遍访欧洲所有宫廷之后终于由于他的吸引而定居佛罗伦萨"，[1]说明两人彼此无疑是惺惺相惜的。所以洛伦佐在皮科危难之际当仁不让地挺身而出。他双管齐下，一方面利用自己在亚平宁半岛上的地位和政治影响力，联合他的同盟者——米兰大公乔瓦尼·斯福尔扎并皮科自家的米兰多拉家族以及其他一些小邦国，联袂向英诺森八世提出赦免皮科的请求；另一方面则向法王查理八世进行外交斡旋，试图绕开天主教廷直接释放皮科。虽然查理八世碍于教皇的权威并没有马上释放皮科，但是却允许皮科在地牢里面接见自己的访客并处理自己的学术事务。索邦神学院也没有发表官方声明谴责皮科的"900论题"，只不过以禁止公开销售皮科的辩论书的方式表明了法方与教皇的立场是"一致"的而已。

在洛伦佐的不懈努力和不断施压下，因为教廷在亚平宁半岛上的很多事情是无法绕过洛伦佐、斯福尔扎等家族的参与和同意，所以英诺森八世索性顺水推舟，答应了洛伦佐的要求，不过建议洛伦佐必须将皮科置于他的庇护之下，实际上这是要求洛伦佐代天主教廷执行软禁皮科这一惩罚的委婉说法而已。

---

[1] 朱龙华.意大利文艺复兴的起源与模式.北京：人民出版社，2004:217.

7. 英年早逝

1488 年 6 月，逃脱牢笼的皮科翻越阿尔卑斯山脉，在都灵小憩一番后回到了佛罗伦萨，洛伦佐为了兑现同英诺森八世的约定，就在距离佛罗伦萨 8 公里的菲耶索莱（Fiesole）小镇附近的科尔塞托（Corsetti）为皮科准备了一座别墅，以此作为"软禁"皮科的场所。当然，虽然英诺森八世为了平衡各方面关系将皮科"假释"，但是事实上英诺森八世派出自己的暗探一直在皮科的菲耶索莱附近监视着皮科的动向，而且还一直对皮科进行各种刁难和指责。皮科为了不给他的庇护人洛伦佐带来不必要的麻烦，索性就蜗居在科尔塞托的别墅里面闭门著书。

当然，在这一期间，皮科频繁造访"柏拉图学园"参加"学园"中的聚会，并与费奇诺等交流探讨学术问题。这些行动并不违背英诺森八世的禁令。另外，皮科在遭受到英诺森八世带给他的迫害以后，加重了他对宗教的困惑感，他迫切希望能够找到为他指点迷津的引路人。而在他的心目中，他在 1479 年在赴费拉拉的路上结识并成为他密友的多明我会修士萨沃纳罗拉就是能够承担这一任务的导师。所以他希望他的密友萨沃纳罗拉能够与他站在一起。但是这时的萨沃纳罗拉已经离开了他自 1481 年以来在佛罗伦萨圣马可修道院的讲道工作，于 1487 年到了博洛尼亚一个多明我派的神学院担任传道师，研究神学。期间又先后赴意大利许多城市进行巡回传道。皮科劝说洛伦佐将萨沃纳罗拉请回佛罗伦萨。对于皮科的要求，洛伦佐一向就像对待被宠坏了的孩子一样言听计从。1490 年，萨沃纳罗拉回到佛罗伦萨。但是让洛伦佐万万没有想到的是他此举竟然是"引狼入室"，因为这时候的萨沃纳罗拉已经成为一个坚定的反美第奇家族独裁统治的"革命者"，1494 年驱逐美第奇家族的运动的就是以萨沃纳罗拉为首鼓动的。虽然洛伦佐多次拉拢，但是萨沃纳罗拉并不为其所动。不过对于皮科而言，萨沃纳罗拉却成为他生命中心情最为灰暗阶段的良师和益友。

时间进入1492年，虽然这一年的春天迟到了，但是并没有让蜗居在菲耶索莱小镇的科尔塞托别墅里面已经4年之久的皮科感觉到这一年与往年有任何不同。不过，这一年发生的许多事情，却的的确确让皮科的生活发生了天翻地覆的改变。首先，在这一年的4月9日，皮科的庇护者，佛罗伦萨伟大的僭主、"豪华者"洛伦佐突然因胃病辞世。洛伦佐的离世让皮科不得不对自己将来的命运感到了忧虑。因为有洛伦佐的庇护，皮科就不需要直接面对英诺森八世的迫害，如今皮科就只能独立承受这种压力了。但是，不久就出现了对皮科最大的利好消息，那就是这一年的7月25日，皮科最大的对头——昏聩无能却又刚愎自用的英诺森八世带着世人们的诅咒离开了人世。而继任者则是历史上最为荒淫无耻、声名狼藉的亚历山大六世（Alexander VI，罗德里戈·博尔吉亚1492—1503在位）。虽然亚历山大六世口碑极差，但是因为他原本就与英诺森八世势同水火，而"敌人的敌人就是同盟者"这一放之四海而皆准的亘古不变的真理对于他而言自然遵循不悖。所以，他上台不久，就于1493年6月18日宣布教廷对皮科的所有指责和限制都是错误的，皮科自此成为无罪之身。其实早在一年前英诺森八世死后，皮科就已经勇敢地把教廷禁令抛诸脑后，离开了已经在其中"软禁"4年的科尔塞托别墅，移居到费拉拉居住并加入了多明我会。他多次往返于佛罗伦萨和费拉拉两个城市之间。其间皮科一直以笔耕不辍为乐事。

自从1492年伟大的"豪华者"洛伦佐·德·美第奇去世后，佛罗伦萨的政治氛围就因为萨沃纳罗拉鼓吹反对美第奇家族的独裁统治而日渐变得紧张起来。同时，萨沃纳罗拉倡导的反对宗教腐败和世俗享乐的立场对皮科的宗教观也造成了很大的影响，皮科因而成了萨沃纳罗拉的追随者，他毅然烧毁了自己在早期所写作的大量的以爱情为主题的诗歌作品，并且宣布放弃了所有的财产。其中一部分财产赠给了新圣母玛利亚医院；另一部分，包括他的图书馆在内，赠给了他的哥哥安东·马里亚。

1494 年，佛罗伦萨面临着自美第奇家族统治以来的最大危机。法王查理八世率军进入亚平宁半岛，并准备挥军入侵佛罗伦萨，而萨沃纳罗拉也正在紧锣密鼓地策划颠覆美第奇家族的统治。正在这个关键的时刻，皮科和他的密友安吉洛·波利齐亚诺突然之间杳无踪影、消失不见了。据说是因为皮科与萨沃纳罗拉交往过密而遭到了"豪华者"洛伦佐的继承人皮耶罗·德·美第奇的怀疑，进而收买了皮科的秘书克里斯托弗而实施的绑架行为。后来两人分别被灌下含有砷的毒药。结果波利齐亚诺于 9 月 28 日毒发身亡。在 11 月 17 日，法王查理八世举行进入佛罗伦萨城的入城仪式，皮科正是在这一天含恨去世的，这位天才的哲学家撒手人寰的时候仅仅 31 岁，真可以称得上是天妒英才。

遵照皮科的遗嘱，这位康科迪亚伯爵被埋葬在萨沃纳罗拉曾经主持过的多明我会的圣马可修道院的墓地里。皮科的导师兼忘年交费奇诺为皮科的英年早逝而唏嘘不已，因而他黯然写道："佛罗伦萨也许从来没有见过一个更阴暗的一天"。

英年早逝的皮科虽然如流星一般在浩瀚的夜空中只有瞬间的璀璨，但是他却在文艺复兴时期的发展历史上留下了不可磨灭的印记。皮科主张的调和论思想完全不同于费奇诺的观点。他认为，"所有已知的哲学和神学学派及思想家都具有某种真实和可靠的洞见，这些洞见可以彼此调和起来，因而值得重新提出和辩护"。[1] "皮科的调和论成为通向后

---

[1]　保罗·奥斯卡·克利斯特勒. 意大利文艺复兴时期八个哲学家. 姚鹏，陶建平，译. 上海：上海译文出版社，1987：72.

来的宗教和哲学的宽容理论的台阶"。[1]

皮科虽然只给人世留下了寥寥数册作品，有的甚至只能称为是残篇断简，但是这些作品却对欧洲大陆的文艺复兴运动产生了不容无视的巨大影响。哲人已去，但是在皮科的身后，一场彻底颠覆整个欧洲的文艺复兴运动正在如火如荼地展开着。

二、皮科的学术研究和写作生涯及其主要著作选介

1. 学术研究和写作生涯

乔瓦尼·皮科·德拉·米兰多拉作为一位英年早逝的哲学家，在世上仅仅度过了 31 年的短暂岁月，所以这位康科迪亚伯爵在世上并没有太多的文字传之于世，他只有寥寥数册著作能够让后人为之感怀。虽然皮科存世著作如此之少，但是却没有因此而使其在文艺复兴时期的哲学发展史上稍逊颜色。

皮科自幼即为享誉欧陆的神童。其聪敏早慧的天赋令人钦仰。年仅 10 岁的时候即被教廷任命为教皇法庭的首席书记官。当 1484 年皮科年仅 21 岁的时候去拜见当时誉满全欧洲的伟大的"新柏拉图主义者"费奇诺的时候，虽然其当时并无具有震撼性的著作，却仍然为费奇诺所因其惺惺相惜而倾心相待并引为同侪。

据记载，皮科最早的作品应该是诗歌。据信是同时代的伟大诗人兼皮科的密友波利齐亚诺对皮科的诗歌创作给予了极大的帮助。在帕多瓦大学求学期间，皮科用拉丁语和意大利语创作了大量的以爱情为主要内

[1] 黄裕生.西方哲学史：第三卷（中世纪哲学）.南京：凤凰出版社，江苏人民出版社，2005:706.

容的十四行诗。因为当时皮科只是不到 20 岁的美少年。这个年龄段的少年正是怀春多情的懵懂阶段，而创作诗歌往往就会成为怀春少年抒发内心情感最佳的文学表达方式。所以，这个时期是皮科创作诗歌的高峰期。但是这些十四行诗中绝大部分并没有传之于世。这是因为后来皮科受到佛罗伦萨的多明我教士萨沃纳罗拉所倡导的主张禁绝所有违背天主教信条的世间享乐的物品观念的影响，皮科亲手烧毁了这些曾经承载过他青春年少时期情感的珍贵作品。以至于今天的人们再也无缘得见皮科那些已经被湮灭的那文采斐然、优雅唯美的诗歌作品了。

也许皮科攻读哲学学位以及完成学业后四处游历的这一时期，他曾经写过一些有关哲学问题的小文章，但是因为史无记载，实不可考。虽然考证不到这段时间皮科有关探讨哲学问题的任何作品，但是并不能否认皮科从未停止过思考有关的哲学问题。

1484 年，皮科拜见费奇诺后就加盟了"柏拉图学园"。但是，这不能证明皮科已经成为了一位坚定的新柏拉图主义者。事实上，皮科一直对亚里士多德主义怀有深深的敬畏之心。在这一阶段，一直困扰皮科内心的就是如何处理亚里士多德主义与柏拉图主义的关系问题。因为在 1485 年皮科写给埃尔莫劳·巴尔巴罗的那封著名的长篇书信中就充分说明了这一点。

1486 年，皮科从巴黎返回佛罗伦萨。这一年，皮科为他的朋友，15 世纪的神秘主义诗人吉罗拉莫·贝尼维尼（Girolamo Benivicni）就有关研究"柏拉图之爱"所写的《神圣之爱——柏拉图主义者的思想和意见》一书作了长篇注释。据克利斯特勒考证，这应该是皮科早期的著作。[1]可见皮科早年时期应该是述而不作，所以才没有更多的作品可见。

---

[1]　保罗·奥斯卡·克利斯特勒.意大利文艺复兴时期八个哲学家.姚鹏，陶建平，译.上海：上海译文出版社，1987：70.

让皮科引起世人瞩目并真正名声大噪的则是他"900论题"的正式出笼。其间皮科因桃色事件受伤在佩鲁贾养伤期间，他对自己所要提出的论题选题进行了新的调整和进一步完善。提出了新的与希伯来神秘主义哲学思想相关的论题，或是将大量有关希伯来神秘主义思想的内容充实到这些论题的写作当中，最终才形成了我们今天后世可见的并在天主教社会掀起轩然大波的"900论题"。

1486年12月，皮科将涵盖了涉及宗教、哲学、自然哲学以及神秘主义的学说等多方面问题的"900论题"公之于众。"900论题"为皮科之后被誉为"文艺复兴的宣言"的著作——《论人的尊严》的面世做了铺垫。为了迎接即将到来的辩论会，皮科在综合提炼自己的"900论题"精髓的基础上，完成了一篇名为《论人的尊严》的演讲稿来阐释自己"900论题"所包含的理念。

教皇英诺森八世宣布皮科将要举办的"900论题"辩论会为非法的。但是皮科并不认同教皇及这个所谓委员会对他的栽赃陷害。他将自己对这个委员会所指出的有错误的13个论题所作的自辩状公之于众。

1488年6月，再次逃脱牢笼的皮科蜗居在距离佛罗伦萨8公里的菲耶索莱小镇附近的科尔塞托别墅里面闭门著书。1490年，皮科在这座别墅里面完成了《七重天——关于创世七天的论述》（*Heptaplus id estde Dei creatoris opere*）一书。皮科为了感激"豪华者"洛伦佐的知遇之恩，将其作为题献给这位伟大的佛罗伦萨僭主的礼物。这部书是皮科短暂一生中的重要著作之一。"七重天"这一概念实际上来源于希伯来神秘主义学说。犹太教作为世界上最为古老的一神教，其一神教的确立实际上也就意味着"提出了统一宇宙观的思想"。[1]因而，构建宇宙观必然会

---

[1]　徐新.犹太文化史.北京：北京大学出版社，2006:84.

成为所有一神教都必须要解决的问题。而神秘主义是宗教在自身体系建立的过程中必然出现的"历史现象"，[1]默卡巴神秘主义是犹太教早期的神秘主义派别，其在宇宙观问题上最早提出了"七重天"这一观念。这一观念意为七座宫殿，即七重天宫。第一重称为月球天（Shiamaim），最接近尘世的天界，信仰不贤者的居住地。由大天使长加百列掌管。还负责掌管星星、气象等；第二重称为水星天（Akira），力行善事者，死后灵魂居于此天。这里是大天使拉斐尔的领地，同时也是部分受惩罚天使的禁闭所；第三重为金星天（Sagoon 或 Shehkim），是多情者的灵魂居所。由权天使掌管；第四重为太阳天（Zeble 或者 Mahanon），智者与圣者被安置于此。由大天使米迦尔支配；第五重为火星天（Mahon），殉教者的灵魂被赐居此层。火星天的支配者为堕天使；第六重为木星天（Zebel 或者 Maccon），是天使们学习智识的所在，这里是智天使的大本营；第七重是土星天（Arabot），神的御座设立于此，诸天使环绕飞行，为充满荣光的所在。伊斯兰教后来也借用了"七重天"这一概念。

而皮科在这里则完全借用了默卡巴神秘主义派的"七重天"这一概念，尝试着将希伯来神秘主义学说对世界起源的解释同基督教神学理论结合起来，并试图证明"希伯来神秘主义传统和希伯来圣经一样与基督教神学在根本上是一致的。"[2]在这部著作中，皮科秉承了《论人的尊严》一文的主旨，"再一次把人放在天使、天国和自然力这三个世界的等级体系之外，把人自身当作第四个世界"，[3]继续赞美人的卓越本能，仍然倡导不把人限制在固定的地位，不使人受到各种束缚。重新对《旧约·创

---

[1] G. G. 索伦. 犹太教神秘主义主流. 涂笑非，译. 成都：四川人民出版社，2000:6.

[2] 保罗·奥斯卡·克利斯特勒. 意大利文艺复兴时期八个哲学家. 姚鹏，陶建平，译. 上海：上海译文出版社，1987：72.

[3] 保罗·奥斯卡·克利斯特勒. 意大利文艺复兴时期八个哲学家. 姚鹏，陶建平，译. 上海：上海译文出版社，1987：81.

世纪》中上帝在七天中所思所为进行了重新阐释，从而进一步完善了自己的宇宙观和上帝观。皮科这种试图调和希伯来神秘主义哲学与基督教神学的努力对后来的神学家和神秘主义哲学都产生了深远影响，因此在一定程度上，《七重天——关于创世七天的论述》又可以被看作是近代神秘主义哲学的起源。

1491 年，皮科完成了《论存在与单一》（*De Ente et Uno*）一文，这是一篇试图从调和论的视角更全面而系统地论述柏拉图与亚里士多德的哲学的小文章。这篇论文篇幅并不长，是皮科计划为调和亚里士多德主义和柏拉图学派的争执而准备完成的一部著作的某一部分或者算是片段。在这篇短文中，皮科采用了经院哲学中的超验理论来努力证明在中世纪时期，以柏拉图学说为代表的学派和秉持亚里士多德学说的经院哲学派的观点在某些方面并不是完全对立的，两者有着很多的相通之处，因而具备调和的基础。皮科的这部著作筹划于 1491 年，而到 1494 年皮科去世的时候，这部著作还没有全部完成。这部著作没有完成的原因究竟是因为皮科过早离世，还是因为他在写作过程中遇到难以解决的问题而无法继续，现在还不得而知。现留存于世的只有这篇论文能够让后人得以窥见皮科在调和亚里士多德和柏拉图方面所做的努力。

1494 年，他完成了《反对占星术的辩论》，不过，这部著作直到皮科去世后才在博洛尼亚得以出版。据说这是皮科现存于世的篇幅最长的一部书，共长达 12 卷之多。这部著作应该是早在他写作《七重天——关于创世七天的论述》的时候就已经同时在进行了。在这部著作中，皮科提出了对统治长达几个世纪之久以至影响至今的占星术的反驳。当然，皮科对占星术的驳斥也许是来源于占星术本身与基督教的自由意志观念的冲突的缘故。皮科利用自己所熟练掌握的几个世纪以来欧洲占星术以及反对占星术的文献资料，对占星术以及天文学方面进行了深入细致的研究。皮科指出，星星只是具有光和热的对地球上的万物起作用的天体而已，它们并不具备能够对人类产生影响的超自然属性，因而占星术的理论是错误的和完全没有根据的，自然也就不可能影响到人类的命运。在中世纪时期，占星术成为大家普遍接受的一种时尚。当时甚至于如乔维诺·庞达诺（Gioviano Pontano，1426—1503）、费奇诺和彭波那齐（Pietro Pomponazzi，1462—1524 或 1525）等许多著名的思想家和哲学家都认可并接受占星术的观点。当然，不可否认的是，没有事实证明皮科反对占星术是因为当时的他已经具备了一定程度的科学意识，因为他虽然反对占星术，但是却相信自然巫术。因而可以判断出皮科反对占星术的思想实际上是他所坚持的"人的尊严和自由"的观点的必然结果。当然，皮科的这部著作对于消除占星术的影响和中世纪哲学和天文学的发展还是起了很重要的作用。实际上，17 世纪时期，在天文学发展史上提出了著名的"行星运动的三大定律"的著名的德国天文学家约翰尼斯·开普勒（Johanns Ke-pler，1571—1630），就是因为受到皮科这部著作的影响，所以才在他于 1618 年出版的《宇宙谐和论》（*Harmonices Mundi*）中引用了皮科驳斥占星术的观点。

另外，皮科还有一些探讨宗教及神学方面的短篇文章以及对《圣经·赞美诗》所做的一些释义方面的手稿残篇。[1]

2. 皮科的主要著作《论人的尊严》简介及内容要略

《论人的尊严》是皮科·德拉·米兰多拉在 1486 年底自己 24 岁的时候写就的一篇长篇讲演稿，被认为是对人类的尊严最经典的论述。

---

[1]　保罗·奥斯卡·克利斯特勒. 意大利文艺复兴时期八个哲学家. 姚鹏，陶建平，译. 上海：上海译文出版社，1987：70.

1486 年 12 月，皮科在天主教廷所在地的罗马公开提出了自己的"900 论题"。"900 论题"涵盖了宗教、哲学、自然哲学等方面的内容，对天主教廷的权威提出了强有力的挑战。皮科深知"900 论题"的提出会引起轩然大波，一定会招致攻击和对抗。因此，他提出要在罗马举行针对"900 论题"的辩论大会，并自信地宣称要负责所有参加辩论会学者的费用。但是，教皇英诺森八世担心即将召开的辩论会将会对天主教会不利，因而辩论会因为教皇的反对而最终胎死腹中。

为了迎接即将到来的辩论会，皮科在综合提炼自己的"900 论题"精髓的基础上完成了一篇名为《论人的尊严》的演讲稿来阐释自己"900 论题"所包含的理念。这是一部后来被誉为"文艺复兴的宣言"的伟大著作。

皮科这篇讲演稿全面深刻地体现了文艺复兴运动的精神内核：即人文主义和对人所具备的自然天性的确信，以及对不同的学科、文化、哲学以及宗教的开放态度。[1]当然，在皮科的这篇长篇的演讲稿中，论述有关"人的尊严"的内容仅仅只是该篇演讲稿的第一部分。第二部分则涉及有关"900 论题"辩论的实质性内容，并占据了这篇演说词的绝大部分篇幅。但是，由于教皇英诺森八世的干预，皮科煞费苦心准备良久的这篇演讲词却最终没有派上用场。

这篇演说词后来在皮科逝世之后才由他的侄子约翰·弗兰西斯及其他作家整理后出版。因为皮科在第一部分中所讨论的"人的尊严"的问题所具有的划时代意义，所以在皮科去世后，后人在出版这篇演讲词的时候就将"论人的尊严"确定为这篇演说词的书名而出版发行。皮科这一思想在当时那个时代具有振聋发聩的历史意义，是一个极富有创造性的全新的思想。后世以萨特为代表的存在主义等哲学流派均渊源于此。《论

---

[1] 皮科·米兰多拉.论人的尊严.顾超一，樊虹谷，译.北京：北京大学出版社，2010:1.

人的尊严》摆脱了传统宗教意识的束缚，为近、现代人类重新建立了人类自由和人类尊严的观念，从而成为一部划时代的伟大著作。在这篇演讲中，皮科力图在一种全新的柏拉图学说的话语框架里来阐释人类对知识的追求，充分表现了对人文主义融贯论学说的最佳诠释，因为在这部书中皮科调和了柏拉图主义、新柏拉图主义、亚里士多德主义、赫尔墨斯和卡巴拉等众多观点。雅各布·布克哈特甚至断言："这篇演说可以公平地被称为那个伟大时代的最高贵的遗产之一"。[1]

在《论人的尊严》这篇演讲稿中，皮科开宗明义"尖锐地批判了中世纪教会关于人与上帝关系的观点"。[2]他把人的自由摆在人的共性之上，赞颂人是自由的创造物，具有认识并能管理一切存在物的能力。皮科提出，来自于人的形象的所具有的人的尊严并不是早就已经被先天性地规定下来的，而是可以通过后天的道德自律以及不断自新进取进而实现自己的完善的人格。人由于自己具有选择和行动的自由，从而可以在宇宙中获得一个从最低到最高的任何可能的位置。换言之，人的命运是由自己的行为而产生的，人自己能够决定自己的存在。在这一理论体系中，他进一步发展了费奇诺在《柏拉图神学》中的关于宇宙等级论的观点。在皮科所构建的宇宙等级结构中，人已经不再拥有一个固定的地位，或者更可以说人已经是被置于宇宙这个等级体系之外。皮科认为，上帝在按照其神秘智慧的法则建立起宇宙体系之后，希望能够有某种高智慧的生物来细细揣摩体味他的伟大工作，为它的宏大壮伟而惊异，为它的美好壮丽而沉迷。这样上帝就想到了要创造人来承担这一任务。但是因为上帝在设置宇宙等级时已经把所有的一切按照最高等级、中间等级、最低等级的级别都分别安置了对应的事物了，他已经没有宇宙中的任何一

[1] 雅各布·布克哈特.意大利文艺复兴时期的文化.北京：商务印书馆 1991：350-351.
[2] 张椿年.杰出的人文主义者米朗多拉.炎黄春秋，2002，（07）.

个等级能够放置人类。于是，上帝决定使这一未能从它那里得到他本应得到东西的生物，具有每种其他所有不同生物所特有的一切。上帝把人暂时放在世界的中心，但没有限定安排人类在世界事物等级系列中的地位，目的是为了让人可以按照自己的愿望、按照自己的判断取得自己所渴望的位置、形象和功能。上帝赋予人以自由意志，使人能够不被任何限制所约束，人完全可以凭借自己的自由意志来决定自己本性的界限。人既不属于天堂，也不属于尘世，既非可朽，亦非不朽。人能够作为自己的塑造者，根据自己的意愿和尊严塑造自身，赋予自己最想拥有的形象。这样人就可以把自己塑造成任何模样，人可以堕落到下界，可以沦为低级的生命形式，即沦为畜生，与野兽为伍；也可以凭借灵魂的判断再转生为高级的形式，升华自己，与有神性的事物平起平坐，即神圣的形式。这一切都要由人自己来决定。人按照自己的意志选择自己在宇宙体系中的地位，人的本质和伟大就在于无限变化的能力。人在一个无限的过程中能够不断创造出新的东西，从而实现自身进而超越自身和世界。人应该是自己的造物主，是地上的神。

在这部伟大的小册子——《论人的尊严》中，"皮科想提醒人们，谁若回溯至古代智慧，谁就能接近一种永恒的智慧；这种智慧在自身中包含了思想同一性的基础。然而，这种同一性已经在人类历史的进程中消失殆尽。但皮科相信，自己能向人揭示这种同一性思想的不同形式之间的一致性：特别是琐罗亚斯德和卡巴拉之间，以及埃及智慧和俄耳甫斯智慧之间的一致性"。[1]

---

[1] 皮尔·博里.中译本导言 // 皮科·米兰多拉.论人的尊严（中文版）.顾超一，樊虹谷，译.北京：北京大学出版社，2010：11.

3.《论人的尊严》导读

《论人的尊严》（中文版）是由北京大学出版社于 2010 年出版，译者为顾超一和樊虹谷。该书共 149 页，在封面上侧题了皮科在这部著作中的一句名言："没有什么比人更值得赞叹了"，即涵盖了本书的主题。

前言（1—2 页）：主要叙述了完成本书的出版意义以及翻译出版的过程、参加人员和赞助机构等。

中译本导言（3—15 页）：由意大利若望二十三世宗教基金会皮尔·恺撒·博里教授撰写，简要介绍了皮科·米兰多拉的生平以及西方对皮科的研究现状及其研究走向。最后对本译本的来源本进行了说明。导言后附有皮科的著作和皮科研究著作的简要目录。

01 引言（16—19 页）：颂扬了人是伟大的奇迹，论述了人之所以伟大的所在。

02 创世（20—23 页）：指出上帝按照自己的意愿建造了尘世家园和宇宙，万物已经被上帝安排在宇宙中的各个等级中，当上帝完成这个精美的作品后，希望能够被体会出造物的神奇之处，进而希望能被赞美，能被颂扬上帝的伟大，于是上帝就决定再造出人来承担这一任务。

03 上帝对人说（24—27 页）：上帝将人赋予了所有物种共同的优点，并将人置于宇宙的中心位置。人可以随着自己灵魂的决断上升或下降。

04 天赋的自由（28—29 页）：在上帝的安排下，人可以得到被给予的幸福，按照人自我选择的自由可以被塑造成各种结局。

05 变形（30—35 页）：人的这种千变万化在各个学派的理论中都有所反映。并指出，只要人类努力，人的地位就会达到天使的地位。

06 天使（36—43 页）：教导人类该如何行事才能达到各个不同天使的等级。

07 雅各之梯（44—47 页）：雅各之梯是直通上帝的捷径，但是人类必须具备洁净的灵魂才能够有上升的机会和可能。否则必将堕入地狱。

08 约伯与和平（48—53 页）：指出只有实现人类的和平才能实现人类上升直通上帝的希望。

09 摩西（54—57 页）：以摩西为例来论述，指出只有具备了道德哲学的人才会有上升至天国的可能性。

10 希腊秘仪（58—65 页）：认为古希腊的神秘主义学说同样具备上升天国直通上帝的功能。

11 迦勒底人（66—73 页）：讨论了希伯来神秘主义哲学所具有的通向天国的同样技艺。

12 为哲学辩护（74—77 页）：皮科阐述了自己提出"900 论题"的缘由。

13 对皮科的指责（78—85 页）：皮科总结了人们指责他的所有的罪状。

14 检验一切领域（86—95 页）：皮科的自辩状，指出自己是在精研所有哲学之后才提出的"900 论题"。

15 数学（96—99 页）：皮科提出了用数学来进行哲学思考的方法。

16 魔法（100—107 页）：皮科对"900 论题"中涉及的"魔法"论题进行了解释。

17 卡巴拉（108—115 页）：皮科讨论了希伯来神秘主义哲学中的卡巴拉派的有关问题，指出犹太神秘主义哲学中的有关学说与经院哲学是相通的。

18 俄耳甫斯和琐罗亚斯德（116—119 页）：指出了俄耳甫斯和琐罗亚斯德的伟大之处。

19 结语（120—123 页）：皮科表达了自己做这个演讲的初衷。

20 注释（124—143 页）：共 199 条注释，是对这部演说词中所涉及的哲学问题以及名词概念等的释义。

皮科生平年表（144—149 页）。

德西底留斯·伊拉斯谟：
圣经人文主义之父

引言

德西底留斯·伊拉斯谟（Desiderius Erasmus），原名 Gerrit Gerritszoon，荷兰语写成 Gerhard Gerhardson，大约生于 1466 年 10 月 27 日，卒于 1536 年 7 月 12 日。伊拉斯谟是一个用"纯正"拉丁语写作的古典学者，史学界通常称他为"鹿特丹的伊拉斯谟"。伊拉斯谟作为一位虔诚的基督徒，是文艺复兴晚期著名的人文主义思想家和神学家。其实，我们今天通常所说的广义上的"文艺复兴"，更多地是特指 14—17 世纪早期资产阶级具有近代早期思想启蒙意义的反封建、反神权的思潮和文化运动，这一运动其实涵盖着西欧近代三大思想解放运动：即文艺复兴、宗教改革与启蒙运动三个方面，而狭义的"文艺复兴"只是三大思想解放运动的一个方面。意大利因为受益于奥斯曼土耳其征服拜占庭帝国导致的大量古希腊罗马文化典籍和艺术珍品的大量涌入，造成了意大利的思想解放运动更多地侧重于文艺复兴领域。且因为教廷驻跸罗马，与亚平宁半岛上众多邦国关系错综复杂，所以，虽然意大利半岛上追求个性解放、反对神权的人文主义思想盛行，对教廷的黑暗统治也大加鞭挞，但是却还没有上升到要求进行宗教改革的程度。

15 世纪末，起源于意大利的文艺复兴运动和人文主义思潮开始越过了阿尔卑斯山脉，渐次传播到中欧及北欧地区，北欧以若干城市为中心也逐渐出现了文艺复兴的趋势，推动了中世纪晚期的欧洲文化思想领域的繁荣。文艺复兴时期是一个在多领域思想文化变革的时代，人文主义和科学知识不断进步。这是欧洲历史进程中一个伟大的变革时期，北欧文艺复兴时期的人文主义者更加关注对自然现象的科学观察，而古典文化的复兴则因为远远不及意大利的影响之深远，因而其特征并不彰显，当时的人们在宗教方面的思想变化，导致了宗教改革和激烈的宗教战争反而在广大的北欧和中欧地区呈星火燎原之势。

意大利文艺复兴是指 13 世纪末以意大利各城市为中心兴起于 16 世纪在欧洲盛行的一次人文复兴运动，带来一段科学与艺术革命高潮时期，揭开了近代欧洲历史的序幕，被认为是中古时代和近代的分界。从意大利文艺复兴的定义我们可以得知，文艺复兴的重点是人文主义思想的兴起和弘扬。北欧和中欧地区产生的文艺复兴是一次以现今的德国、荷兰等地为中心的以宗教改革为背景的文化改革，这种以宗教改革为显著特征的完全区别于以弘扬人文主义思想为特征的意大利文艺复兴，因而又被称为北方文艺复兴。伊拉斯谟和托马斯·莫尔是北方文艺复兴运动的典型代表。北方文艺复兴与意大利文艺复兴有着不同的特点。后者开始较早，而且主要以文学和艺术的成就著称于世，前者开始较迟，而且持续时间不久又和宗教改革混缠在一起。但是 16 世纪初也有个短的时期，北方的文艺复兴尚没卷入神学论争的漩涡而生气勃勃地四处传播，与意大利文艺复兴相比，更注重宗教虔诚和德行。伊拉斯谟的思想基本上就反映了这样一种特征。他对古典文化推崇备至，认为古典文化的研究有助于改良教会、净化基督教，使人走上虔诚与道德之途。在古典文化与宗教二者的关系中，他并不像意大利人文主义教育家那样，只是偏重于古典文化，而是将基督教与古典文化摆在并存同等重要的位置上，主张人文主义基督教化、基督教人文主义化。他虽然不反对宗教本身，却对教会推行的蒙昧主义和教会的虚伪、不道德行为深恶痛绝。其代表作《愚人颂》的核心就是对虔诚和道德的呼唤。

由此可见，文艺复兴对欧洲以至于世界的影响是十分深远的。引用恩格斯对文艺复兴的高度评价——"这是人类以往从来没有经历过的一次最伟大的、进步的变革，是一个需要巨人而且产生了巨人——在思维能力、激情和性格方面，在多才多艺和学识渊博方面的巨人的时代。"[1]文艺复兴的伟大意义体现在了六个方面：人的价值重新审视；推动和影响了宗教改革运动；破除迷信，解放思想；对封建特权进行的沉重的打击；创造出大量的艺术品及文学杰作。总之，文艺复兴是思想文化领域的一次伟大变革，具有巨大生命力，因此促进了欧洲文化思想领域的繁荣，也为欧洲的资本主义社会的产生奠定了基础，从而推动了人类社会的前进。而倡导宗教改革的领军人物之一就是伊拉斯谟，"他的要重建原始基督教，致力于传播人文主义与福音以推动社会前进的思想即是史学家所称的基督教人文主义。"[2]

一、伊拉斯谟的生平

1. 一位私生子的童年生涯

德西底留斯·伊拉斯谟大约是在 1466 年 10 月 27 日出生于鹿特丹。鹿特丹在中世纪时期属于低地国家即尼德兰（包括今天的荷兰和比利时）。关于伊拉斯谟出生日期的不确定应该是与他的出身有关。因为伊拉斯谟是一个私生子，据说他的父亲是一位神甫，而他的母亲是一位医生的女儿，伊拉斯谟则是他们二人一次激情后的副产品。因为他的非婚子身份，所

[1] 恩格斯.自然辩证法·导言 // 马克思恩格斯选集（第四卷）.北京：人民出版社，1995：261—262.
[2] 刘明翰.伊拉斯谟新论.世界历史，2002:3.

以家人对他的具体情况讳莫如深。或者本来就是由于伊拉斯谟本人的刻意遮掩，所以有关他出生的具体时间无从确定。他的父亲是一个有着渊博学识的教士，精通希腊语，曾经远赴意大利聆听过众多人文主义学者的讲演，并抄录了多部经典名著，他逝世后给伊拉斯谟和他的哥哥留下的唯一能令人称道的遗产就是丰富的藏书。

1470年，在伊拉斯谟刚刚4岁的时候，注重教育的父亲就把他和7岁的哥哥彼得送到了与鹿特丹相距12英里的一个叫豪达（Gouda）的小城求学。伊拉斯谟年仅4岁就离开父母的怀抱去外地读书，这在当时那个年代应该是鲜见的，也许他只是作为哥哥彼得的陪读才一起入学的，因为7岁的彼得刚好是入学的合适年龄。豪达的这所学校只是一个初级学校，在这里伊拉斯谟接受了初步的启蒙教育。到了9岁的时候，伊拉斯谟和他的哥哥又被转送到了遥远的代芬特尔（Deventer），这是一座靠近德国边境的小城，这个小城当时属于汉萨同盟的成员之一。这次他要就读的学校是著名的圣勒比恩（St. Lebuin）分校，[1]这所学校是由共同生活兄弟会创办的一所教会学校。

共同生活兄弟会是公元1350年由主张宗教革新运动的一部分基督徒在荷兰及德国一带格罗特（Gerhard Groote）领导下创立的一个倡导修行的宗教小团体，这些人被称为共同生活弟兄派（Brethren of the Common Life）。它产生的根源是因为中世纪以来，随着教会权力日渐扩张，教会世俗化的趋势严重扭曲着基督徒的信仰，拥有权力之后的教会使得部分教徒的人性私欲和堕落面暴露无遗。

在这种情况下，很多信徒为了保持圣洁的生活，认为不能再沉沦在基督教世俗化的潮流中，必须对基督教进行革新净化，重塑圣洁的基督

[1] 约翰·赫伊津哈.伊拉斯谟传：伊拉斯谟与宗教改革.桂林：广西师范大学出版社，2008:7.

教，于是他们远离人群，远离过于世俗化的教会，在离群索居的孤独中生活，在安静中通过禁食和祷告来追求圣洁的基督教生活，这便是早期教会修道运动的开始。共同生活兄弟会的信徒们就是这样的一批实践者。他们要求信徒们做谦卑的基督的谦卑的追随者。但是他们被禁止沿街托钵乞讨，而是以工作（抄书、手工活以及后来的印刷）为生。他们注重对基督徒进行宗教教育，所以他们创办了自己的宗教学校，希望能够借助着系统的学校教育来推动整个基督教的纯洁改革。1422 科隆大主教迪特里希二世·冯·默尔斯（Dietrich Ⅱ. von Moers）发布敕令不再将共同生活兄弟会视为异端，从此后兄弟会开始在尼德兰和德国得到迅速传播。在欧洲中世纪史上多个曾推动宗教改革的著名人物都在他们的学校中就读过。德国宗教改革的领军人物马丁·路德就曾在 16 世纪初期于他们设在马德堡的教会学校中就读过一年。另外几位曾接受过共同生活弟兄派学校教育的有：库萨的尼古拉（Nicholas Cusanus）、韦索的约翰（John of Wessel）及多马肯培（Thomas a Kempis），而伊拉斯谟是其中光耀夺目的一位。可以说，正是共同生活兄弟会的推动才开启了 15—16 世纪欧洲宗教改革运动的先声。

据记载，伊拉斯谟这次求学是由他的母亲带去的。伊拉斯谟虽然是一个私生子，但是在他的求学生涯中，他的父母却从来没有缺席过，因而可以说，作为私生子的伊拉斯谟在一定程度上还能够享受着双亲的呵护。进入教会学校以后，伊拉斯谟接受了较为系统的宗教式教育，但是这段教育经历对伊拉斯谟而言，却并没有留下什么值得回忆的地方。这个学校的教育目的就是为了培养学生对严格的宗教戒律的遵从和对上帝绝对的服从和虔诚，并且学校还拥有着浓厚的神秘主义色彩。在长达 9 年的学习中，他先后受到了阿勒克山得尔（Aleksandr）、赫尔墨斯·特利斯墨吉斯忒斯（Hermes Trismegistus）和兄弟会的人文主义的影响，并对文学产生了浓厚的兴趣。

伊拉斯谟在他的著作中曾追忆过在代芬特尔的那段求学经历。他提到那时候的圣勒比恩分校根本就是一个古板僵化的教会学校，那里的教材是老掉牙的中世纪课本，内容之愚蠢和讨厌也让人不免昏昏欲睡。他们的办学宗旨是以培养极端的清教徒为目标，严格的教规压抑着人们的个性。不过，作为一个倡导宗教改革的教会学校，它毕竟还是乐于接受一些新鲜的人文主义思想的，所以，在伊拉斯谟就学期间，他也受到过人文主义思想的熏陶，当年荷兰的著名人文主义学者鲁道夫·阿格里科拉就曾在伊拉斯谟在校的后期到过圣勒比恩分校并做过有关人文主义思想的演讲，[1] 并给伊拉斯谟留下了深刻的印象。在这一期间，伊拉斯谟还曾经短暂地离开过代芬特尔赴乌特勒支参加过乌特勒支修道院的唱诗班活动。

1484 年，当伊拉斯谟 18 岁的时候，他的人生轨迹陡然发生了突变。因为在这一年，蔓延已久的大瘟疫夺去了他母亲的性命，他的父亲也随之卧床不起了。于是，伊拉斯谟和他的哥哥都放弃了学业赶回了豪达，可是他们的床前侍奉也没有挽回父亲的性命。他父亲临终前将伊拉斯谟和他的哥哥托付给监护人照看。

通常来讲，选择监护人必须要考察被选择人的人品是否端正及其践诺能力等，而被监护人能否享受到自己应得的权益也受制于监护人品质的良善与否。但是很不幸，伊拉斯谟父亲所托付的监护人恰好并不具备这些优秀的品质。于是，父母去世后的伊拉斯谟和他的哥哥就再也没有回到代芬特尔，而是被打发到了北布拉班特省省会斯海尔托亨博斯（Bois-le-Duc）城的另一所兄弟会学校。这所学校相比于代芬特尔的

---

[1]　约翰·赫伊津哈.伊拉斯谟传：伊拉斯谟与宗教改革.桂林：广西师范大学出版社，2008:7.

那所学校而言可以说是籍籍无名。这所学校的目的主要是为了培养将来进入修道院的预备教士，在这样的一所学校学习也就自然相当于伊拉斯谟兄弟俩放弃了上大学的机会。监护人如此安排自有他们的用意。因为如果伊拉斯谟和他的哥哥将来做了修士，那么他们自然就会放弃自己所应得的财产，这也就是他们的监护人为什么热衷于让伊拉斯谟兄弟当教士的原因了。因为这里的学校远远不如代芬特尔的那所学校，伊拉斯谟兄弟两人在这里所接受的并不是什么知识，他们只是得到了拳脚相加的体罚和粗暴野蛮的呵斥以至于后来伊拉斯谟在回忆这段求学生涯的时候，就对在斯海尔托亨博斯被白白浪费掉的这两年的时间感到非常的遗憾。

2. 施泰因修道院的生活及随侍大主教

两年后，一直徘徊在低地国家的瘟疫终于又蔓延到了斯海尔托亨博斯，这场瘟疫来势非常凶猛，而且父母两年前因瘟疫而撒手人寰的情景更让伊拉斯谟兄弟俩不寒而栗，于是他们匆匆结束了在那里的学业回到豪达。虽然回到了豪达的伊拉斯谟兄弟避开了身染瘟疫的可能性，但是伊拉斯谟却不幸染上了热疾。此刻伊拉斯谟兄弟俩的监护人为了摆脱累赘，不顾重病之中的伊拉斯谟需要救治和休养，以他们父母留下的遗产因经营不善已无法支付他们的生活费和学费为借口，强迫伊拉斯谟和彼得进入修道院做修士。彼得在他们的淫威之下被迫进入了位于海牙和鹿特丹之间的代尔夫特镇（Delft）附近的一家属于奥古斯特教派的锡安修道院，伊拉斯谟对监护人的淫威进行了长时间的反抗，久久不愿屈从于他们。但是已经丧失了经济来源的伊拉斯谟最终无法扭转这一局面，不过他仍然试图保证自己最大的权益，因而向监护人提出要自己寻找中意的修道院，最终，伊拉斯谟从豪达附近的施泰因（Stein）和艾茅斯两所修道院中选择了进入施泰因修道院。伊拉斯谟选择施泰因的原因可能并非是出于宗教原因，而是因为这个修道院"正好拥有这个国家可以引以为荣的最好的古典文学藏书"。[1]于是，从1486年开始，伊拉斯谟就将自己的全部生命交给了上帝，开始了他终身侍奉上帝的生涯。

在伊拉斯谟初入施泰因修道院以后，新奇的生活曾经让他燃起过生活的希望，因为在修道院里，他发现真实的生活并不像自己曾经想象的那么糟糕，虽然这里的修士们必须按照严苛的教义过着清贫简朴的生活，但是这些事情在伊拉斯谟眼中并非不可克服的困难，让伊拉斯谟喜出望外的是这里琳琅满目的藏书以及幽静肃穆的学习环境。在施泰因修道院里，伊拉斯谟刻苦读书、潜心研读着各种书籍，如饥似渴地汲取着知识的养分，在很短的时间内，伊拉斯谟就阅读了大量的古典著作，他的学识水平得到了迅速的提升，并开始大量接触和研习人文主义知识。这样的生活让伊拉斯谟不仅没有厌恶修道院，相反他还因为自由的学习生活喜欢上了这里的环境，所以，他一度还曾经写过一篇《修士生活赞》，展望了在修道院未来的美好生活。

1492年4月25日，伊拉斯谟因为自己在学识的显著进步而得到了院方的青睐，因而被授以教士的职衔，这自然也是对伊拉斯谟勤学的最好奖掖。在这次仪式上，伊拉斯谟宣誓要忠于上帝。但是在此后的日子里他不但从未认真投身于神职工作，而且还将修道院制度作为了他批判教会的主要抨击目标。

虽然在此之前，伊拉斯谟曾经接触过一些经典作家的作品并小有所得，但是那只是零散的、碎片式的初步接触，直到他在施泰因修道院学习期间，才真正接受了系统的古典文化熏陶。伊拉斯谟坐拥修道院内浩

---

[1]　斯·茨威格.一个古老的梦：伊拉斯谟传.姜瑞璋，廖绦胜，译.沈阳：辽宁教育出版社，1998：18—19.

瀚的藏书，他对经典作家的作品不加挑拣，照单全收，所以他的爱好非常广泛，涉猎颇广，比如在诗歌艺术方面，他就对维吉尔（Virgil，前70—前19）、贺拉斯（Quintus Horatius Flaccus，前65—前8）、奥维德（Publius Ovidius Naso, 前43—17/18）、马提亚尔（Martial）、克劳狄安（Claudian，370—404）等罗马诗人都极为推崇；在散文写作方面，他又对西塞罗（Marcus Tullius Cicero，前106—43）、昆体良（Marcus Fabius Quintilianus，约35—约100）、萨鲁斯特（前86—前34）和普布留斯·泰伦提乌斯·阿非尔（Publius Terentius Afer，约前190—前159）等人的写作风格都进行了模仿。对于意大利的人文主义学者，伊拉斯谟对洛伦佐·瓦拉（Lorenzo Valla，1407—1457）更是情有独钟，甚至可以这样说，瓦拉影响了伊拉斯谟未来的思想走向。在修道院里，在父亲的影响下已经粗通拉丁语的伊拉斯谟更是接受了系统的拉丁文教育，于是，他很快就能熟练地运用拉丁文创作诗歌，并形成了地道的拉丁式风格。

随着伊拉斯谟眼界的开阔和思想的日益成熟，高墙深院的修道院里面那压抑的生活已经无法束缚住他那颗渴望自由的心。当然，"命运总是垂青有准备的人"这句俗语对于伊拉斯谟而言也同样有效，1493年，因为他对拉丁文的精通以及极高的写作才华，因而得到坎布雷教区的大主教亨利（Henry of Bergen）的赏识和垂青，于是，正准备筹划自己罗马之行的大主教将伊拉斯谟聘为他的拉丁文秘书。就这样，一直幻想着找到进入罗马教廷捷径的伊拉斯谟离开了生活了近7年之久的施泰因修道院。但是，受到显贵人物庇荫的秘书生活并不是像伊拉斯谟最初想象的那样充满了挑战和机遇，相反，试图获得罗马红衣主教职位的亨利大主教却整天忙于琐碎的日常交际事务中，伊拉斯谟根本就没有看到踏进教廷的丝毫可能性，同时因为陪侍着亨利大主教到处出行，也使得伊拉斯谟几乎没有能够坐下来研习学问的余暇。这时他倒反而开始羡慕起了在施泰因修道院里面的教友们那样的生活了，生活给伊拉斯谟开了一个大大的玩笑，想寻求捷径的他似乎反而离自己心中的目标越来越远了。这样的生活让伊拉斯谟倍加沮丧、欲哭无泪。

不过，不甘心就此平庸和无所事事下去的伊拉斯谟开始见缝插针地利用每一个能够找到的间隙用来读书和研习。当他随侍亨利大主教造访布鲁塞尔附近的格林南达尔修道院的时候，藏书室中的圣奥古斯丁著作让他欣喜异常，他如饥似渴地埋头阅读起来，手不释卷的他甚至在藏书室依据制度将要关闭的时候，竟然请求管理员允许他将这些书籍带回他借宿的卧房之中继续研习。[1] 在这一期间，随侍在大主教身边的伊拉斯谟还忙里偷闲，笔耕不辍。

但是，由于最后亨利大主教取消了自己的罗马之行，所以作为拉丁语秘书储备的伊拉斯谟就面临着极为尴尬的境地。是回归施泰因修道院继续那种清苦压抑的修士生活，还是转换思路去追求新的自由呢？伊拉斯谟最终选择了后者。他请求大主教派他赴巴黎大学攻读神学博士学位。大主教也许想对伊拉斯谟这段时间为他所做的工作进行褒奖，便爽快地答应了伊拉斯谟的请求，令伊拉斯谟喜出望外的是大主教还答应为他的深造提供一笔补贴，这是让伊拉斯谟万万没有想到的额外馈赠，当然补贴数额有限，从补贴的微薄数额来看，似乎亨利大主教只是想借此沽名钓誉而已，以至于曾经感恩戴德的伊拉斯谟后来才恍然大悟，索性以"尖刻的讽刺语气给他的那位主子取了一个绰号，叫'吝啬鬼'"，[2] 但是这笔聊胜于无的补贴毕竟还是暂时解决了伊拉斯谟在巴黎面临的生存问题。

---

[1]　约翰·赫伊津哈. 伊拉斯谟传：伊拉斯谟与宗教改革. 桂林：广西师范大学出版社，2008:7.
[2]　斯·茨威格. 一个古老的梦：伊拉斯谟传. 姜瑞璋，廖绦胜，译. 沈阳：辽宁教育出版社，1998:21.

3. 游学多地

1495 年的夏季，伊拉斯谟来到了巴黎，入住了"以苦行著称的孟太古（Montague）学院简陋的寓所，过清苦的生活"。[1]这里是传授苏格拉底思想学说的中心，但同时已被意大利的文艺复兴思想所影响。但是，曾经随侍过坎布雷大主教的伊拉斯谟不仅在身体上对于腐败的食物和糟糕的宿舍已经无法忍受了，而且在心理上也对孟太古学院刻板迂腐的学风和清苦的禁欲修行要求感到了厌烦，而无聊乏味的经院哲学让他更是产生了无法克服的抵触情绪，他更向往自由无拘束的生活。伊拉斯谟在这里唯一的收获是他进入了巴黎的人文主义者的圈子中，并得以结识了人文主义者的代表人物罗伯特·盖冈（Robert Guéguen），结识了盖冈这位巴黎人文主义者的领军人物，对于伊拉斯谟后来成为人文主义思想家助力甚多。也许在孟太古学院学习生活的日子里，伊拉斯谟就已经开始萌生了日后对僵化烦琐的神学进行革新的初望。

1496 年的春天，伊拉斯谟因为身患重病借机逃离了囚笼般的孟太古学院，他放弃了攻读神学博士学位的计划回到了卑尔根（Bergen）。但是卑尔根远离人文主义思想渊薮的现实让伊拉斯谟又无法忍受，于是，在这一年的秋天，伊拉斯谟又回到了巴黎。这一回，因为伊拉斯谟拒绝回到孟太古学院继续自己的学业，所以伊拉斯谟也就没有理由再享用那糟糕的宿舍和腐败的食物的待遇，这样一来坎布雷大主教给予的那点可怜的补贴就不足以保证伊拉斯谟维持最低的生活标准了。万般无奈之下，伊拉斯谟就不得不为自己的生存而四处奔波了。首先，伊拉斯谟租住在

---

[1] 斯·茨威格.一个古老的梦：伊拉斯谟传.姜瑞璋，廖绦胜，译.沈阳：辽宁教育出版社，1998:21.

一家私人公寓里。在中世纪末期那个年代，一个知识分子要想谋求果腹，一般有两种方式：其一是做牧师，其二则是寻求赞助，而这种寻求富人赞助的方式其实与门下乞食无二。伊拉斯莫既然不想再委身于孟太古学院研习神学，自然也就断了当牧师求俸禄的渠道了，而寻求赞助则需要获得富人的赏识才有可能。但是伊拉斯谟作为一个初入巴黎的白丁，尚还没有窥得进入上层人士圈子的门径，所以伊拉斯谟只能依靠给富人家庭的孩子教授拉丁文的方式来谋生。不过伊拉斯谟虽然并非是一位职业教师，但是他却对自己有着严格的职业道德标准。为了达到更好的教学效果，伊拉斯谟从 1496—1499 年先后编写了多部教材。这些教材的编写和发行初步奠定了伊拉斯谟在世界教育史上的重要地位。

1499 年对于伊拉斯谟而言，在他的人生历程中具有重要的意义。这一年，本来准备意大利之行的伊拉斯谟应他的学生蒙特乔伊（Mountjoy）勋爵威廉·布隆特（William Brunt）的邀请，渡过英吉利海峡来到了伦敦。这时候，英格兰早已经治愈了玫瑰战争时期的创伤，在伊拉斯谟的眼中，自由的文化氛围与巴黎的沉闷压抑是完全不同的两个世界。在这里，伊拉斯谟也一扫在巴黎郁结的心情，在上层人物的社交圈中展示着自己的学识和才干，并结识了英格兰著名的人文主义学者约翰·科利特（John Colet, 1466—1519）、托马斯·莫尔（Sir Thomas More, 1478—1535）和托马斯·利纳克尔（Thomas Linacre, 1460—1524）等同时代的名人。和科利特的交往奠定了伊拉斯谟今后的研究方向，因为在这之前伊拉斯谟有关神学的研究是杂乱无序的，并没有一个明确的方向，与科利特的探讨和交流为伊拉斯谟提供了在学术研究方面的借鉴和指导，此后伊拉斯谟能够最终将神学研究作为了自己的终身研究目标是与科利特有着莫大的关系的。[1]

---

[1] 约翰·赫伊津哈.伊拉斯谟传：伊拉斯谟与宗教改革.桂林：广西师范大学出版社，2008:35.

1500 年，伊拉斯谟结束了在英格兰的愉快生活回到巴黎。伊拉斯谟认为中世纪基督教的《圣经新约》既然溯源于希腊语手抄本，那么只有通晓希腊语才能更好更深入地研习《圣经》，从而摆脱经院哲学家对基督教经典的解释权，因而他开始加强对希腊语的学习。

1502 年，似乎与瘟疫颇为"有缘"的伊拉斯谟又面临着蔓延到巴黎的瘟疫的威胁，于是，伊拉斯谟又像以前一样为躲避瘟疫而远赴布鲁塞尔附近的鲁汶大学（Katholieke Universiteit Leuven）。鲁汶大学是 1425 年由教皇马丁五世（Martin V，原名 Otto di Colonna，1417—1431 在位）下令建立，是最古老的天主教大学。在 16 世纪，鲁汶大学成为基督教会重要的神学堡垒，但是这里依然充满着古典人文主义思想的气息，所以，伊拉斯谟一来到这里，马上就被担任圣彼得学院院长的神学教授阿德里安（亦即后来的教皇哈德良六世 Adrian Ⅵ，原名 Adrian Florisz Dedel，1459—1523）聘为教授一职。在这里，伊拉斯谟继续他的神学研究工作。1504 年底，当巴黎的瘟疫不再肆虐以后，伊拉斯谟又返回巴黎，这次他是带着在鲁汶大学任教期间在普雷蒙特雷（Prémontré）修道院的藏书室中发现的意大利神学家洛伦佐·瓦拉批注的《新约评注》回到巴黎的。他的目的是想将瓦拉的这部湮灭蒙尘的手稿付梓面世。第二年 3 月，这部书印制发行，但是却被天主教会官方认定是瓦拉通过评注的方式来诋毁和攻击《圣经》，因而遭到了广泛的非议，但是瓦拉的这部著作推动了伊拉斯谟转向研究和重新评注《新约圣经》的信心和决心。"在伊拉斯谟看来，瓦拉的著作是一部'圣经人文主义'的导言"。[1]通过对瓦拉《新约评注》的研读，伊拉斯谟认为，"他所处时代的整个社会由于

[1]　　G·R·波特.新编剑桥世界近代史第一卷：文艺复兴 1493—1520.北京：中国社会科学出版社，1988：26.

忽视了《福音书》中简单的教义而陷入腐败和不道德之中"。[1]要想改变这种状况，就必须要有一部准确完整无误的《新约圣经》，"伊拉斯谟认识到，当前最迫切的任务是抛弃中世纪汇集而成、誊抄和翻译过程中错误不计其数的整个新约文献，因为不确切了解基督预言的真正含义，就无从做一位好的基督徒"。[2]所以，他决定利用自己精通希腊语和拉丁语的优势，来重新编订新的具有权威和信服力的《新约圣经》，从而将几个世纪以来被曲解的《圣经》恢复其原貌，还其本意。

4. 往返于意大利和英格兰

1505 年的暮秋，伊拉斯谟再赴英伦三岛，这次重返英格兰是伊拉斯谟应托马斯·莫尔之约赴伦敦合作翻译卢奇安的作品。在英格兰，伊拉斯谟的生活较之在巴黎的生活可以说是恍如天地之差，因为英格兰自由宽松的学术环境和他优裕的人脉条件再加上教皇尤利乌斯二世（Julius Ⅱ，原名 Giuliano della Rovere，1503—1513 在位）对他在修道院外享受世俗生活的特许促使他在学术研究方面取得了长足的进步。

1506 年，当伊拉斯谟得知身为亨利八世御医的意大利热那亚人乔万尼·巴蒂斯塔·比尔里奥（Giovanni Battista Berlioz）正在四处物色一位能够护送他的几个儿子回意大利上大学的最佳人选的时候，他意识到自己可以借此完成梦寐以求的意大利之行了。于是，他欣然接受了这份差事。在远赴意大利的途中，伊拉斯谟一行数人 6 月到达巴黎并做了短暂停留，伊拉斯谟将自己在英格兰完成的那些作品以及增补的《格言集》都委托给曾经为他印制瓦拉的《新约评注》的巴黎出版商若斯·巴蒂乌斯负责

---

[1]　菲利普·李·拉尔夫，等.世界文明史：上卷.赵丰，等，译.北京：商务印书馆,1988:847.
[2]　菲利普·李·拉尔夫，等.世界文明史：上卷.赵丰，等，译.北京：商务印书馆，1998:848.

印制发行。在巴黎短暂停留两个月后，他们师生一行人继续前往意大利，并于 9 月 4 日到达都灵，让伊拉斯谟意想不到的是在都灵竟然有一场盛大的欢迎仪式在等待着他，伊拉斯莫一到都灵，马上就被都灵大学授予了博士学位。10 年前的伊拉斯谟到巴黎求学是为了获得一顶博士的学位帽，但是在 10 年后，博士学位在伊拉斯谟心目中已经是无足轻重了。因为此时他的学识、名气以及声望已经远远不是一个所谓的荣誉神学博士学位就能够带给他的了。

对于伊拉斯谟而言，意大利之行给予他的最大馈赠，莫过于他结识了威尼斯的阿尔杜斯·马努蒂乌斯（Aldus Manutius），他当时被认为是欧洲印刷出版界的巨擘。阿尔杜斯既是一位学者，更是一位出色的出版商。他对世界图书出版史最大的贡献有两个：一、他是第一个印制出版标注有出版日期的图书，二、他是袖珍书的首创者。阿尔杜斯发现，除了可以用印刷机在一张大页面纸上印刷一本书外，还可以在一张大页面纸上印刷多本书，然后切割，制作更小的袖珍书。袖珍书的面世，改变了人们的阅读习惯，更是改变了人类的阅读历史，从此以后，知识才得以能够得到更大范围的传播。而伊拉斯谟的《格言集》尤其适合以袖珍本的模式出版。

1509 年 4 月 21 日，英王亨利七世去世，而继承大统的亨利八世则是伊拉斯谟在 1499 年初到英格兰时敬献颂诗的小王子，且小王子也一直对其颇有好感，因此伊拉斯谟认为这是他能获得英格兰王室资助的最佳良机。于是他决定离开意大利，重返英格兰。

时隔 3 年之后，伊拉斯谟又一次翻越了阿尔卑斯山脉返回伦敦，完成了他这一生中最为重要的传世名作——《愚人颂》。自 1509—1514 年这 5 年间，除了在 1511 年因赴巴黎洽商出版《愚人颂》一书而短暂离开外，伊拉斯谟一直在英格兰居留了长达 5 年之久。在这一期间，伊拉斯谟为了解决自己的生计，应约在剑桥大学授课，主要讲授神学和希腊语，但是，任教所获得的微薄薪金还不足以承担伊拉斯谟在伦敦的日常消费，所以，他不得不接受肯特郡阿尔丁顿教区的大主教威廉·沃拉姆的聘任担任了牧师一职，当然因为伊拉斯谟自己的声望，所以他不必按照教规居住在教区以内，这就意味着他也就不需要坚守教士的清规戒律，不过他每年能因此而获得 10 英镑的不菲薪水，这就足以能够保证他在伦敦过上比较富足的生活了。衣食无忧之后，伊拉斯谟一方面修订增补自己过去所出版的那些作品，另一方面还抓紧时间准备自己新的作品，即编订《新约圣经》和《圣哲罗姆文集》。当然，在英格兰居留的 5 年时间里，除了《愚人颂》引起轰动外，伊拉斯谟还做了另一件令世人侧目的大逆之事，那就是 1513 年 2 月 21 日教皇尤利乌斯二世辞世之后，伊拉斯谟马上就写了一篇名为《尤利乌斯被拒于天堂之外》的讽刺诗。这首诗充满了伊拉斯谟对号称战神的尤利乌斯二世所谓"十全武功"的极大厌恶和讽刺。

不过，伊拉斯谟在这一阶段所形成的反战思想并非只是针对教廷和尤利乌斯二世，更是针对现实中的英王亨利八世。正是因为亨利八世即位后的穷兵黩武，让在英格兰过着富足优裕生活的伊拉斯谟心生不快，从而萌生了离开的意愿。

1509 年 4 月 21 日，年仅 17 岁的亨利·都铎登上英国王位，史称亨利八世。亨利在时人眼中是文艺复兴时期开明君主的完美典范，他身材魁梧，相貌英俊，多才多艺，魅力四射。亨利被誉为是英国有史以来最有教养的君主，他博闻强识，通晓拉丁文、法文、西班牙文，还会写诗作曲。然而雄心勃勃的亨利认为一位君主的荣耀和名声必须是在战场上赢得的。百年战争之后，英格兰在欧洲大陆上已无立足之地。亨利渴望盎格鲁撒克逊人的战靴能够再次踏上欧洲大舞台一展身手，夺回历代英王的封地，重现昔日的荣光。这个时期欧洲恰好进入两大强权的争霸的阶段，法国和神圣罗马帝国为争夺意大利大打出手，都力图争取英国这个强援。1511 年 11 月，亨利正式同神圣罗马帝国结盟，向法国宣战。1513 年 6 月，亨利亲率 25000 大军入侵法国，这是百年战争结束 60 年来英国军队第一次踏足法国领土。此时法军主力正在意大利鏖战，亨利大军仅仅遭遇微弱抵抗，就长驱直入百余公里，攻克小城图尔奈（Tournai），并挫败了前来救援的法国骑兵。这一仗立刻被亨利的御用文人无限拔高，成为堪比阿金库特（Agincourt）战役的一次大捷。很快秋季来临，亨利志得意满载誉而归，沉浸在响彻朝野的歌功颂德之中。这年 9 月的弗罗登战役（Battle of Flodden）中，亨利八世又击败了法国盟友苏格兰。

亨利八世虽然与伊拉斯谟在某种程度上有着师生之谊，但是伊拉斯谟仍然对亨利八世的好战之心深恶痛绝，他认为，英格兰的环境已经不适合他留在这里继续他的研究和写作工作了。于是，他准备离开英格兰，回转欧洲大陆。

5. 从巴塞尔到鲁汶

1514 年 7 月，伊拉斯谟收拾好自己的行囊渡过英吉利海峡抵达法国加莱。8 月，他抵达巴塞尔。也许正是巴塞尔优美的环境和适宜的气候吸引了伊拉斯谟，或者是巴塞尔作为欧洲的造纸印刷中心更让为了方便自己著作出版的伊拉斯谟倾心，总之从此以后，伊拉斯谟就与巴塞尔这个城市结下了不解之缘，直至他 1536 年辞世为止的 24 年时间里，他有至少一半以上的时间居留在这里，并在这里阖然长逝。

毗邻莱茵河畔的巴塞尔作为法德瑞士三国交界的交通枢纽城市，在16 世纪初成为北欧地区的人文主义中心。伊拉斯谟的到来更让巴塞尔这个人文主义中心增色不少。这里开始成为德国、法国和低地国家的人文主义学者朝圣的中心。在巴塞尔，"德意志的人文主义者把他当作世界的明灯来欢迎"，[1]自然也就为伊拉斯谟跟后来的德国伟大的宗教改革领袖马丁·路德发生思想上的交集提供了可能。

在巴塞尔，伊拉斯谟主要的工作就是和当地著名的出版人弗洛本合作出版自己的著作。所以，一俟抵达巴塞尔，伊拉斯谟就钻到弗洛本的印刷车间里面伏案工作，为自己多年来呕心沥血所翻译的希腊语《新约圣经》和《圣杰罗姆文集》做最后的完善工作。另外，因为伊拉斯谟此时的声名已经是如日中天，所以他还有一项任务，那就是要分出精力与来自各国的人文主义学者交流思想。与此同时，鲁汶的迪尔克·米尔滕斯受伊拉斯谟的委托为他刊印一本拉丁文的简易读本，所面对的读者则是试图学习拉丁文的学子们；斯特拉斯堡的舒尔负责出版伊拉斯谟的新书《寓言集》，而弗洛本则拿到了最令其他出版商眼红的畅销书订单——伊拉斯谟最新完成修订和增补的《格言集》，而且伊拉斯谟同时还承诺为弗洛本翻译塞内加的文集并且附带一本拉丁文的语法书。由此可知弗洛本肯定是深获伊拉斯谟的欢心才能够被他如此委以重托。1515年，伊拉斯谟还受邀担任了西班牙国王查理五世（尚未加冕为神圣罗马帝国皇帝）的私人顾问。

1516年，对于空想社会主义的发展历史而言，同样也是一个极为重要的年份，因为这一年，在空想社会主义思想发展史上占有极其重要地位的《乌托邦》一书面世了。而这部书的出版，不仅浸透着作者托马斯·莫尔的心血之作，还包括伊拉斯谟的帮助。因为正是在这一年8月，伊拉斯谟为了解决自己在教会的身份和教会戒律冲突的问题横渡英吉利海峡远赴伦敦，伊拉斯谟在莫尔的私寓盘桓达半月之久。当然，伊拉斯谟在

[1] 约翰·赫伊津哈.伊拉斯谟传：伊拉斯谟与宗教改革.桂林：广西师范大学出版社，2008:91.

解决自己事情的同时还同托马斯·莫尔对《乌托邦》这部书稿的内容进行了探讨并帮助莫尔最终定稿，9月3日，莫尔将刚刚完成的手稿寄给已经返回欧洲大陆并暂居鲁汶的伊拉斯谟，并在信中写道："我把我的《乌有乡》寄给你"，并拜托伊拉斯谟利用他在印刷出版界的声望帮忙出版这部书。[1] 在伊拉斯谟的鼎力相助之下，这部《乌托邦》在这年秋天得以顺利出版。

1516—1518年成为伊拉斯谟辉煌的黄金岁月，《圣杰罗姆文集》与拉丁文和希腊文双语版的《新约圣经》的出版成就了伊拉斯谟基督教神学家的神圣头衔，同时也奠定了他基督教人文主义思想家的崇高地位。伊拉斯谟将自己新编订的《新约圣经》敬献给教皇利奥十世后还得到了教皇的赞誉。可以说，此时的伊拉斯谟盛名如日中天，各国王室以及各个大学的邀请纷至沓来，力邀伊拉斯谟前往定居或执教，试图通过罗致他来为自己的国家或大学增加名气。之前伊拉斯谟所出版的各种著作也都纷纷被加印或重印，一时之间，欧洲大陆上洛阳纸贵，人们以阅读和收藏伊拉斯谟的著作作为身份和荣耀的象征。无数的学者毫不吝啬地把各种头衔和光环都送给了伊拉斯谟。但是，伊拉斯谟拒绝了这些诱惑，而是选择留在低地国家的鲁汶大学并受聘为神学教授，直至1521年才离开鲁汶迁居巴塞尔。伊拉斯谟还帮助鲁汶大学于1517年创建了三语学院，研究希伯来文、拉丁文与希腊文，使鲁汶大学成为当时欧洲人文主义研究的中心。

伊拉斯谟的最具有影响力的三部著作《愚人颂》《圣杰罗姆文集》《新约圣经》的出版征服了他所生活的那个时代，标志着他成为自早期的宗教改革人物——英格兰的约翰·威克里夫（John Wyclif, 约1320—1384）

---

[1] N. H. 奥西诺夫斯基. 托马斯·莫尔传. 杨家荣，李兴汉，译. 北京：商务印书馆，1992:90—91.

和捷克的扬·胡斯（Jan Hus，1369—1415）、意大利的吉洛拉漠·萨沃纳罗拉（Girolamo Savonarola，1452—1498）之后最为杰出的宗教改革思想家，自从伊拉斯谟的《新约圣经》面世后，欧洲大陆各国就纷纷掀起了用自己的民族语言翻译《圣经》的浪潮，从而进一步瓦解了天主教廷所掌控的宗教特权，标志着王权和教权的斗争进入了一个新的历史阶段，为之后欧洲各国建立自己的国家教会奠定了基础。而伊拉斯谟的思想对基督教世界影响最大的莫过于成为德国宗教改革领袖马丁·路德的精神先导。正如斯·茨威格所评价的那样："伊拉斯谟的世界不是行动的世界；他可以澄清事理，但不亲手动作，他可以清理土地，但不耕耘收割。伊拉斯谟的名字没有载入宗教改革的史册；他播下种子，由他人收获。"[1]而这个"他人"指的就是马丁·路德。

6. 与马丁·路德的冲突

1517年，教皇利奥十世（Leo X，原名 Giovanni di Lorenzo de' Medici，即乔凡尼·迪·洛伦佐·德·美第奇，1513—1521在位）以同意德国马格德堡（Magdeburg）和哈尔伯施塔德（Hallstatt）两个教区大主教阿尔伯特兼任美因茨大主教为诱饵，怂恿阿尔伯特出售赎罪券，阿尔伯特将这一任务交由多明我会修士约翰·台彻尔（Johann Tetzel, 1465—1519）负责。台彻尔宣传只要购买赎罪券就能够脱免罪罚升上天堂。

教皇和阿尔伯特的如此贪婪无耻的敛财行径激起了轩然大波，1517年10月31日，时为维登堡大学神学教授的马丁·路德发表了《九十五条论纲》，从基督教的惩罚、悔改和赦免等方面对此种谬论进行了激

---

[1]　斯·茨威格.一个古老的梦：伊拉斯谟传.姜瑞璋，廖绦胜，译.沈阳：辽宁教育出版社，1998:55.

烈批驳，并指出赦免之权只有上帝才具备，教皇没有资格赦免任何罪罚。伊拉斯谟也对教皇滥发赎罪券的行径表示反对，在这一点上他应该是与马丁·路德站在一个阵营里的，因为在1518年的时候，伊拉斯谟在与路德的支持者约翰·朗格通信时就表示了对《九十五条论纲》发表的赞誉。但是，伊拉斯谟与马丁·路德虽然在目的上是相向而行，但是在道路选择上却是截然相反的。伊拉斯谟宣称："我看现在的教皇是基督教世界的祸害，但我不知道现在公开来挑这个伤疤是否有好处。"[1]可见伊拉斯谟在如何实现对天主教会进行改革的方式上与马丁·路德是存在着巨大的差距的。伊拉斯谟只是认为当前的天主教会所出现的各种问题根源在于原始基督教的教义已经被完全扭曲。他对教会推行的蒙昧主义和教会的虚伪、不道德深恶痛绝。他持续批评天主教会及其教士们的行为及生活方式是表现了他对回归原始基督教的渴望，他希望教会从繁文缛节的教条和仪式中解脱出来，回到《圣经》和教父派那里去。因而他并不反对宗教本身，只是主张人文主义基督教化、基督教人文主义化。从某种意义上而言，伊拉斯谟对于天主教会是维新派，他只是希望通过上层宗教人士的努力来净化、纯洁天主教会。但是路德为了增强己方的势力，迫切希望能够把伊拉斯谟变为自己的同路人，所以在1519年3月28日，已经因《九十五条论纲》而声名鹊起的马丁·路德第一次亲笔致函伊拉斯谟，以恭谨的口吻请求伊拉斯谟"以基督的名义"承认他，这实际上是路德试图赢得伊拉斯谟支持的举动。[2]

但是伊拉斯谟注定与马丁·路德不是同路人，伊拉斯谟秉承的是中间道路的原则。伊拉斯谟所坚持的宗教改革思想是主张从天主教内部进行改革，试图通过自己所编订的《新约圣经》来净化神学和教会，从而

[1] 约翰·赫伊津哈.伊拉斯谟传:伊拉斯谟与宗教改革.桂林:广西师范大学出版社,2008:144.
[2] 约翰·赫伊津哈.伊拉斯谟传:伊拉斯谟与宗教改革.桂林:广西师范大学出版社,2008:145.

达到纯洁天主教的目的，反对马丁·路德为代表的激进派用暴力和革命的方式来颠覆教廷，重建新教。所以他一方面赞成路德要求天主教会改革的呼声，但另一方面又反对路德采取的激进措施。伊拉斯谟更担心被他人误会他是路德的同路人，甚至于是路德的同谋或者是背后的策划煽动者。于是，他在一切尽可能的场合或者书信中都尽力撇清与路德的关系，甚至是申明并不认识路德本人。[1] 同时，他还在路德和教皇之间扮演了调停者的角色。他一方面利用自己与弗洛本的亲密关系来阻止他印制路德的著作，自述是"以免它们再煽动人们对高尚学问的仇恨"，[2] 另一方面又在给路德的追随者约翰·朗格的信中表达了自己祝愿他们成功的态度。因为伊拉斯谟的盛名决定了珍视精神独立和思想自由的他无法真正地以隐士的身份坚持自己的中间道路。以路德为代表的激进派希望以声名远播的伊拉斯谟为旗帜来增加己方的实力，从而同教廷分庭抗礼，而以教皇为首的天主教会则希望伊拉斯谟扮演自己侍从的角色。伊拉斯谟这种骑墙的态度，其实并无法保证他能够在时代的大潮中扮演一位缺席者的角色。

1520 年 10 月，伊拉斯谟在觐见萨克森选帝侯腓特烈三世（Friedrich III der Weise, 1463—1525）的时候，委婉地表达了自己对路德的看法。伊拉斯谟的这一模糊态度，在事实上促成了腓特烈三世最终选择站在了马丁·路德的一边，从而造成了欧洲传统基督教社会被撕裂的结果。1521 年，在沃尔姆斯会议上，路德被裁定为异端。从此以后，欧洲大陆上的天主教会开始正式被撕裂，形成了以罗马教廷为首的天主教会和以路德等改革派建立的新教教会的局面。这种状况对于伊拉斯谟而言，是他最不愿

---

[1]　伊拉斯谟.书简 14 致马丁·路德（卢万，1519 年 5 月 30 日）.约翰·赫伊津哈.伊拉斯谟传:
　　伊拉斯谟与宗教改革附录: 伊拉斯莫书信选.桂林: 广西师范大学出版社, 2008:239.

[2]　约翰·赫伊津哈.伊拉斯谟传: 伊拉斯谟与宗教改革.桂林: 广西师范大学出版社, 2008:147.

意看到的结果，伊拉斯谟所坚持的调和立场随着事态的激化已经无法继续维持下去了。因为虽然伊拉斯谟极力避免站出来明确对抗路德的主张，并因此而离开了保守派的大本营鲁汶，"从此以后，伊拉斯谟不愿住在旗帜鲜明的天主教城镇，也不愿住在已经倒向宗教改革运动那一边的城镇……于是他来到独立人士长期的避难所——瑞士的巴塞尔"[1]。但是无论伊拉斯谟如何表白自己的态度，都不能改变路德派对伊拉斯谟的看法，那就是主张在天主教会内部进行改革的伊拉斯谟事实上已经是站在了教廷的阵营之中了，这一尴尬的身份最终让他的一世英名蒙尘，也让他付出了代价。而伊拉斯谟与路德的狂热支持者乌尔里希·胡腾的辩论则彻底地把他推向了马丁·路德阵营的对立面。

1524 年，伊拉斯谟的《论自由意识》横空出世，在这部论著中，他终于开始表明了自己的立场，明确支持天主教会的权威和传统，公开反对马丁·路德领导的宗教改革运动。马丁·路德发表了《论意志的束缚》来反驳伊拉斯谟的观点，此后伊拉斯谟就马丁·路德的辩论所写的大部头的论著《驳马丁·路德所谓的意志不自由》在 1526 年由他的朋友弗洛本印刷出版，标志着伊拉斯谟同马丁·路德的公开论战已经进一步升级。而这时，马丁·路德却试图缓和与伊拉斯谟剑拔弩张的关系，于是给伊拉斯谟写信致以"歉意"，但是伊拉斯谟不能原谅马丁·路德煽动起来的思想混乱打破了伊拉斯谟向往的宗教和平，因而他拒绝了路德抛过来的橄榄枝。

---

[1] 斯·茨威格.一个古老的梦：伊拉斯谟传.姜瑞璋，廖绦胜，译.沈阳：辽宁教育出版社，1998:99.

7. "上帝万岁"

随着宗教改革运动的蓬勃发展，1529 年的时候，原来恍如世外桃源般的巴塞尔也不可避免地被波及，伊拉斯谟已经居住了 8 年的巴塞尔最后也变成了新教支持者的阵营。于是年过六旬的伊拉斯谟不得不收拾起行装，又开始了他四海为家的流浪生涯，这一次，他选择迁居到当时尚属于奥地利统治的弗赖堡，在这里，伊拉斯谟一直居住到他去世的前一年才离开返回巴塞尔居住。

1535 年 6 月，伊拉斯谟启程去已经从宗教改革的狂热中渐渐冷却下来的巴塞尔，将《论布道的艺术》交给弗洛本印制发行。正当 16 世纪初叶的宗教改革的泰斗伊拉斯谟在巴塞尔忙碌着出版自己这部倡导人民顺从权威、敬畏法律，服从宗教教义的著作的时候，他昔日的挚友，而且还是这部《论布道的艺术》的被敬献者——英格兰的罗切斯特主教约翰·费希尔（Saint John Fisher，1469—1535）却在这个月的 22 日因为忠诚于天主教会反对英国国教，被英王亨利八世送上了断头台。7 月 5 日，他的另一位挚友，亦即《乌托邦》的作者托马斯·莫尔也因为同样的原因走上了断头台。虽然费希尔和莫尔在宗教改革方面并非伊拉斯谟的同路人，但是他们却是能够为了自己信念而勇于慷慨赴死的殉道者，在这一方面，伊拉斯谟与他们形成了天壤之别的差距。

1536 年 7 月 12 日，伊拉斯谟在巴塞尔病逝，享年 70 岁。而临终前最让人不可思议的是，一生以来一向尊崇拉丁语且以拉丁语作为自己的口语、并以拉丁文进行思维和写作的伊拉斯谟在临终一刻的弥留之际，却使用荷兰语说出了他在人世间的最后一句话："上帝万岁。"

伊拉斯谟是 16 世纪伟大的人文主义者，是基督教人文主义的开创者和奠基人。正是在他的努力下，人文主义和基督教神学实现了紧密的结合，进而在多方面为宗教改革运动提供了思想上的准备。因而伊拉斯谟被后人赞誉为是"学者的学者"和"文艺复兴时代的伏尔泰"。但是伊拉斯谟的宗教改革思想不同于马丁·路德为代表的激进派，他主张温和的改良主义，坚持以天主教的传统经典理论用人文主义思想来对整个基督教世界进行改造。而且，伊拉斯谟还是一位和平主义者，他在自己的一系列著作中将自己的反战道德观注入其中，他认为战争与传统的基督教理念是相背离的。他的反战思想在当时具有十分重要的进步意义。伊拉斯谟更是一位杰出的教育理论家，他所形成的以古典文化为特征的基督教人文主义教育观对文艺复兴时期欧洲的教育事业的发展产生过深远的影响。[1]在他的一系列反映其教育思想的著作中，他提出了道德问题是社会问题的核心，而教育则是社会改革的关键和前提，[2]从而把教育的重要性提到了一个从来未有过的高度，其教育思想更成为基督教人文主义教育观的先导，并在世界教育史上占有极其重要的一席之地。

二、伊拉斯谟的学术研究年谱及其重要著作

伊拉斯谟作为 16 世纪伟大的人文主义者，被认为是基督教人文主义的开创者和奠基人，并被誉为"文艺复兴时期的伏尔泰"。当然，他也同文艺复兴时期的其他学者一样，还被冠以各种其他头衔，如古希腊文学大师和卓越的语言学家、权威的考订学者以及伟大的教育家。而他作为哲学家的身份则表现为他所倡导的"新经学"运动，具体体现为他极

[1] 刘明翰，陈明莉.欧洲文艺复兴史：教育卷.北京：人民出版社，2008:330—331.
[2] 刘明翰，陈明莉.欧洲文艺复兴史：教育卷.北京：人民出版社，2008:346.

力反对经院哲学家将《圣经》教条化和神秘化的做法，强调恢复原始基督教的道德精神，主张回归《圣经》原典中的伦理内涵，从而使之成为新的人文主义道德规范的价值源头，进而实现人文主义与基督教神学的完美结合。

伊拉斯谟在自己的一生中，著述颇多，很多著作在他在世的时候就已经风靡整个欧洲，甚至于多次再版也不敷读者的需求。

1. 从《格言集》到《基督教战士手册》

据记载，伊拉斯谟被人们所知的第一篇作品叫作《修士生活赞》，是赞颂在施泰因修道院生活的一篇"阿谀"文章，不过也许这对于自小就上寄读学校，父母死后监护人肆意克扣生活费，并且喜欢自由学习生活的伊拉斯谟看来，这样的生活也许真的值得赞颂也未可知。

之后，伊拉斯谟就开始着手写作他的第一部有关学术问题方面的著作——《反蒙昧主义》（又译为《非蛮论》）。初稿是伊拉斯谟在施泰因修道院完成的，伊拉斯谟将之修改为对话形式，但是他一直没有匆忙就将其付梓出版。后来伊拉斯谟在跟随坎布雷教区的大主教亨利期间，继续对此书进行精心打磨，随着伊拉斯谟对"蒙昧主义"的认识的不断深化，他也不断地对该书进行修订和充实，以至于后来成型的该书与伊拉斯谟在最初着手写作时的初衷已经是大相径庭、判若两书了。

1496年的秋天，伊拉斯谟从卑尔根回到巴黎后，因为坎布雷大主教给予的那点可怜的补贴已不足以保证伊拉斯谟维持最低的生活标准，所以他只能依靠给富人家庭的孩子教授拉丁文的方式来谋生。不过伊拉斯谟虽然并非是一位职业教师，但是他却对自己有着严格的职业道德标准。为了达到更好的教学效果，伊拉斯谟从1496—1499年先后编写了《拉丁文常用通俗语手册》《丰富多样的语言》《书信指南》和《论学习方法》等多部教材，它们所具有的实用性和正确性使得这些书得到了广泛采用。这些教材的编写和发行初步奠定了伊拉斯谟在世界教育史上的重要地位。

1499 年伊拉斯谟应他的学生蒙特乔伊（Mountjoy）勋爵威廉·布隆特（William Brunt）的邀请，渡过英吉利海峡来到了伦敦。他结识了英格兰著名的人文主义学者约翰·科利特（John Colet, 1466—1519）、托马斯·莫尔（Sir Thomas More, 1478—1535）和托马斯·利纳克尔（Thomas Linacre, 1460—1524）等同时代的名人。和科利特的交往奠定了伊拉斯谟今后的研究方向，因为在这之前伊拉斯谟有关神学的研究是杂乱无序的，并没有一个明确的方向，与科利特的探讨和交流为伊拉斯谟提供了在学术研究方面的借鉴和指导，此后伊拉斯谟最终将神学研究作为了自己的终身研究目标是与科利特有着莫大的关系的。[1]并且在这期间，伊拉斯谟还完成了自己的第一部有关神学的研究著作《关于耶稣痛苦、惧怕和悲伤的论辩实录》。

《关于耶稣痛苦、惧怕和悲伤的论辩实录》的完成，标志着伊拉斯谟基督教人文主义思想的初步形成。在他的成长和学习经历中，是与基督教有着密不可分的关系，并深受教会和教义压抑人性、荼毒心灵之苦，因而他极其憎恶经院哲学家将《圣经》教条化和神秘化的愚民做法，他认为经院哲学家已经歪曲了基督教的原始文献，必须重新阐发《圣经》原本中的伦理内涵，并以此作为重建人文主义道德规范的价值源泉。他认为经院哲学家们迂腐的理论和刻板的教阶和礼仪制度导致了基督教社会的世风日下和腐朽堕落，因而只有重建基督教《圣经》理论体系，恢复原始基督教的道德精神，才能真正实现基督教的复兴运动。

---

[1] 约翰·赫伊津哈.伊拉斯谟传：伊拉斯谟与宗教改革.桂林：广西师范大学出版社，2008:35.

1500 年，伊拉斯谟的《格言集》出版了。这部书包含了他收集整理的约 800 条的古拉丁文作者的箴言警句。这本书的问世在当时那个时代具有相当大的意义。因为在中世纪末期的欧洲，古典文化为一些极少数的人文主义者所垄断。但是伊拉斯谟将古典拉丁文献中的名句警言汇辑成册，并穿插了自己的阐述和发挥，使拉丁古典文化得到了广泛的传播，打破了极少数人的文化垄断，从此以后人文主义思想不再成为少数人的特权。借助这本书，许多学习者就可以使用大量的拉丁文典故和箴言，提升自己的文章的高雅程度并增强论述的理论性。这本书一面世就极度畅销并多次再版。此后的数十年，伊拉斯谟对该书也进行了多次修订，后来除了拉丁文格言外还增补了不少希腊语的格言警句，最后汇总成为多达 5251 条的《格言千汇》。《格言集》的畅销使得伊拉斯谟的名字很快就享誉整个欧洲，成为当时思想界为众人瞩目的一颗新星。

在伊拉斯谟为《格言集》修订增补希腊语的谚语警句的过程中，其实也正是他攻读及熟练掌握希腊语的过程。他认为只要能够熟练掌握希腊语，就能够真正理解《圣经》和基督教的真谛。他清醒地认识到，如果不掌握希腊语，那么涉及拉丁语的学问也是不完备的。如果不掌握希腊语就去接触神学里研究的神秘现象，那就是彻底的疯狂，这是因为有人把《圣经》从希腊文翻译成拉丁文时，他们以严肃审慎的态度维持了希腊语的形态，所以如果不掌握希腊语就无法理解《圣经》原文的原生意义。只有在能够驾轻就熟地运用希腊语之后，伊拉斯谟才能够在神学研究方面直接阅读研习希腊语手抄本的原版基督教经典，从而摒弃了原始基督教新约经典文献在辗转抄录誊阅及翻译过程中出现的错讹遗误，并在经典文献源泉上彻底颠覆经院哲学家们的理论基础。

1501 年，伊拉斯谟完成了《基督教战士手册》的写作，并于 1504 年在安特卫普出版。这是一部受众是面对受过初级教育的基督教士兵的拉丁文和希腊文的古典格言集。伊拉斯谟写作此书的初衷是试图帮助那些士兵们能够真正具备与基督教徒身份相符的品德和素质，并使他们能够矫治自己不符合基督教教义的罪孽和过失。其核心主要强调了教徒个人的内心信仰，反对教会中所流行的各种繁文缛节的仪式以及圣徒崇拜。这部书的出版标志着伊拉斯谟从此提出了自己有关神学的观念和主张，也是他此后余生中所遵循的神学理念，即主张人们摒弃繁文缛节琐屑的宗教礼仪，而回归传统纯粹原初的《圣经》本义。这本书鲜明地展示了伊拉斯谟自己对宗教的虔诚信仰，以及对建立一个以《圣经》文本为信仰基础，主张虔诚和美德的宗教社会的渴望之情。他认为，坚守基督教的礼法仪式远远比不上遵守《圣经》所褒扬的信仰和善行。只有"在内心深处信奉基督，并通过秉持基督精神行事"才能实现这一目的。[1]他同时推荐基督徒们要阅读那些古典时代的哲学家、诗人和雄辩者的著作，尤其要学习柏拉图的思想，此外学习早期基督教圣徒圣安布罗斯（Saints Ambrose，约340—397）、圣杰罗姆（Saints Jerome，约340—420）、圣奥古斯丁（Aurelius Augustinus，354—430）等人的著作也是大有神益的。因为早期的基督教才是本真的没有受到腐朽堕落浸染的纯粹基督教。《基督教战士手册》借助伊拉斯谟在学术圈的深远影响后来被翻译成了英语、捷克语、德语、西班牙语、荷兰语和法语等多种语言，并得到了广泛传播。

1505年的暮秋，伊拉斯谟再赴英伦三岛，这次重返英格兰是伊拉斯谟应托马斯·莫尔之约赴伦敦合作翻译卢奇安的《对话集》。卢奇安生于公元2世纪时期叙利亚的萨莫萨塔（Samsat），作为罗马帝国时代最负盛名的希腊语讽刺作家、最著名的无神论者，他以一系列《对话集》而闻名于世。其作品思想敏锐、文笔生动、辛辣而又不失幽默，在古代备

---

[1] 伊拉斯谟.论基督教君主的教育.上海：上海人民出版社，2003:24.

受推崇，对后世亦影响很大，恩格斯称之为"古代的伏尔泰"。伊拉斯谟共翻译了卢奇安其中的 29 个《对话集》，把它们由希腊文译为拉丁文，莫尔翻译了剩下的其他 3 个。而作为一位有着坚定基督教信仰的神学家翻译一位无神论者的《对话集》，本身就显得极为诡异，也许这就是伊拉斯谟。在英伦期间，他除了和莫尔合译卢奇安的《对话集》以外，还翻译了希腊著名喜剧家欧里庇得斯（Euripides，前485—前406）的戏剧《赫卡柏》和《依菲琴尼亚》。

1506 年，伊拉斯谟远赴意大利。在翻越阿尔比斯山脉的时候，伊拉斯谟在壮丽的美景的感染下感怀自己年已四十的人生经历，因而写下了《阿尔卑斯颂歌》，这首颂诗被认为是伊拉斯谟一生中最佳的诗篇。对于伊拉斯谟而言，意大利之行给予他的最大馈赠莫过于他结识了当时在欧洲可称为印刷出版界巨擘的威尼斯的阿尔杜斯·马努蒂乌斯（Aldus Manutius）。伊拉斯谟在阿尔杜斯的印刷所里印制和再版了多部著作后，两人又相互合作编订出版了普劳图斯（Titus Maccius Plautus，约前254—184）、普布留斯·泰伦提乌斯·阿非尔（Publius Terentius Afer，前190—前159）和塞内加（Lucius Annaeus Seneca，约前4—65）的数部著作。

2.《愚人颂》

1509 年，伊拉斯谟又一次翻越了阿尔卑斯山脉再赴伦敦，在意大利居留 3 年之久的伊拉斯谟因为对教廷的近距离接触从而亲睹罗马教会真容后，再加上过去几年他在思想上和学术上的积累和进步，使他在离开意大利的旅途之中，开始酝酿构思《愚人颂》。抵达伦敦后，伊拉斯谟借住在位于巴克勒斯伯里大街（Bucklersbury Street）的莫尔家中，虽然此时他正经受着肾结石带给他的难忍病痛，但是心中所酝酿成型的创作激情让他无法辍笔，于是在短短的 7 天时间里，伊拉斯谟一挥而就，完成了他这一生中最为重要传世名作——《愚人颂》。

《愚人颂》一经问世，便犹如巨石激起了千层浪一般，立刻引起了学术界的极大震动和强烈的反响，其影响力波及了整个欧洲大陆。时人对此书看法不一，有的人赞誉有加，有的人视之为洪水猛兽。但是无论对这部书是毁是誉，总之是吸引了所有人的眼球。正如斯·茨威格所说的那样："《愚人颂》的创作纯属偶然，却使伊拉斯谟找到了最适合于表现自己才能的手段。这本书体现了伊拉斯谟以下几个方面的特点：一个有文化素养、多闻博识的学者，一个惯于嘲弄的讽刺作家，一个敏锐的批评家。这几个方面在书中融为一体。"[1] 从这一年直到伊拉斯谟 1536 年去世的 27 年间，这部书也翻印过 27 版，几乎欧洲所有国家的文字都曾经被用来翻译过这部《愚人颂》。

《愚人颂》作为一部通俗畅晓的讽刺体篇章，在欧洲文学史上具有不可撼动的重要地位。在这部书中，"愚人"即正常的人、普通的人，有七情六欲，有人的聪明智慧，有血有肉，是生动的活着的人；而不是"一个人的大理石像"。"愚人"能说真话、实话，趣味横生，使人觉得十分亲近。而与"愚人"相对的"贤人"（或"圣人"）则永远是道貌岸然，绝对恪守教规信条，总是一副绝对正确绝对理性的神气；他永远正言厉色，使人望而生畏，或敬而远之。伊拉斯谟就是用愚人的嘴来戳穿所谓贤人的真面目，"愚夫人"认为"贤人"之所以令人嫌恶，还因为他从来没有自己的真心话，假面孔掩盖了真面目。伊拉斯谟借愚人之口，强烈指责教会和贵族的腐败，嘲讽了他那个时代所有的制度、风俗、婚姻、战争、

---

[1] 斯·茨威格.一个古老的梦：伊拉斯谟传.姜瑞璋，廖绦胜，译.沈阳：辽宁教育出版社，1998:42.

国家主义等，讽刺了上层社会的各种愚昧情况，对教皇、僧侣、枢机主教、经院哲学家和贵族进行嘲笑和咒骂，对教会神职人员贪婪腐化、荒淫无耻的生活，封建贵族寄生腐朽、贪图虚荣、巧取豪夺的卑鄙行为予以批判，对只知道进行空谈的愚昧无知的僧侣们进行了辛辣的讽刺。

《愚人颂》用较大的篇幅描述的是愚人对教会和基督教教义的论述。那些神圣的名字和经典、教皇和主教们的显赫地位和世俗观念都未能逃过伊拉斯谟的辛辣笔锋：书中"愚人"亲自表白，或嘲讽谩骂，或赞颂褒扬，文笔生动，意味隽永。这部书中寄予了伊拉斯谟主张资产阶级的现实生活，提倡个性自由和个性解放，实行世俗政治，反对神学思想和神权的独裁，要求清除教会的种种积弊，建立合理的教会的良好愿望。他号召人们放弃对圣像、遗物的崇拜，废除禁欲主义和形式主义的宗教仪式。但是，伊拉斯谟虽然对教会及教皇等大加鞭挞，但是并不等于他反对基督教。在伊拉斯谟的心目中，他是把基督教义《圣经》的真谛同教会区别对待的。他认为，作为教权至上象征的教会已经腐败到顶了。其所以如此，恰恰是因为教会践踏了《圣经》本义。他坚持以为，只要恢复《圣经》的本来面目，把被曲解的东西校正过来，以此不懈地苦口婆心规劝所有信徒，便有可能"纯洁"教会。他满怀着对基督的虔诚批评教会。这当然只是作为理想主义者的伊拉斯谟心目中美好的愿望。赫伊津哈指出，"伊拉斯谟的著作多达 10 大卷，但只有这一本《愚人颂》才是真正意义上流行的著作……在《愚人颂》里，伊拉斯谟给世界留下的财富是任何人都无法企及的"。[1] 正如斯·茨威格所指出的："这本貌似闹剧的《愚人颂》，戴着狂欢作乐的假面出现，其实是当时最为危险的读物；它看上去似乎只是在炫示作者的机灵和风趣，实际上是一颗

---

[1] 约翰·赫伊津哈.伊拉斯谟传：伊拉斯谟与宗教改革.桂林：广西师范大学出版社，2008:35.

炸弹，炸开了通往德国宗教改革的道路。"[1]而且由于其所具有的流行性，所以才会导致德国的宗教改革家后来把《愚人颂》作为反对德国世俗贵族和宗教贵族的思想武器，对德国农民战争时期的农民、城市平民反封建反教会的斗争也起到了巨大的鼓动作用。

3.《论基督君主的教育》

在 1509—1514 年这 5 年，除了在 1511 年因赴巴黎洽商出版《愚人颂》一书而短暂离开外，伊拉斯谟一直在英格兰居留了长达 5 年之久。伊拉斯谟一方面修订增补自己过去所出版的那些作品，另一方面还抓紧时间准备自己新的作品，即编订《新约圣经》和《圣杰罗姆文集》。1513 年 2 月 21 日教皇尤利乌斯二世辞世之后，伊拉斯谟写了名为《尤利乌斯被拒于天堂之外》的讽刺诗。这首诗充满了伊拉斯谟对号称战神的尤利乌斯二世所谓的"十全武功"的极大厌恶和讽刺。伊拉斯谟内心是极度反战的，而其在居留意大利期间恰恰经历了尤利乌斯二世以征服者的面目进军博洛尼亚的场面，令其行程受阻。所以在这首诗中，伊拉斯谟用辛辣的讽刺笔法对尤利乌斯好战的丑恶面目进行了揭露和鞭挞，指出，欧洲一切战争的根源都来自于这位上帝在人世间的代言人，这位教皇才是真正的尤利乌斯（注：恺撒大帝的家族姓氏即为尤利乌斯），意即"战争贩子"。所以，伊拉斯谟在诗中描写了这位身具盖世战功的教皇在辞世后来到天堂门前准备进入天堂却遭到拒绝的可笑一幕，从而揭示了当时所谓教会、教皇、教廷所为完全悖逆了上帝的初衷，违背了《圣经》的宗旨的真实本质。当然，在教廷的统治权威笼罩着整个欧洲的情况下，

---

[1] 斯·茨威格.一个古老的梦:伊拉斯谟传.姜瑞璋, 廖绦胜, 译.沈阳:辽宁教育出版社, 1998:48.

如此大张旗鼓地诋毁教皇和教廷的文章是不可能见容于教权的淫威之下的。因而这首诗最初只是在有着极少数人的私密圈子中流传，后来因为其深得人心才得以广为流布。虽然从这首诗的文笔写法上人们似乎判断出了出自于伊拉斯谟的笔端，但是伊拉斯谟还是给予了巧妙的否认——既不承认，亦不明确否认。1518 年该书在巴塞尔正式出版刊行时也是匿名的。

1514 年 8 月，伊拉斯谟抵达巴塞尔，他在弗洛本的印刷车间里面伏案工作，为自己多年来呕心沥血所翻译的希腊语《新约圣经》和《圣杰罗姆文集》做最后的完善工作。在这同时，鲁汶的迪尔克·米尔滕斯受伊拉斯谟的委托为他刊印一本拉丁文的简易读本，所面对的读者则是试图学习拉丁文的学子们；斯特拉斯堡的舒尔负责出版伊拉斯谟的新书《寓言集》，而弗洛本则拿到了最令其他出版商眼红的畅销书订单——伊拉斯谟最新完成修订和增补的《格言集》，而且伊拉斯谟同时还承诺为弗洛本翻译塞内加的文集并且附带一本拉丁文的语法书。由此可知弗洛本肯定是深获伊拉斯谟的欢心才能够被他如此委以重托。

1515 年，伊拉斯谟先后出版了《论基督君主的教育》和《新工具》一书。1516 年，伊拉斯谟所编订的《新约圣经》以及《圣杰罗姆文集》在弗洛本的印刷所中正式付梓印刷了。其中《新约圣经》是希腊语和拉丁语的双语版本，它的出版浸透了伊拉斯谟十多年来的心血，而《圣杰罗姆文集》的出版则有赖于伊拉斯谟少年时代对圣杰罗姆作品的极度热爱。圣杰罗姆是罗马天主教会早期教父，博学多才，是中世纪天主教会四大学者之一。他致力于研究和写作，撰写了大量有关教会历史的文章和圣经注释。他最为著名的成就是编订了通俗拉丁文本的《圣经》，这是中世纪时期被罗马天主教认为唯一可信的拉丁语译本。1500 年的时候，伊拉斯谟就拟定了编订圣杰罗姆全集的伟大计划。他认为，因为"无知的神学家们糟蹋他的手稿，造成错讹、毁伤和错乱（我在他的著作里发现了许多错乱，还发现了许多伪书）。我要恢复他的希腊文本"。[1]而且在伊拉斯谟决心修订新的希腊文版的《新约圣经》之后，更坚定了他对原天主教会钦定之拉丁文版《圣经》编订者圣杰罗姆进行更深入研究的意愿，历经16年之久，伊拉斯谟才最终完成了这一计划。

1516—1521年间，伊拉斯谟在鲁汶大学任教并居留。他笔耕不辍，又相继完成了《和平的抱怨》《论基督君主的教育》《知己谈话录》《神学方法论》《论基督教婚礼》等作品。直至1521年才离开鲁汶迁居巴塞尔。

1520年10月，伊拉斯谟就自己对马丁·路德的看法，以二十二条的形式形成了《有关路德主张的原理》一文，显然仍然在试图维持他不偏不倚的骑墙态度。1524年，伊拉斯谟的《论自由意识》横空出世，在这部论著中，他终于开始表明了自己的立场，明确支持天主教会的权威和传统，公开反对马丁·路德领导的宗教改革运动。此后又在1526年由他的朋友弗洛本印刷出版了《驳马丁·路德所谓的意志不自由》一书，标志着伊拉斯谟同马丁·路德的公开论战已经进一步升级。

在伊拉斯谟与路德反目期间的1525年，伊拉斯谟开始撰著对话体的《西塞罗主义》一书，并于1528年由弗洛本负责印制出版。在这部书中，伊拉斯谟主要讨论了对古典文化的看法。在伊拉斯谟的心目中，他一直把以重塑古典文化作为标志的人文主义思想视作纯洁基督教的济世良药，因而他认为，只有重新回归古典文明才能够挽救基督教。他将基督教与古典文化摆在并存同等的位置上，主张人文主义基督教化、基督教人文主义化。他虽然不反对宗教本身，却对教会推行的蒙昧主义和教会的虚伪、不道德深恶痛绝。伊拉斯谟之前的一切著作虽然针砭了天主教会的种种丑陋行径，但是其中心意旨只是为了以此手段来纯洁教会，重新恢复天

---

[1] 伊拉斯谟.书简4 致詹姆斯·巴特[奥尔良，1500年（约12月12日）].约翰·赫伊津哈.伊拉斯谟传：伊拉斯谟与宗教改革附录：伊拉斯谟莫书信选.桂林：广西师范大学出版社，2008:204.

主教会昔日的荣光。而《西塞罗主义》的面世却是对他之前的观点进行完全颠覆的一部著作，因为他早在 1516 或 1517 年就预感到人文主义思想的蔓延有可能会导致与他的理想截然相反的结果，那就是"在复兴古典学问的幌子之下，异端可能会抬头，这是因为即使在基督徒里也有一些人名义上承认基督，内心却是异教徒"。[1] 而之后马丁·路德的宗教改革运动就让伊拉斯谟真真切切地感受到了这一危机，所以在《西塞罗主义》一书中，伊拉斯谟指出对古典文化的过度热爱会导致对基督教信仰的动摇和缺失。但是这部书的核心思想却摧毁了伊拉斯谟过去几十年来所建立起来的思想堡垒，作为一位极力鼓吹通过改革来纯洁教会的斗士来说，在面对暴力革命风暴的侵袭下，在是继续宣扬人文主义思想还是维护天主教会的威权的选择面前，他却胆怯地退缩了，或者是恐惧自己所奉为神明的信仰会在革命的风暴中被毁灭，所以他走到了自己的对立面，变成了天主教会的卫道士，实际上这一时期的伊拉斯谟正在背离让他赖以成名的人文主义的道路并渐行渐远。也许这就是改良者和革命者的根本区别吧。

在伊拉斯谟最后的岁月里，年迈的他似乎已经把他所有的关注力都放在完成《论布道的艺术》这部书上了。这本主要探讨关于基督教牧师如何传播真正的教义的书动议于 1519 年，是与《基督教战士手册》《论基督君主的教育》同一系列的，是对伊拉斯谟有关神学和道德思想的总览及完整阐述。1523 年，伊拉斯谟开始着手这部书的写作工作，但是因为这一期间伊拉斯谟与路德的辩论战激战正酣，所以他始终无法将他所有的精力都倾注到这部书的写作工作上，一直到他离开巴塞尔迁居到弗

---

[1]　伊拉斯谟. 书简 11 致皮卡托 (安特卫普, 1516/1517 年 2 月 26 日). 约翰·赫伊津哈. 伊拉斯谟传：
　　　伊拉斯谟与宗教改革附录：伊拉斯莫书信选. 桂林：广西师范大学出版社，2008:228.

赖堡以后，他才能够把自己关在与世隔绝的书斋中真正全神贯注地开始了这项工作。这时候伊拉斯谟与世隔绝的不仅仅是他安静的书斋，更在于他的思想已经与外面如火如荼的宗教改革运动变得水火不相容了。这一时期伊拉斯谟的思想的巅峰时期早已经逝去，他挑战教会的胆略也已经不复存在。因而他在撰著这部书的时候已经无法用自己敏锐的思维和睿智的眼界来驾驭这部书的思想内容了，甚至于在完成了《西塞罗主义》一书之后，伊拉斯谟针对天主教会的战斗精神几乎已经是荡然无存了，所以，期望伊拉斯谟这部长达四卷的大部头鸿篇巨制还能像过去那些倡导宗教改革的战斗檄文一样，具有震撼性的力量已经是不现实了。1535年6月，伊拉斯谟将《论布道的艺术》一书付印出版。

1536年1月，伊拉斯谟的最后一篇文稿——《论基督教会的纯洁》完成了。这是伊拉斯谟献给他一位最忠实的崇拜者——克里斯托夫·埃森菲尔德。他并非达官显贵，也不是什么文化名人，他只是伊拉斯谟1518年结识的莱茵河畔波帕德（Boppard）海关的一位普通关员，因为他对伊拉斯谟著作和本人狂热的崇拜使得伊拉斯谟决定在他生命终结之前完成一篇敬献给他的著作。

4.《新约圣经》的评介及历史意义

伊拉斯谟作为文艺复兴时期高产的作家，真可谓是著述等身。其中他的《愚人颂》以及《论基督君主的教育》更是为世人所熟知。但是本卷主要是将伊拉斯谟视作哲学家而述，因而笔者主要介绍伊拉斯谟有关哲学方面的重要著作。

伊拉斯谟对于文艺复兴时期哲学发展史上的贡献主要体现为其极力

鼓吹基督教复兴运动，恢复原始基督教的道德精神，强调信徒个人的内心信仰，反对教会中已经被异化了的繁文缛节，从而建立一个以基督为最高伦理典范的纯洁教会。而如果要实现这一设想，就必须要对原始《圣经》改头换面的杰罗姆通俗文本《圣经》进行重新考订，以恢复《圣经》原始的本来面目。

这部书最初酝酿于伊拉斯谟接触瓦拉的《新约圣经》评注本的时候。在整理瓦拉这部手稿的时候，伊拉斯谟发现在由天主教会所钦定的唯一的拉丁语文本且被自己同时也被所有基督徒曾经奉为经典的《新约圣经》中，大量的拙劣的错误俯拾皆是、错讹连连，很多地方由于传抄和翻译的失误导致了段落含义不清，语句混乱，因而他认为中世纪以来导致教会及教徒们出现的种种谬误都是由于人们误读和误传《新约圣经》而使基督教的真义无法为人们所知而造成的。而要颠覆人们对基督教这种错误的认识，使人们真正知晓基督教的真义，将基督教原始经典中所具有的道德精神挖掘出来，就必须对拉丁文本的《新约圣经》进行重新订正和评注。于是，伊拉斯谟就立下宏愿，决心一定要出版一部完全可以值得信赖的符合基督教原意的《新约圣经》。从那个时候开始，伊拉斯谟就投身于这项伟大的事业当中。他收集了所有能够找到的各种《新约圣经》版本，由于天主教会钦定的拉丁文《新约圣经》来自于希腊文手抄本，所以伊拉斯谟认为只有追根溯源至最本源的版本才能够保证自己更准确地理解《新约圣经》，为此他又专门学习了希腊语，并"搜集了大量的古希腊文献等古代手稿，据此纠正了《新约全书》中的错误，做了一千余条注解"。[1] 据说伊拉斯谟为了完成这项工作，竟然使用了多达

---

[1] 伊拉斯谟.书简10 致塞瓦提乌斯·罗杰[哈姆斯城堡（加来附近），1514年7月8日].约翰·赫伊津哈.伊拉斯谟传：伊拉斯谟与宗教改革附录：伊拉斯莫书信选.桂林：广西师范大学出版社，2008:223.

10个版本的希腊文的《新约圣经》原文手稿，从而对杰罗姆通俗文本的《圣经》中所存在的大量讹误进行了修订，并借鉴了洛伦佐·瓦拉等圣经人文主义者的评注方式，在对《圣经》中的内容进行注释的同时，通过对历史背景的深入剖析来还原《圣经》经文的真实内涵。经过他长达十多年的殚精竭虑和呕心沥血不辞辛劳的工作，1516年，伊拉斯谟经过了长达16年终磨一剑的希腊文《新约圣经》终于出版发行了，同时出版的还有他自己翻译的拉丁文译本。伊拉斯谟的这一版《新约圣经》一直被公认为是近代以来的经典《圣经》作品，仅仅只经过寥寥几次的校订。伊拉斯谟的这部《新约圣经》推动了文艺复兴时期"新经学"运动的进一步深化，同时也奠定了他被视为文艺复兴时期伟大的基督教神学家的牢固地位和"圣经人文主义学派"的领袖地位。

此《圣经》后来被马丁·路德译为德文，从而促进了德国宗教改革运动的酝酿和发展。后来欧洲各个民族国家也纷纷照此版本用本民族语言对《圣经》进行翻译，进一步推动了《圣经》的普及化，伊拉斯谟的《新约圣经》自此成为基督新教世界的官方文本。

因《新约圣经》在之后的年代中经历过多次版本更迭，伊拉斯谟当时所编订的版本已不再通用，所以本文没有撰述对该版本《新约圣经》的内容要略及导读，但是该版本对文艺复兴时期及之后19世纪之前的基督教社会产生了深远的影响是毋庸置疑的。这也是伊拉斯谟作为文艺复兴时期伟大的"圣经人文主义"哲学家的伟大贡献。

尼科洛·迪·马基雅维里：
开创现代政治学的哲学家

引言

尼科洛·迪·贝纳尔多·德·马基雅维里（Niccolò di Bernardo dei Machiavelli，1469 年 5 月 3 日—1527 年 6 月 21 日），是中世纪晚期意大利新兴资产阶级代表。马基雅维里在传统上被认为是意大利文艺复兴时期杰出的政治思想家、历史学家、文学家和军事家，并被西方学者称之为"政治学之父"，马基雅维里是中世纪后期政治思想家中，第一个明显地摆脱了神学和伦理学的束缚，为政治学和法学开辟了走向独立学科的道路的思想家。他主张国家至上，将国家权力作为法的基础。正如恩格斯在《自然辩证法》一书中写道："马基雅维里是政治家、历史编纂学家、诗人，同时又是第一个值得一提的近代军事著作家。"[1]威尔·杜兰甚至说："有一个人始终不易予以分类，他是外交家、历史家、戏剧家、哲学家"；而他的墓志铭则宣称："任何的颂词，都不足道出这位伟人的伟大"。[2]

马基雅维里强烈反对罗马教会和贵族割据势力，主张结束意大利在政治上的分裂状态，要求统一意大利；他推崇共和政体，但又认为在当时政治条件下，只能实行君主专制，建立强大的中央集权国家。他在其代表作《君主论》中认为共和政体是最好的国家形式，但又认为共和制度无力消除意大利四分五裂的局面，只有建立拥有无限权力的君主政体

---

[1]　恩格斯.自然辩证法·导言 // 马克思恩格斯选集（第四卷）.北京：人民出版社，1995:262.
[2]　威尔·杜兰.文艺复兴.北京：东方出版社，2003:698—707.

才能使臣民服从，抵御强敌入侵。他的国家学说是建立在"性恶论"的基础之上，他认为人是自私的，追求权力、名誉、财富是人的至真本性，因此人与人之间经常发生激烈争斗。国家的产生是为了防止人类无休无止的争斗的产物，通过颁布刑律约束邪恶，从而保证社会秩序的稳定。马基雅维里有句名言："只要目的正确，可以不择手段。"因而他强调为达目的不择手段的权术政治、残暴、狡诈、伪善、谎言和背信弃义等，只要有助于君主统治就都是正当的。这一思想被后人称为"马基雅维里主义"。他还著有《论提图斯·李维〈罗马史〉的前十卷》《论战争艺术》（即《兵法七卷》）和《佛罗伦萨史》等。

马基雅维里作为近代资产阶级政治学说的奠基人之一，他的政治思想对后世西方法律思想具有重要的影响。他将所著的《君主论》一书献给佛罗伦萨统治者洛伦佐·迪·皮耶罗·德·美第奇（Lorenzo di Piero de' Medici，1492—1519），呼吁洛伦佐二世致力于意大利的统一，并着重论述了巩固君主统治的方法和权术。通常马基雅维里从来不被视作是传统意义上的哲学家。但是罗素却认为，"文艺复兴虽然没有产生重要的理论哲学家，却在政治哲学中造就了卓越无比的一人——尼科罗·马基雅弗利"。[1]笔者赞同罗素的观点，认为马基雅维里在更大的意义上是一位政治哲学家，因为自从中世纪以后，以圣奥古斯丁和托马斯·阿奎那为代表的基督教神学思想将古典政治哲学纳入到基督教的神学体系，以至于整个中世纪时期成为"神学政治学"占统治地位的时期，政治研究完全被神学世界观所笼罩，政治学成为神学的科目，沦为神学的附庸，教会与国家，教权与王权成为政治研究的中心内容。

正是马基雅维里第一次提出了关于"政治独立于精神生活并区别

---

[1]　罗素.西方哲学史：下卷.北京：商务印书馆，1991:17.

于道德观念"这一在哲学意义上的标新立异的见解，从而将政治学从基督教的神学体系中剥离出来，发展成为一门独立的社会科学学科。在这一过程当中，马基雅维里并非简单地将政治学从基督教神学中割裂开来，而是在剥离两者的同时，完全建构了一个崭新的政治学的学科体系。在构建这一体系的过程中，政治学理论在民族国家这一主题之下，面临着必须要解答国家是如何产生的、国家应该有什么权力，国家的代表——政府的目的和形式是什么，政府权力的基础和构建等问题。而原有的经院哲学体系无法为马基雅维里提供任何答案，所以马基雅维里只能借助于哲学为人们提供认识世界和改造世界的基本观点和方法，利用哲学的思维来重塑政治学理论，为政治学提供了崭新的理论基础、认识角度和认识方法，从而使人们能够从世界观的角度认识政治现象。只有完成这一过程，才能使得当时的政治学真正从神学体系中剥离出来，从而具有自己独立的学科地位。马基雅维里恰好就解决了这一难题，因而他成为名副其实的近代政治思想的主要奠基人之一，从而其本人也确立了他作为一位政治哲学家的地位。

一、马基雅维里的生平

1. 寒门士子

1469 年 5 月 3 日，在文艺复兴之都的意大利佛罗伦萨，在一个家道中落的贵族家庭里，马基雅维里——这位后世的"政治学之父"呱呱坠地了。马基雅维里的家族曾经是佛罗伦萨的一个名门望族。早在 13 世纪的时候，这个家族在佛罗伦萨的政坛之上曾经呈现出炙手可热、如日中天之势，有许多人都在政府中担任要职，其中有 13 人担任过政府首脑——

正义旗手，有 53 人曾任过政府执政官。但是进入 15 世纪以后，家道日渐中落，呈忽喇喇大厦将倾之势。而马基雅维里的家庭又成为这个家族中最为贫寒的一支。他的父亲贝尔纳多·迪·尼科洛·迪·博宁塞尼亚·马基雅维里（Bernardo di Niccolò di Buoninsegna Machiavelli，？—1500）曾经在政府中担任过一般公职，但是由于欠下巨额债务无力偿还而被免职，后来只好以律师为职业，他的家庭在佛罗伦萨附近的桑卡希阿诺村附近还薄有地产，全家只能依靠着贝尔纳多微薄的薪水和地产收益来养家糊口。

家境贫寒的马基雅维里自小受到过良好的启蒙教育。贝尔纳多虽然只是一位律师，但他却是一位十足的人文主义者，他酷爱研习古代希腊和罗马的经典著作，并不惜血本地创建了一间自己的私人藏书室。据贝尔纳多的日记（1474—1487）的记载，在马基雅维里的幼年时期，他曾借阅过西塞罗的著作，在 1476 年，他又设法购买到了极为珍贵且要价不菲的李维的代表著作——《罗马史》。为了获得让他梦寐以求的这部书的副本，他甚至答应为佛罗伦萨的出版商尼科洛·德拉·马格纳编撰该书中的地名索引。当时的书籍是要先买下印刷或抄好的书页、然后再送交装帧工匠装订的，贝纳尔多为李维的这套巨著付出的装订费抵押物是"三瓶葡萄酒和一瓶醋"。[1]马基雅维里的母亲巴尔托洛弥娅·德·内利（Bartolomea de Nelli，1441—1496）也接受过一定的教育。据记载，她博览群书，能够写诗和一些宗教颂歌。[2]因此马基雅维里的家庭虽然甚至可以说是家徒四壁，但是唯一令人称道的是贝尔纳多私人藏书室收藏有令时人大为艳羡的大量书籍。正如马基雅维里后来所说的那样："我出身寒门，早年就学会了如何忍受艰苦而不是享受奢华"[3]。正是这样

[1] 毛里齐奥·维罗利.尼科洛的微笑：马基雅维里传.上海：世纪出版集团，上海人民出版社，2008: 5.
[2] 毛里齐奥·维罗利.尼科洛的微笑：马基雅维里传.上海：世纪出版集团，上海人民出版社，2008: 6.
[3] 毛里齐奥·维罗利.尼科洛的微笑：马基雅维里传.上海：世纪出版集团，上海人民出版社，2008: 4.

的家庭条件，为幼小的马基雅维里提供了良好的教育资源和环境，使之避免受到浮华世俗的影响。马基雅维里 7 岁就进入学校开始进行系统学习。在当时的意大利半岛上到处弥漫着崇尚研习古典希腊和罗马经典著作的风气，因而许多大商巨贾以及豪门贵族的子弟们竞相投身于名师门下学习希腊语和拉丁语，但是家境窘迫的马基雅维里因为无力支付名师昂贵的学费，所以只能师从名不见经传的普通老师庭下，不过自幼聪颖的他在学习语言方面天赋甚高，且敏而好学、博闻强记，因而他大约在 12 岁半的时候就能够熟练地使用拉丁文写作文章了。据说他曾在佛罗伦萨大学完成他的教育：在那里受到人文主义者语言学家马尔切洛·阿德里亚尼（Marcello Adriani）的古典文学的训练。

经过系统而专业的学习，马基雅维里接受了相当完整的拉丁文和意大利文教育，并具备了极为丰富的人文知识。他极度钟爱意大利的古典文学、史学，尤其是谙熟古罗马——罗马共和国政治制度以及西塞罗等人的论辩学和社会哲学。这一切都为其后来投身于政治外交活动准备了充足的条件。日后他对罗马共和制度的那种向往以及影响并支配他毕生活动的浓厚的爱国思想，不能不说与他的少年时代有着密切的关系，并对他以后的政治生涯奠定了极为重要的坚实基础。

马基亚维利的出生地佛罗伦萨和意大利的其他一些城市一样，在14—15 世纪就早已成为资本主义生产的最初萌芽之地。在文艺复兴时期，佛罗伦萨的文化艺术的繁荣昌盛使它成为整个欧洲的文化圣地，但是当时的意大利并非一个政治实体，而只能被视作是一个地理名词而已。呈封建分裂状态的意大利由米兰公国、威尼斯共和国、佛罗伦萨共和国、那不勒斯王国和教皇国等五个主要国家以及许多小的封建领地共同构成，它们彼此之间因为疆土扩张问题利用雇佣军长期互相征伐，直到 1454年缔结洛迪条约为止。马基雅维里就在意大利一个比较安定的时期出生、成长。但是相对而言，佛罗伦萨在那个时间段却并没有表面上的那么平静。整个社会仿佛就是平静水面下涌动的暗流，时刻会爆发危机。在马基雅维里的少年时代，那个时候的佛罗伦萨正处于美第奇家族的统治时期。美第奇家族是意大利佛罗伦萨最为著名最有权势的家族。今天我们回顾佛罗伦萨的历史，如果缺少了美第奇家族的身影，那么佛罗伦萨的历史就完全会是另外一种面貌了。甚至可以说，如果没有美第奇家族，那么意大利的文艺复兴肯定就不会具有今天我们所能看到的如此辉煌的成就。美第奇家族最主要代表人物是科西莫·美第奇和洛伦佐·美第奇，而在那时，正好就是洛伦佐就任佛罗伦萨僭主的那个时代。这一段时期，佛罗伦萨正处于风起云涌的政治动荡时期，洛伦佐在经历了战争、暗杀和反叛的种种风波后，逐渐巩固了自己的势力，建立了自己在佛罗伦萨的僭主统治地位。

2.萨沃纳罗拉与佛罗伦萨共和国

在马基雅维里20多岁学业已成的时候，佛罗伦萨正处于1490那个年代，1492年4月6日，伟大的佛罗伦萨僭主、"豪华者"洛伦佐因胃疾去世。洛伦佐的去世使得原有的看似稳定平和的政治局面又出现了动荡的迹象，正如毛里齐奥·维罗利所说的那样，洛伦佐"最严重的错误就在于将佛罗伦萨变得俯首帖耳"。[1]高压之下祥和稳定的佛罗伦萨政治态势在洛伦佐死后就不再按照着原有的轨迹继续运转了，洛伦佐的继承人是他的儿子乔万尼·皮埃罗，但是，生性懦弱优柔寡断的皮埃罗既没有乃父的风范，也无力担起佛罗伦萨僭主的这副重担，在国之重器面前，

[1] 毛里齐奥·维罗利.尼科洛的微笑：马基雅维里传.上海：世纪出版集团，上海人民出版社，2008：16.

皮埃罗已经是不可承受之重了。

所以，1494 年，法国国王查理八世借口要维护法国对当时由阿拉贡的阿方索二世所统治的那不勒斯王国的主权要求，挥兵翻越了阿尔卑斯山脉，进军意大利。"随着查理及其军队的来临，'一场大火和一场瘟疫'也进入了意大利，导致政权的更迭和统治方式的变化，深刻地改变了意大利各国之间旧有的势力均衡。"[1]面对着查理八世率领的大军压境，乔凡尼·皮耶罗"并没有跟米兰公爵和那不勒斯国王一致行动，阻止法国国王进军意大利"，相反，他选择了向查理八世屈膝投降，拱手让出了佛罗伦萨的要塞。乔万尼·皮耶罗的叛国之举激起了佛罗伦萨人民的强烈愤慨，在多年来一直从事反美第奇家族统治的多明我派僧侣吉洛拉漠·萨沃纳罗拉（Girolamo Savonarola, 1452—1498）的领导下，佛罗伦萨人民举行了武装起义，赶走了皮耶罗·迪·洛伦佐·德·美第奇（Piero di Lorenzo de' Medici，1472—1503），从而结束了美第奇家族在佛罗伦萨长达 60 年的僭主统治。

美第奇家族在佛罗伦萨统治的结束，标志着佛罗伦萨获得了新生。但是，已经丧失了要塞保护的佛罗伦萨在全副武装的法国军队面前已经是毫不设防了，无奈之下，以萨沃纳罗拉为首的起义者只能委曲求全，在满足了查理八世对财富的贪欲以及同意与法国结盟的条件后，佛罗伦萨终于免除了被刀兵屠戮和洗劫的危险。在恭送走了查理八世和他的残暴的法国士兵后，"佛罗伦萨人立即开始在美第奇家族留下的烂摊子上重建国家"，[2]在大多数人的心目中，威尼斯共和国的体制成为他们梦想中新佛罗伦萨的蓝本，"为了避免暴政和腐化……佛罗伦萨必须采取

---

[1] 毛里齐奥·维罗利.尼科洛的微笑:马基雅维里传.上海:世纪出版集团,上海人民出版社,2008: 17.

[2] 毛里齐奥·维罗利.尼科洛的微笑:马基雅维里传.上海:世纪出版集团,上海人民出版社,2008: 23.

一种'普遍而文明的生活方式'以及基于法治和全体公民之参与的制度"。[1]
而这一政治体制，正是由那位"手无寸铁的先知——萨沃纳罗拉"主导
建立起来的，他成为佛罗伦萨共和国的精神和政治之父。[2]但是，这位
多明我会的托钵僧终究不能免除"党同伐异"的历史俗套，导致了他的
支持者出现了分裂，于是被早就嫉恨他的天主教廷利用这样的机会以"异
端"的罪名判处了死刑。

　　在这一时期，马基雅维里还没有能够在佛罗伦萨的政治舞台上崭露
头角，但是出现在佛罗伦萨血雨腥风的政治动荡给年轻的马基雅维里好
好地上了一堂课，让马基雅维里内心深处的思想处女地留下了政治是残
酷的这样深深的烙印，自此让马基雅维里对何为政治有了一个初步的认识，
从而为以后马基雅维里政治思想的形成奠定了初步的基础。

3. 初露锋芒的国务秘书

　　萨沃纳罗拉死后，佛罗伦萨共和国由索德里尼继续统领共和国。
1498 年 5 月 28 日，亦即萨沃纳罗拉被行刑后的第 4 天，马基维利出人
意料地被佛罗伦萨共和国的立法机构——"八十人会议"提名出任共和
国第二秘书团的首席秘书，相当具有讽刺意味的是，这个"八十人会议"
是由萨沃纳罗拉一手缔造的，但是其中的绝大部分成员最后却成为萨沃
纳罗拉的反对者。毫无悬念地，对马基雅维里的这个职位的任命提名获
得了全体会议成员的通过，马基雅维里自此开始出任佛罗伦萨共和国第
二秘书团的首席秘书，并兼任共和国"自由与和平十人委员会"的执行

---

[1]　毛里齐奥·维罗利.尼科洛的微笑：马基雅维里传.上海：世纪出版集团，上海人民出版社，
　　　2008：23.

[2]　毛里齐奥·维罗利.尼科洛的微笑：马基雅维里传.上海：世纪出版集团，上海人民出版社，
　　　2008：22.

秘书。"佛罗伦萨共和国的八十人会议和大参议会如何以及为何选择一个无名小卒担此重任——这人既无政治经验，也不是公证人或法学博士，并且尚未表现出任何特别的文学才华。"[1]

马基雅维里从完成学业到萨沃纳罗拉被政治对手处死这段长达数年的时间里在佛罗伦萨的政治体制内具体有过什么样的身份，尚没有史料提及，马基雅维里自己对此也讳莫如深，但是有一段记载似乎能让我们窥见马基雅维里在他就任首席秘书之前的那个时期似乎是扮演了一个身份特殊的角色。因为在毛里齐奥·维罗利的《尼科洛的微笑：马基雅维利传》中有这样的一个记载，马基雅维里在 1498 年 3 月 9 日致佛罗伦萨驻圣座的大使里恰尔多·贝基的信中是这样叙述的："应贝基的要求，年轻的尼科洛于 3 月 1 日、2 日前往圣马可修道院聆听萨沃纳罗拉的布道，他非常准确地汇报了他所听到的一切。"[2]这一段描述似乎可以让我们猜测到，马基雅维里在那段时间并非是一个默默无闻的布衣身份，而是已经涉身政治漩涡，并已经成为其中某一派的亲信人物，似乎还承担着间谍或者是卧底的角色。而在萨沃纳罗拉死后，马基雅维里就立刻能够开始在佛罗伦萨的政坛上如一颗新星般地崭露头角，就不难说明马基雅维里在正式进入政治领域之前，肯定已经做了一定的人脉铺垫，并且应该早已经成为萨沃纳罗拉对立派当中的一员。

由此马基雅维里开始正式涉足佛罗伦萨政坛，从而开启了自己辉煌的政治生涯。这个十人委员会负责共和国的国防和外交事务。但是，在共和国的行政体制内，这个委员会只具有顾问和咨询的性质，而且委员会成员的任期只有数月，而秘书的任职年限一般长达数年，所以，本质

[1] 毛里齐奥·维罗利.尼科洛的微笑：马基雅维里传.上海：世纪出版集团，上海人民出版社，2008：27.

[2] 毛里齐奥·维罗利.尼科洛的微笑：马基雅维里传.上海：世纪出版集团，上海人民出版社，2008：27.

上而言，首席秘书更应该定性为是国防和外交事务方面的行政首长。因此，马基雅维里才能够得以在国防和外交领域浸淫多年，成为这方面的专业人士，也才能够最终成就其在政治学以及政治哲学领域上的辉煌成就。

马基雅维里作为主要负责国防和外交的行政长官，需要经常出使各国，当时的亚平宁半岛上实际上自从 1494 年查理八世挥军进入意大利后已经进入了史称的"意大利战争"时期，这场战争又被称为哈布斯堡—瓦卢瓦战争，是 1494 年至 1559 年间一系列战争的总称，战事蔓延了包括多数意大利城邦、教宗国、西欧各主要国家（法国、西班牙、神圣罗马帝国、英国与苏格兰）以及奥斯曼土耳其帝国。战争的起源是由于米兰公国与那不勒斯王国间的纠纷，但是由于欧洲大陆上各个大国的插手，战事随后就迅速转变为各参与国之间争夺权力与版图的军事冲突，同时，伴随着联盟、反联盟以及频繁的断交与背叛。

这场战争使得亚平宁半岛上形势显得更加波诡云谲。意大利当时的"五大国"即教皇国、威尼斯、佛罗伦萨、那不勒斯和米兰在列强面前如果应对稍有不慎就会招致大国的侵凌。初掌国防外交事务的马基雅维里不得不多次受命出使亚平宁半岛上的各个邦国以及法国和神圣罗马帝国，小心翼翼地周旋于小国与大国之间。面对着那些政治经验极其丰富的政坛老手，马基雅维里虽初出茅庐，但是他凭借着自己早年所接受的论辩术，在这些政治大佬面前却不卑不亢、折冲樽俎，并以合纵连横、纵横捭阖的方式，游走于各国和各个政治势力之间，为新生的佛罗伦萨共和国谋求最大的政治利益。这些国务外交活动，极大地开阔了马基雅维里的眼界，丰富了他的人生阅历，使他接受了政治、军事、外交等诸多方面的实际锻炼，积累了丰富的政治经验，为他后来在政治学领域上的著书立说打下了坚实的基础。

1500 年，马基雅维里出使法国，就比萨与佛罗伦萨的关系问题同法王路易十二进行交涉和谈判。在法国期间，马基雅维里实地考察了法国的政治和社会，这次出访让他受到了强烈的震撼和刺激。他看到了法国的统一和国家的强盛就源于法国拥有着强大的王权制度，而今天的意大利的四分五裂和国势衰弱则恰恰是因为意大利没有一个强大的王权统治才导致的。他从法国的经验悟出了一个道理，那就是如果要实现意大利的统一和强盛，就必须要建立一个类似法国一样的强权制的君主专制国家，这一认识，让他从此开始关注意大利国家的独立和统一问题。

1501年8月左右，马基雅维里与门当户对的玛丽埃塔·科尔西尼缔结了美满姻缘，科尔西尼的家庭的社会背景和马基雅维里的家境相似，这在当时的佛罗伦萨社会当中是人们所必须遵循的准则。马基雅维里和玛丽埃塔一共生育了五个孩子。

1502年，佛罗伦萨共和国的著名政治家皮埃罗·索德里尼（1450—1522）被任命为共和国的终身正义旗手，亦即共和国政府的首席执政官，因为之前马基雅维里在国防和外交方面的出色工作，因而他受到了索德里尼的青睐，被视作心腹智囊。于是，马基雅维里就成为索德里尼的得力助手。这一机遇让马基雅维里获得了更大的空间得以施展自己的才华。他看到佛罗伦萨的雇佣军军纪松弛，就极力主张建立本国的国民军。1505年佛罗伦萨通过建立国民军的立法，成立国民军九人指挥委员会，马基雅维里担任委员会秘书，并在征服比萨的战争中，率领军队，亲临前线指挥作战，最终在1509年迫使比萨投降佛罗伦萨。在神圣罗马帝国皇帝和教宗陷入矛盾期间，他到处出使游说，力图使其和解，避免了将佛罗伦萨拖入战争深渊的危险，并组织训练民兵，加强佛罗伦萨共和国的武装力量以图自卫。

1502年，马基雅维里领命出使当时名噪一时的瓦伦丁公国，拜会了欧洲历史上鼎鼎大名的以嗜杀、暴戾、冷血，为达目的不择手段而著称的黑公爵西泽尔·博尔吉亚（Cesare Borgia，1476—1507）。西泽尔·博尔吉亚（又译为恺撒·博尔吉亚）是红衣主教罗德里戈·博尔吉亚（Rodrigo Borgia，1431—1503）和情妇凡诺扎·贾旦尼（Vannozza Catenel）所生之子。罗德里戈·博尔吉亚后来登上了教皇宝座，即历史上臭名昭著的教皇亚历山大六世。西泽尔自小便有着远大的志向，他曾声称："不为恺撒，宁为虚无"，并把这句座右铭镌刻在自己的佩剑手柄上。他利用亚历山大六世的淫威权势，用巧取豪夺的手段攫取了瓦伦丁公国的土地并当上了瓦伦丁公爵，通过娶法王路易十二的侄女夏洛特为妻，实现了与法国王室的政治联姻，从此西泽尔更是不可一世。他是一个精通"政治权术"的君主，极其凶残，自私自利。为了谋夺权利和土地，无所不用其极。为一己的私利，不惜残害亲骨肉，谋杀了他的哥哥甘迪亚公爵。[1] 据说他与自己的妹妹乱伦，并多次将她远嫁，然后利用鸩酒毒杀自己的妹婿，借机利用遗产继承的方式来夺取妹婿的领地从而扩大自己的版图。他还狡诈无比，一方面表面上会用十分卑恭的礼貌对待政敌，从而隐藏自己的真实用意，但是在一旦取得对方的信任后，他就会找准机会无情地对他们痛下杀手。在他的领地里，当人民面对暴政奋起反抗时，他就会选派酷吏前往进行血腥镇压，一旦局势稳定下来以后，他就会向人民假惺惺地表示，这只是所派酷吏的个人行径而与他本人无关，进而把他亲自派去镇压人民的官吏当作替罪羊抛出来处以死刑，以平息汹涌的民愤。西泽尔在其父亲亚历山大六世的暗中帮助下，再加上自己的巧取豪夺的政治权术，很快就建立起了亚平宁半岛上实力最为强大的军事政治集团。统一意大利的重担似乎已经非西泽尔莫属了。

在14—15世纪的欧罗巴历史上，再没有第二个人能够像西泽尔·博

---

[1]　毛里齐奥·维罗利. 尼科洛的微笑：马基雅维里传. 上海：世纪出版集团，上海人民出版社，2008：49.

尔吉亚那样既背负如此之多的恶名,却又被同时代的人给予了无数的同情惋惜和毫不吝惜的赞誉的邪恶统治者。在众多的意大利文艺复兴时期的名人的心目中,西泽尔·博尔吉亚如天使一般的圣洁,西泽尔·博尔吉亚是他们追随与崇拜的偶像。列奥纳多·达·芬奇就形容西泽尔·博尔吉亚拥有着"宁静的面孔和天使般清澈的双眼",并为之所倾倒。马基雅维里在与西泽尔的数次交往谈判中看到西泽尔能够随意将自己的政敌以及手下玩弄于股掌之间,体现了西泽尔本人的强势、果断以及专制,所以马基雅维里才感慨道,自己"是在和一个喜欢自己处理事情的人打交道",西泽尔"城府极深,我并不认为除了他自己而外,有人知道他将要做什么。他的高级秘书们曾多次向我断言,他不告诉别人任何事情,直到他下令去办;当时机成熟或舍此别无他法的时候,他就下令去办"。[1]

西泽尔的所作所为让马基雅维里大为折服,佩服得五体投地。马基雅维里认为像他这样的君主,才是统一意大利的最理想的君主。他曾说过:"现在回头去审视公爵的一生的行事,我竟不知道在哪一点上应该责备他的;相反,我觉得,我必须像我所做过的那样,把他提出来,让一切由于佳运且凭借他人武力得以为王的人,当作模仿的榜样。"[2]因为马基雅维里认为:目的证明手段正确,所以在他看来,"某些事看来是道德的,但其结果却置国君于败亡,另外一些事,其结果却使他获得了较大的安全与幸福"。[3]正是因为马基雅维里有了这样的认识,所以在后来,西泽尔被马基雅维里作为一个伟大的君主成为其代表作《君主论》中的原型之一也就不足为奇了。

1503 年,马基雅维里结束了他的出使任务,回到了佛罗伦萨。出使

---

[1] 毛里齐奥·维罗利. 尼科洛的微笑: 马基雅维里传. 上海: 世纪出版集团, 上海人民出版社, 2008: 57—58.

[2] 马基雅维里. 君王论. 惠泉, 译. 长沙: 湖南人民出版社, 1987:33.

[3] 马基雅维里. 君王论. 惠泉, 译. 长沙: 湖南人民出版社, 1987:66.

瓦伦丁公国让他充分认识到了政治与暴力的完美结合才是确保国家长治久安的唯一保证，所以，他开始把他的研究方向转到政治学方面，开始了他的政治学研究生涯。

4. 建立国民军

经过这几次出访，马基雅维里清楚地认识到佛罗伦萨在周边大国的环伺下是无法在夹缝中求得生存的，只有自强才能自立，要想实现自强，就必须要建立佛罗伦萨自己的军事力量，而军事力量又是实现亚平宁半岛统一的有力保障。因为在马基雅维里看来，军事和政治是一对孪生子，两者是相辅相成的。但是，马基雅维里对军事力量的构成有着自己清醒的认识。他看到，"一位国王用以防卫其国家的军队……或者是他本人拥有的，或者是雇佣军或客军，或者是几种方式混合而成的。雇佣军与客军是既无用而又危险的；谁若企图将国家建立在雇佣军身上，它永远不会稳定或巩固；因为这种军队是分崩离析的，野心勃勃的，没有纪律的，不忠实的，他们在朋友中勇敢，在敌人面前懦怯，对神无畏惧，对人无忠信"[1]。而客军同样是危险的，因为"对于召请他们前来救助的人来说，他们永远是危险的，因为他们如果打败了，他依旧是孤苦无援；如果他们打胜了，他便像囚徒一样陷在他们的权力之中"[2]。他们甚至比雇佣军更危险。[3]西泽尔的瓦伦丁公国依靠实力征服了罗马地区正是仰仗于西泽尔手中拥有着一支完全听命于自己且勇敢善战的国民军，这样活生生的实例让他认识到君主必须要专制立国，而手握军队则是保障国家安

---

[1] 马基雅维里.君王论.惠泉，译.长沙：湖南人民出版社，1987:51.
[2] 马基雅维里.君王论.惠泉，译.长沙：湖南人民出版社，1987:57.
[3] 马基雅维里.君王论.惠泉，译.长沙：湖南人民出版社，1987:58.

全和维护国家独立的有力保障，也许这就是"枪杆子里面出政权"的最初萌芽。所以马基雅维里提出了自己的看法："一个王国没有它自己的军队，永远都不可能安全；相反，它将完全为命运所摆布，因为到了拂逆来临的时候，它既没有人民的勇武也没有人民的忠贞足资防卫了。聪明人永远主张与永远相信下面这句古老话：不建立在自己兵力上的权力之名，乃是最脆弱与最不稳定的。"[1] 正是基于以上的认识，马基雅维里开始着手组建佛罗伦萨共和国的武装力量。

1503 年，马基雅维里同枢机主教弗兰切斯科·索德里尼就这一问题进行了探讨，他主张"给佛罗伦萨重新建立一支国民军，使共和国可以捍卫自身的独立，不受雇佣兵的种种勒索之累"。这一认识的形成，应该是有着清晰的轨迹，正如毛里齐奥所描述的那样，"这个梦想，或许早在 1500 年雇佣兵队伍在比萨城外的营地里叛变时就已经开始酝酿，后来在马基雅维里出使法国期间进一步成形，在法国，他有机会看到那支由国王的臣民构成其核心的军队的优秀品质。在《第一个十年》里，马基雅维里把这个想法清晰地告诉佛罗伦萨同胞：……我们只相信审慎的舵手，就是熟悉船舵、帆缆、船帆的人，而道路将变得平坦便捷，等你们再次打开战神殿的大门"。[2] 但是，马基雅维里的这一主张因为被佛罗伦萨公民担心国民军成为正义旗手皮埃罗·索德里尼晋身僭主的私人武装而招致了反对。面对民众的不理解和反对，马基雅维里并没有气馁，仍然是矢志不渝地实践着自己的理想。他看到如果采取提交给"八十人会议"和"大参议会"审批的方式通过这项议案的可能性不大，就另辟蹊径，决定先绕过这个步骤，转而奔赴农村，先行招募农夫加入国民军，

---

[1] 马基雅维里.君王论.惠泉，译.长沙：湖南人民出版社，1987:60—61.

[2] 毛里齐奥·维罗利.尼科洛的微笑：马基雅维里传.上海：世纪出版集团，上海人民出版社，2008: 75.

采取生米煮成熟饭的方式来造成既成事实，并准备以现实的事例来让佛罗伦萨的民众看到组建的作为子弟兵的国民军的重要性。

马基雅维里首先决定赴穆杰洛和卡森蒂诺河谷的乡村招募乡兵。马基雅维里对于如何组建佛罗伦萨共和国自己的军队有着比较清晰的认识。关于他为何要首选这两地的乡村来招募兵员这一问题，马基雅维里做了这样的解释：他清晰地看到，佛罗伦萨共和国共由三部分组成：佛罗伦萨城本身、各附属城市（即阿雷佐、圣塞波尔克罗、科尔托纳、沃尔泰拉和皮斯托亚）及其属地所构成的行政区和乡村。如果不加区别地在所有区域招募兵员来组建国防军，反而会导致混乱和危险的发生。因为属地的居民时刻都有分离的倾向，如果将他们武装起来反而会刺激他们分离倾向的膨胀，进而有可能出现造反活动；佛罗伦萨城则应该是招募骑兵和军事指挥者的所在，而且建立骑兵及训练军官需要耗费更长的时间，难度也会更大；反而像穆杰洛和卡森蒂诺这些乡村，一方面有着大量的男丁可以招募，另一方面也因为这里没有可资利用的坚固要塞，从而保证这里不会成为当地人叛乱的堡垒。所以，马基雅维里就把这些地方作为招募步兵团兵员的首选。为了更加有效地掌控这支军队，马基雅维里制定了详尽的规章制度：他认为国民军士兵每年的集训次数不应该超过十次，在其他的时候，士兵们可以自由支配自己的时间从事生产生活，而在集训、阅兵或者是参加战斗时，官方也不应该使用强制手段迫使有正当理由的男丁离家从军。而且，为了防止士兵和军队指挥官之间因为乡土之谊而结成特殊的效忠关系，马基雅维里采取了由穆杰洛人担任卡森蒂诺籍连队的旗官，而由卡森蒂诺人担任穆杰洛籍连队的旗官的方式来规避这种可能情况的发生。[1]虽然在第一支国民军的组建过程当中遭

---

[1] 毛里齐奥·维罗利.尼科洛的微笑：马基雅维里传.上海：世纪出版集团，上海人民出版社，2008：78—79.

受了无数的非议和怀疑，但是马基雅维里仍然锲而不舍地、按部就班地致力于这项工作的付诸实施。

1506年2月15日，当马基雅维里让400名来自穆杰洛的农夫穿着"白色紧身衣，红白图案的长袜，头戴白帽，脚踏白鞋，胸套铁甲"，手持长矛或火枪，军容严整地接受检阅时，佛罗伦萨平民还是把这支国民军称赞为"佛罗伦萨城有史以来最好的东西"。[1] "马基雅维里认为，这支国民军标志着意大利军事复兴的开始"，"国民军制度正是佛罗伦萨和意大利为了改变、顺应和战胜自查理八世1494年来到意大利就已逐渐形成的政治军事局面的一种努力"[2]，可以说，从事组建国民军的工作让马基雅维里的政治生涯翻开了崭新的一页，从而使他从更深入、更广阔的视角来认识政治与军事之间的关系。

而1506年的一次出使对于马基雅维里提升自己的政治认知水平提供了一次难得的机缘。在这一年的夏末，佛罗伦萨的"自由与和平十人委员会"派遣他出使教皇尤利乌斯二世的宫廷。因为尤利乌斯二世试图收复对教廷诸国的掌控权，于是请求佛罗伦萨将该城的雇佣兵队长马尔坎托尼奥·科隆纳及其所属的雇佣军借给他去攻打博洛尼亚城的本蒂沃里奥家族。但是佛罗伦萨政府要用这支军队准备收复比萨，于是就派马基雅维里出使同教皇就此事进行磋商，以求获得教皇的谅解。马基雅维里9月27日抵达纳佩（Nepi），28日觐见教皇。他凭借着自己善辩的口才和委婉优雅的言辞暂时打动了教皇，使得教皇没有对他们的"违逆"之举雷霆震怒。

虽然马基雅维里的出使使命完成了，但是马基雅维里敏锐地认识

[1] 毛里齐奥·维罗利.尼科洛的微笑：马基雅维里传.上海：世纪出版集团，上海人民出版社，2008：80.

[2] 毛里齐奥·维罗利.尼科洛的微笑：马基雅维里传.上海：世纪出版集团，上海人民出版社，2008：82—83.

到这是一次极为难得的认识和考察意大利错综复杂的政治局面的最佳良机，所以他仍然决定追随着教皇的法辇试图来近距离体会政治的波谲云诡。此次随行教皇的旅行对于马基雅维里而言是收获颇多，在这一期间形成的一些初步的认知后来在被整理提炼后被马基雅维里写入了自己那部影响世界的名著《君主论》之中，并进行了更为系统化的理论阐述。这次出使还有一个收获，就是让马基雅维里近距离地将教皇军队和自己所创建的国民军进行了对比，从而对佛罗伦萨的国民军建设更充满了自豪感和自信心。

1506 年 12 月 6 日，佛罗伦萨政府设立了一个崭新的行政机构——佛罗伦萨"国民军九人指挥委员会"，国防和军事事务被从"自由与和平十人委员会"中剥离出来，由这个新设立"国民军九人指挥委员会"专门负责此项事务，这表明，国民军这一体制外编制已经被佛罗伦萨共和国正式收编，而这个委员会的首脑，自然而然且又毫无悬念地非马基雅维里莫属。从此，马基雅维里开始在军事领域开始按照自己的思路和想法大展手脚而不用再受到他人更多的掣肘和束缚。

5. 共和国的瓦解

但是，随着马基雅维里越来越多的锋芒毕露以及所辖权力的越来越大，他也越来越受到贵族派们的嫉恨。在贵族派的眼中，出身于平民门庭的马基雅维里是没有资格和他们平起平坐的，何况近几年来马基雅维里这颗政坛新星如日中天般的炙手可热，于是，被贵族派们视为骄横自大的马基雅维里更成了贵族们的眼中钉，让这些贵族们愤愤不平，所以他们抓紧一切机会对马基雅维里进行打压。

　　1507 年，为了判断哈布斯堡皇帝马克西米利安准备进军意大利传闻的真实性，佛罗伦萨官方决定派马基雅维里出使哈布斯堡王朝的王宫。但是对于这一决定，贵族派们跳出来极力反对，他们认为在如此重大的外交场合中，出身平民的马基雅维里身份低微，不足以承担此一重任，应该派遣出身高贵的名门显宦的青年出使才能够表示佛罗伦萨共和国对此次出使的重视程度。于是，在贵族派的施压下，这次出使的人选落在了贵族出身的弗兰切斯科·韦托里（Francesco Vettori）的头上。

　　但是，韦托里来自德国的汇报却无法得到佛罗伦萨官方的信任，于是，有着非凡政治敏锐力和政治敏锐性的马基雅维里再次披挂上阵，以信使的身份赴马克西米利安的皇宫再探究竟。马基雅维里抵达后，与韦托里捐弃前嫌，通力合作，圆满地完成了这次出使的任务。在这次出访期间，马基雅维里目睹了因为德意志各邦所具有的独立性从而导致了哈布斯堡王朝在政治上的分崩离析状态，敏锐地看到哈布斯堡王朝在政治体制上所存在的缺陷和不足，并对马克西米利安皇帝所拥有的实力有了一个清晰的认识，据此，他得出结论，马克西米利安并非一位卓越的君主，而只是一位平庸的帝王，佛罗伦萨不能把自己的命运寄托在他的身上，而只能是自力更生地寻求佛罗伦萨的独立和自强。不过，此次出访让马基雅维里得到的最大收获是，他了解了德意志出色的军事组织方式，并对德意志各个邦国及瑞士自由市的富庶程度有了崭新的认识。马基雅维里目睹了德意志人和瑞士人的军事组织方式，这对于马基雅维里而言，更是见猎心喜，因为马基雅维里可以将之借鉴作为自己创建国民军的最佳经验。他看到"德国人和瑞士人让自己的士兵武装起来，接受良好的训练，他也想让那支新建立的佛罗伦萨国民军如此"。[1]

---

　　[1]　毛里齐奥·维罗利.尼科洛的微笑：马基雅维里传.上海：世纪出版集团，上海人民出版社，2008：95.

　　马基雅维里创建的佛罗伦萨的国民军得到的真正检验是在 1509 年收复比萨的战争中。比萨与佛罗伦萨两城之间有着纠缠不清的历史情缘。比萨位于佛罗伦萨西北方向，东距佛罗伦萨 68 公里，历史上是一个海滨城市。比萨虽然也较为有名，但因为实力受限，人口较少，经济实力不强，而佛罗伦萨则实力雄厚，在亚平宁半岛分崩离析、兼并战争不断的状态下，很多小城市为了自身的安全，都有托庇于大城市羽翼之下以求得安全的传统，当然比萨也概莫能外。随着资本主义萌芽最早在佛罗伦萨的出现，大量手工工场的出现促进了佛罗伦萨毛纺织业的兴起，并一跃成为当时欧洲大陆上最为重要的经济中心。随着佛罗伦萨经济实力的膨胀，它的野心也越来越大，并逐步开始了兼并周边城市的战争行动。1406 年，比萨被佛罗伦萨征服，佛罗伦萨由此获得了经阿诺河到地中海的出海口，成为托斯卡纳地区的唯一霸主。比萨城作为濒临利古里亚海的港口，借助于佛罗伦萨发达的毛纺织业，很快就成为贸易航运中心。佛罗伦萨也因为这一阶段的兼并战争一跃而成为与教皇国、威尼斯、那不勒斯和米兰旗鼓相当的五大国之一，尽管规模和性质有很大差异，但它们大致上维持着政治势力上的均势。但是随着佛罗伦萨僭主洛伦佐·美第奇的去世，强势的佛罗伦萨逐渐出现衰败的迹象，他的儿子皮耶罗·德·美第奇作为继承人更是软弱无能。1494 年面对法国国王查理八世及其四万大军的入侵，皮耶罗放弃了抵抗，拱手割让了比萨及其他一些要塞。比萨城由此就脱离了佛罗伦萨共和国的掌控。但是，比萨城作为一个重要的贸易航运中心，对于以出口毛纺制品为经济支柱的佛罗伦萨而言，其地位之重要不言而喻，因而，佛罗伦萨对于比萨城的脱离耿耿于怀，一直想将其重新征服，再次纳入自己的掌控之下。

　　1509 年，马基雅维里率领他新建的国民军正式出兵，开始了征服比萨城的战争。这是国民军所经历的第一次真刀真枪的实战考验。在战斗中，训练有素的国民军在战斗中英勇顽强，奋勇拼杀，而马基雅维里作为军队统帅也身先士卒，亲临前沿阵地指挥国民军的战斗。在强大的攻势面前，几乎弹尽粮绝的比萨城不得不发出求和的请求。马基雅维里作为佛罗伦萨的全权代表全程负责了谈判过程的始终。在马基雅维里的软硬兼施之下，1509 年 6 月 4 日，比萨城被迫签署了投降书，比萨城又回到了佛罗伦萨的掌控之下。这次对比萨的征服，可以说达到了马基雅维里个人军事生涯的顶峰，而征服比萨，也成为马基雅维里寻求实现意大利统一的初步尝试。

尽管佛罗伦萨征服了比萨城，但是并不能标志着这是已现颓势的佛罗伦萨重新复兴的开始，相反，此时意大利的政治状况正在急转直下，还沉浸在征服比萨后喜悦之中的佛罗伦萨尚不知战争的危险即将来临了。事实上，此时教皇尤利乌斯二世已经下决心将盘踞在亚平宁半岛上的法国军队驱逐出境，因而战争的阴云开始笼罩在意大利的上空。如果教皇获得了胜利，那么新生的佛罗伦萨共和国必然会堕入深渊之中，因为与尤利乌斯二世有着密切利益关联的美第奇家族作为教皇的同盟，一定会借势试图推翻共和政府，夺回失去的对佛罗伦萨的控制权。

面对如此危急时刻，如果要想解救佛罗伦萨于倒悬之苦，唯一的办法就是促成法国国王和教皇达成和平协定，以使即将发生的战争消弭于无形之中，其根本目的还是要保证佛罗伦萨免受伤害。而要想实现这一目的，就必须派一位与对立的两大势力都具备良好的关系，而且能够得心应手地游走斡旋于其间的外交人才，马基雅维里恰是最佳的唯一人选。但是，马基雅维里在波谲云诡的政坛上并非事事顺意战无不胜的常胜将军，马基雅维里的调停计划最后失败了，面对佛罗伦萨即将面临的灾难，马基雅维里虽然是天纵奇才也已经是回天无力了。于是，在这段时间，马基雅维里唯一能做的事情就是整军备战，加强已有的并建设新的防御设施，同时还招募新兵，扩编已有的步兵团，他认为一支军队的战斗力主要在于步兵，但是没有骑兵的军队是无法取得彻底的胜利的，[1]因而他又开始招募骑兵，组建了新的骑兵团。但是毕竟时日无多，马基雅维里无论再怎么努力，也无法延迟佛罗伦萨即将面临的灾难的到来。

1512年8月，在普拉托战役中，由卢卡·萨韦洛率领的国民军一部没有阻挡住西班牙军队的进攻，普拉托陷落。在西班牙军队的帮助下，美第奇家族返回了佛罗伦萨，共和国随之瓦解，美第奇家族在佛罗伦萨重新掌权。皮耶罗·德·美第奇的儿子洛伦佐·迪·皮耶罗·德·美第奇（Lorenzo di Piero de' Medici）成为佛罗伦萨新的大公，被称为洛伦佐二世。而他的叔叔朱利亚诺·迪·洛伦佐·德·美第奇（Giuliano di Lorenzo de' Medici）在策划夺回佛罗伦萨后，就继续以枢机主教的身份操控着全局。不幸的是，马基雅维里作为前政府的高官丧失了一切职务，被新政府弃用。不久，马基雅维里被卷入了一桩密谋对美第奇家族叛乱的名单中，因而他受到了牵连被逮捕入狱。他经受了多次的严刑拷打，身体受到了严重摧残，但是最后因为查无实据而被释放。

6. 著书立说

虽然佛罗伦萨的政府改换了门庭，但是对于马基雅维里来说，他的政治信念并非是对共和制度的从一而终，他的终极政治理想在于完成意大利的统一。在马基雅维里的人生哲学中，主张为了达到目的，可以不择手段，即他自己提出的所谓"目的总是证明手段正确"，因此，即使他被乔凡尼弃如敝屣，为了践行自己试图统一意大利的梦想，他还是

---

[1] 毛里齐奥·维罗利.尼科洛的微笑：马基雅维里传.上海：世纪出版集团，上海人民出版社，2008：113.

千方百计同美第奇家族进行疏通，并亲自上书身为教皇利奥十世的乔凡尼·德·美第奇请求重新起用他，甚至还在自己的著作中加以谄媚之语并进呈以求得洛伦佐二世对他的眷顾。但是事与愿违，马基雅维里的这些努力都付诸东流，作为前政府显赫高官的马基雅维里事实上已经毫无疑问地被现政权打入了冷宫。

无奈之下，马基雅维里不得不接受了这样的现实，政治上的失意让他面临着经济上的窘迫，因而他带着妻儿老小回到他父亲留给他的位于城郊佩尔库西纳的小农庄内，他的兴趣也从从政开始转向了在书斋中写作，由此开始了长达 15 年的著书立说生涯。

1513 年，是马基雅维里遭到贬逐的第一个年头，心有不甘的马基雅维里尚还幻想着能够得到美第奇家族重新赏识，因而他也希望自己的作品能够引起洛伦佐大公的共鸣，于是他开始了《君主论》的写作工作，并试图以此为敲门砖，实现它重返政坛的梦想，但是他的这一想法最终成了镜花水月。

当历史的时针指到了 1519 年的时候，马基雅维里迎来了时来运转的一年。也许是命运女神觉得对马基雅维里的折磨已经足够了，于是对失意落寞的马基雅维里开始重新垂青了。这一年的 4 月 5 日，佛罗伦萨的当政者，亦即乌尔比诺公爵——洛伦佐·德·美第奇二世因为身患梅毒而去世。身为枢机主教的朱利奥·迪·朱利亚诺·德·美第奇（Giulio di Giuliano de' Medici，1478—1534，即后来的教皇克莱门特七世）回到佛罗伦萨主持大局。命运之神似乎又为马基雅维里打开了通往政坛的一扇窗，仿佛马基雅维里的政治生命的第二春即将到来。这时身为教皇利奥十世的乔凡尼·迪·洛伦佐·德·美第奇对马基雅维里表示了好感，他授意朱利奥给予马基雅维里提供表现的机会。因为美第奇家族的发家史与佛罗伦萨城 14 世纪以后的历史有着密不可分的关系，而撰修佛罗伦萨的历史在一定程度上又相当于为美第奇家族树碑立传。于是，他们属意由赋闲在家却又不甘寂寞的马基雅维里来承担这一任务。由此马基雅维里的另一部史学巨著，甚至还可以说是文艺复兴时期人文主义的历史学巨著——《佛罗伦萨史》的写作工作开始提上了议事日程。1520 年，马基雅维里被美第奇家族正式聘用来承担这一任务。当时约定的报酬仅为 100 弗洛林，甚至只相当于他担任国务秘书时薪水的一半。但是，马基雅维里希望借此来缓和与美第奇家族的关系进而成为自己重返政坛的敲门砖，便欣然应承了下来。

马基雅维里自此逐渐走进美第奇家族的视野，他开始被视作可资利用的智囊，并越来越多地参与到美第奇家族的政治事务当中。这一期间，他还受朱利奥之命负责起草佛罗伦萨的政治改革规划。因为自从洛伦佐二世死后，美第奇家族已经感受到他们在佛罗伦萨的统治面临着终结的可能，为了延续统治，他们试图通过对政治制度的改革来重新获得人民的支持。而深谙政治之道的马基雅维里的意见是他们迫切想了解的。马基雅维里在对佛罗伦萨历史和社会进行全面分析的基础上撰写了名为《论洛伦佐去世后的佛罗伦萨事务》的改革计划，计划的核心要点是改变美第奇家族在佛罗伦萨的统治方式，用"一个温和的民主形式的共和国以为美第奇家族之续"，[1] 代之以 8 年前被美第奇家族扼杀的共和制政府。原本美第奇家族只是想以微小的改变来挽救行将没落的统治地位，但是马基雅维里的建议却会让他们最终失去对佛罗伦萨的控制，自然不会得到他们的首肯，于是，马基雅维里的这份建议被束之高阁。不过马基雅维里也并没有因此而失去美第奇家族的信任。

1525 年 5 月，马基雅维里亲赴罗马，将已完成的《佛罗伦萨史》献

[1] 雅各布·布克哈特.意大利文艺复兴时期的文化.北京：商务印书馆，1991:84.

给了于 1523 年加冕为教皇克莱门特七世的朱利奥·迪·朱利亚诺·德·美第奇。马基雅维里因此获得了 120 金达克特的奖赏。

7. 昙花一现的希望

1526 年教皇克莱门特七世以上帝的名义宣布法王弗朗索瓦一世与神圣罗马帝国皇帝查理五世签订的承诺放弃对意大利北部的马德里条约无效，并携佛罗伦萨和威尼斯与法王弗朗索瓦一世缔结科涅克同盟，联手发动反对神圣罗马帝国皇帝的科涅克同盟战争。1526 年 3 月，因为马基雅维里在《论战争艺术》一书中所表现出来的对军事知识的谙熟，他被教皇克莱门特七世钦定为佩德罗·纳瓦罗伯爵的助手，协助佛罗伦萨的城防工作，随之被任命为城防官，负责佛罗伦萨城墙和堡垒的加固工作。这一任命标志着马基雅维里已经完全获得了美第奇家族的信任，似乎昭示着马基雅维里政治生命的第二春终于来临了。马基雅维里因此而兴奋并全身心地投入到为国效力的工作当中。

但是，最为不幸的是，马基雅维里的这次政治生命的第二春对于他而言只是昙花一现的回光返照而已。1526 年，神圣罗马帝国皇帝查理五世命令阿尔瓦公爵率领西班牙军队和德国雇佣军征讨教皇组织的科涅克同盟的军队。在查理五世强大的攻势面前，懦弱的克莱门特七世被迫屈服了，并签订了休战协定，出卖了整个同盟。但是一纸休战协定并没有让西班牙和德国雇佣军的进军脚步停下。5 月 6 日，神圣罗马帝国的军队攻入罗马城，并对全城进行了疯狂的洗劫。克莱门特七世的无能和背信弃义激起了佛罗伦萨人民的愤怒，5 月 16 日，他们再次发动起义，推翻了美第奇家族在佛罗伦萨的统治，重建了新的共和国。

正在试图营救克莱门特七世的马基雅维里听到这个消息，兴奋地赶回佛罗伦萨，希望新的政府中能够重新起用他这个共和制度的曾经支持者。但是，马基雅维里因为在之前曾经短暂地效劳于美第奇家族的经历，使得共和派们对马基雅维里对共和制度的忠诚度产生了怀疑，因而新的共和政府断然拒绝了马基雅维里试图为新政府效劳的请求。就这样，命运女神似乎与马基雅维里开了一个大大的玩笑，过去马基雅维里因为做过共和国政府的高官而被美第奇家族所冷落，而当他经过努力被美第奇家族接纳后却又因为美第奇家族的被驱逐而为新的共和制政府所不容。这对于一直梦想着试图以通过自己在政治舞台上掌握权力的方式从而实现意大利统一的马基雅维里而言，绝对不啻一个天大的笑话，自己所极力推崇且愿意为之披肝沥胆效力的共和制度却将自己拒之门外。在这样的打击下，马基雅维里极度失望。6月10日，马基雅维里因为忧愤而患上了急性腹膜炎，21日，他就带着未能统一意大利的遗憾因为不治而撒手尘寰，终年58岁。

二、马基雅维里的学术研究生涯及其主要作品

马基雅维里作为近代以来政治哲学的开创者，他一改过去柏拉图和圣奥古斯丁将政治学和道德学或神学密切结合起来的传统模式，摒弃了中世纪经院哲学的教条理论，不再从《圣经》和上帝出发，而是从人性出发，以历史事实和个人经验为依据来研究社会政治问题。他把政治学当作一门实践学科，将政治和伦理两者截然分开，把国家看作只是纯粹的权力组织。他的国家学说以性恶论为基础，认为人是自私的，追求权力、名誉、财富是人的本性，国家的产生就是为了防止人类无休止的争斗。国家是人性邪恶的产物。今天的政治学理论可以说在很大程度上都是由马基雅维里的政治思想衍发而成，他是实至名归的现代政治思想的主要

奠基人。

在马基雅维里 58 年的人生历程中，他的学术研究生涯主要集中在自 1512 年佛罗伦萨共和国被颠覆后，被迫赋闲直到生命结束的最后 15 年时间里。虽然在这之前，马基雅维里因为出使或者政府工作写了无数的公文报告，其中的很多片段内容也展现了其思想精华的碎片，但是还不能称之为学术研究成果的正式作品。直到 1512 年 8 月，马基雅维里为之效力的共和国政府在西班牙军队和美第奇家族的联合绞杀下被推翻了。他作为共和国政府的高官被贬斥驱逐。其间因为卷入对美第奇家族的叛乱活动而被监禁，并经受了严刑拷打。后来冤情洗白后马基雅维里被释放，但是这时的他已经一贫如洗，于是，他只能回到了自己在乡下的别墅隐居乡间。

回到乡下以后，马基雅维里不得不把自己的兴趣由从政转向了在书斋中的写作工作，由此他开始了长达 15 年的著书立说生涯。马基雅维里有着良好的文学素养和语言知识，同时又具有丰富的政治、外交、军事等领域的经验和卓越的理论水平，因而他的著述涉猎了政治、军事、语言、文学、历史等诸多领域。也许历史的轨迹运行自有他的道理，因为如果马基雅维里继续浸淫政坛，可能今天的我们就不会看到这么多在人类思想史和史学史上影响颇巨的传世之作了。

1. 学术研究和写作生涯

马基雅维里的第一部著作就是在整个世界的政治思想和学术领域都产生了极为重要影响的《君主论》（又被译为《霸术》）。《君主论》的写作工作是在 1513 年 3 月开始的，直到他回到乡下以后，他才完成了整部书的写作工作。马基雅维里的这本《君主论》是他总结十多年宦海浮沉，"包含着他对古代历史的研究和他在担任佛罗伦萨共和国秘书期间学到的一切"[1]所凝练而成的心血之作，但是，在这本书上的题名为"献给伟大的洛伦佐"的献词，此举清晰表明了《君主论》在写作动机上显然是马基雅维里为毛遂自荐而做的努力。他希望能凭借这本书中所阐释的真知灼见获得美第奇家族的欢心以换取他能够重回政坛的机会。在马基雅维里1513年12月10日致韦托里的信中已经明白无误地表达了马基雅维里写作此书的初衷："读了它就会发现，15年来我一直在钻研治国之术，既没有睡大觉，也没有混日子，谁都应该乐于利用某个经验如此丰富的人而置对手于不利。"[2]由此可见，马基雅维里写作《君主论》并非是以总结多年经验及思想为初衷的，其根本目的只是为了重返政坛而向美第奇家族自荐的敲门砖而已。但是显然韦托里并没有如马基雅维里所愿，把这本书呈送给美第奇家族的任何人。

马基雅维里作为中世纪晚期意大利新兴资产阶级的代表人物，主张结束在意大利的政治分裂局面，以建立强大的中央集权国家。他虽然一方面极力推崇共和政体，认为共和政体是最好的国家形式，却又认为仅仅依靠共和制度是无法承担结束意大利政治分裂局面的责任的，而只有专制集权的君主制度才能解决这一问题，因而正是这种认识才促成了《君主论》的面世。但是，人是矛盾的综合体，马基雅维里在《君主论》中极力鼓吹君主专制的同时，也许其内心也正在受到对共和体制欣羡的煎熬，所以，才会有马基雅维里在1513年3月动笔撰著《君主论》的同时，同年的7月他其实也开始了另一部著作——《论提图斯·李维〈罗马史〉的前十卷》（简称《论李维》）的写作。而马基雅维里在《君主论》第

---

[1] 毛里齐奥·维罗利.尼科洛的微笑：马基雅维里传.上海：世纪出版集团，上海人民出版社，2008：145.

[2] 毛里齐奥·维罗利.尼科洛的微笑：马基雅维里传.上海：世纪出版集团，上海人民出版社，2008：145.

二章中所提到的"这里我不想谈共和国，我在别的地方已经充分讨论过它们了"这句话似乎就已经隐晦地提及了这本书的写作。[1] 至 1517 年，马基雅维里完成了这本书的写作工作。

《论李维》是对李维《罗马史》前 10 卷的评注。马基雅维里在该书中讨论了他对有关政治、道德、命运和必然性等内容的认识，并对共和国的公民、领袖、改革家和奠基人如何进行自我治理以及如何捍卫他们的自由和避免腐败的历史经验进行了总结，从而"推导出若干可运用于当下的政治行动原则"。[2] 马基雅维里还对古典与现代的共和制的区别和联系问题进行了大篇幅的论述，详细论述了共和体制的内容、共和国的政治原则和运行机制以及共和国的优越性的表现，等等。在其中的许多篇幅中，马基雅维里以历史和现实作为基础，对各种国家的治理形式进行比较。他认为，共和制是最稳定的，一个法律和制度健全的共和国也是最自由的。在马基雅维里看来，自由主要是一个政治概念，它首先指公民的政治平等，实现外无奴役，内无压迫，人民能够参加国家管理。在自由的共和国度里，人民通过努力获得财富和地位并享有保障，这对促进经济的发展和繁荣有较好的作用，能实现国家的富强；共和制符合自由平等，在共和制下，人民自由参与国家管理，能够防止个人谋求私利，集众人智慧可以挑选较为合格的官吏，可以更好地预见未来，发挥众人的力量，从而使国家更加繁荣强盛。因此，共和国是最稳定、最强大的政体。在歌颂共和制的同时，马基雅维里对君主制进行了强烈的抨击，他认为个人统治是最不足取的政治形式，君主并不比一般人更圣洁，他们有私欲，会犯错误，他们为了满足自己的私欲往往就会损害国家的利益。

---

[1] 马基雅维里:君王论.惠泉，译.长沙:湖南人民出版社，1987:4.
[2] 毛里齐奥·维罗利.尼科洛的微笑:马基雅维里传.上海:世纪出版集团，上海人民出版社，2008:175.

君主制度只适合于腐败的国家。而专制制度，则更是有害的，专制制度会损害国家，造成国家的衰落。对比马基雅维里的这些论述，《论李维》无疑是西方政治思想传统中最为重要的作品之一，被哈林顿说成是为中世纪后的欧洲恢复和应用基本上是古典意义的政治自由所做的最为重要的尝试。《论李维》中总结了一系列的历史教训，描述了共和国应该如何成立、架构，涵盖了对权力的制衡与分立、政治权力分立的好处以及共和国比君主国所具有的优势之处。

《君主论》和《论李维》是马基雅维里几乎在同一时间段开始撰著的，甚至两部书在写作时间上还出现过重叠。在《君主论》中马基雅维里极力鼓吹君主制，而在《论李维》中他又热情地赞美讴歌了共和制，这看似是极为矛盾的。对于如何认识这一问题，一种解释是《君主论》是他为了讨好美第奇家族以便取得政治职位才写下的应急与谄媚之作，而《论李维》一书才是代表了马基雅维利真实内心的政治巨著。笔者则认为，这两部书所阐述的思想理论看似矛盾，其实却真正体现了马基雅维里内心真实思想的一体两面。马基雅维里终其一生的政治理想是结束意大利四分五裂的政治局面，最终建立民族统一国家。而当时处于封建割据的意大利，大多数地区被外国势力控制，内部城邦间为争夺领土，兵连祸结，人民困苦不堪。马基雅维里认为，要想最终摆脱封建割据局面实现国家的统一，只能实行君主制政体，由一个强有力的君主来主导，对内进行城邦的统一，对外赶走外来势力，才是最切实可行的方法。因此他极力希望有一个强权的君主的出现。而在通过君主消灭割据，实现统一后，马基雅维里仍希望重新组织一个政治自由的国家，显示了他本人对自己所处时代世俗化与现代性的看法。这是马基雅维里这一理想的一体两面的真实暴露。即在马基雅维里的内心深处，认为只有专制集权的君主制度才能完成意大利的统一使命，而共和制度则是治理意大利的最佳政治制度，而且从两本书的写作时间上也可以看出来，两本书都是在 1513 年开始写作，《君主论》在该年年底即完成了写作，而《论李维》则从 1513 年 7 月直至 1517 年才完成最终的写作，从中我们可以窥见，马基雅维里的写作热情和关注度更多地倾注给了《论李维》这部政治巨著。

马基雅维里在《论李维》中提出了一系列的历史教训，详细描述了共和国应该如何成立、架构，也包括了对权力的制衡与分立、政治权力分立的好处以及共和国比君主国的优越之处。这些历史总结对于后世的资产阶级共和国的建立有着莫大的借鉴作用，书中所阐述的实用主义政治哲学原则甚至可以在今天的许多民主国家的政治体制中窥见当年马基雅维里思想的踪迹。在《论李维》一书中，马基雅维里的政治哲学初露端倪，对启蒙时代法国卢梭政治思想的形成产生了深远的影响。

马基雅维里在展现其在政治方面和历史方面才华的同时，他也没有让自己所具有的文学天赋被湮灭。在他完成了他的第一部皇皇巨著《论李维》之后，他转而投身于戏剧创作当中。在 1517—1519 年间，他完成了两部喜剧——《安德罗斯的女人》和《曼陀罗花》。《安德罗斯的女人》取材改编于古罗马喜剧作家普布留斯·泰伦提乌斯·阿非尔（Publius Terentius Afer，约前 190—前 159）的一部作品；而《曼陀罗花》是他最重要的剧作，也是第一部意大利语喜剧。剧本描写了迂腐的学者尼齐亚膝下无子，他听信青年卡利马科的主意，要妻子卢克莱齐娅服用曼陀罗花，结果中了圈套，卡利马科乘机和卢克莱齐娅相好，享受幸福。马基雅维里继承和发展了古罗马的喜剧传统，他在这两部作品当中展示了意大利的现实生活，抨击了社会恶习和封建道德观念。他的剧作具有鲜明的特色，通过构思巧妙、曲折夸张的情节刻画了富于性格特征的人物，台词幽默、风趣。当然，这两部喜剧的出炉在很大程度上更是源于马基雅维里长期试图重返政治舞台希望的破灭，郁郁寡欢之中的他只能以写喜剧的方式来求得人生的安慰吧。正如毛里奇奥说的那样："如果他没有把脸转向喜剧与笑，他就会屈服于悲伤与哭泣，而他是绝不会让命运女神或任何人如愿以偿的。"[1]

1520 年，美第奇家族聘请马基雅维里撰著《佛罗伦萨史》一书。因为美第奇家族的发家史与佛罗伦萨城 14 世纪以后的历史有着密不可分的关系，而撰修佛罗伦萨的历史在一定程度上又相当于为美第奇家族树碑立传。1525 年，马基雅维里完成了这部书的写作工作。这部书以丰富的史料、人文主义思想、编年体的编排格式和优雅畅晓的语言被奉为近代历史学的先驱，后世赞誉其为人文主义历史学的巨著。马基雅维里也因为这部著作而奠定了他人文主义历史学家的崇高地位。

《佛罗伦萨史》共分 8 卷。作者用生动具体的文笔记叙了自西罗马帝国末年佛罗伦萨建立城邦始，直至 1492 年止美第奇家族的"豪华者"洛伦佐去世长达 1000 年的佛罗伦萨城市的历史。在这部书中，马基雅维里对罗马教皇给予了批评和鞭挞，指出教皇的统治才是阻碍意大利经济发展并导致意大利分裂的罪魁祸首。马基雅维里在撰写过程中并非以丰富的史料取胜，而是在书中以史料为砖瓦，以人文主义思想为其筋骨贯穿全书来阐释佛罗伦萨城历史的发展变化脉络。作者充分运用了人文主义的观点，把佛罗伦萨"描写成为一个活的有机体，把它的发展描写为是一个自然而独特的过程"。[2]布克哈特的这段评论恰到好处地总结出了《佛罗伦萨史》这部书与马基雅维里之前的历史著作的截然不同之处。

在 1519—1520 年这一期间，马基雅维里还完成了《论战争艺术》（又译《兵法七卷》）的写作，并于 1521 年 8 月由佛罗伦萨出版商菲利波·迪·琼

[1] 毛里齐奥·维罗利.尼科洛的微笑：马基雅维里传.上海：世纪出版集团，上海人民出版社，2008：173.
[2] 雅各布·布克哈特.意大利文艺复兴时期的文化.北京：商务印书馆，1991:81.

塔印制出版了。虽然他的国民军在1512年被西班牙军队蹂躏并摧毁,但是在马基雅维里的内心深处,组建常备军仍然是保证完成意大利独立统一与富强的唯一保证。他希望能为后人提供自己在军事领域方面的研究和经验。正是他心中的不灭情结促使着他进行着这部著作的写作工作。

《论战争艺术》全书共7卷。在这部书中,马基雅维里研究了欧洲历史上的多个著名战役,并考察了15—16世纪初西欧军队战术上的发展变化,进而将自己的军事改革和指挥作战的经验体会融入其中。该书第1、第2卷着重论述了军队兵役制度和训练,第3卷集中论述会战,4—7卷就宿营、行军、筑城等问题进行了阐述。据信《论战争艺术》书中参考了古罗马军事著作家韦格蒂乌斯(Flavius Vegetius Renatus)所著《论军事》一书内容,所以有一些雷同文字。当然,由于时代的局限和作者个人的认识能力,马基雅维里对火器的作用以及未来的发展前景估计不足。在对兵种作用认知上,他重视步兵的作用而轻视骑兵。尽管如此,他主张使用步兵、强调会战在战争中的决定作用等思想,在与主张以骑兵为核心、不求决战的欧洲中世纪军事理论相比,仍不失为一种进步。这本书被赞誉为"把现代战争一切好的方面与古代最完美的战争方式相结合,组成了一支所向无敌的军队"。它教会了人们"战争该怎么个打法"。[1]

2.《君主论》内容评介

在人类的思想发展史上,还从来没有哪一部著作和这部《君主论》一样,一方面既遭受到了无情的诋毁和谩骂,另一方面却又获得了空前的赞誉和喜爱。《君主论》作为一部毁誉参半的奇书,一直被欧洲历代君主奉

[1] 毛里齐奥·维罗利.尼科洛的微笑:马基雅维里传.上海:世纪出版集团,上海人民出版社,2008:207.

为圭臬而作为案头必备之书，它既被视为政治家的最高指南和统治阶级巩固其统治的治国原则，体现了人类有史以来对政治斗争技巧最为独到最精辟的剖析，却又被视为"恶棍手册"，因为它触及了人类道德信念的底线，使政治充溢着兽性的龌龊，而人性则被抛弃。马基雅维里如此惊世骇俗的言论自然被天主教会视为禁书而被禁毁。

《君主论》是马基雅维里对亚平宁半岛上数百年来的政治斗争和政治生活以及他个人从政 14 年以来在政治、外交、军事实践生涯中的经验的理论性概括和总结的结果。他用手术刀式的笔触将政治所具有的真实面目解剖开来，讲的是君主们如何实现治国和兴邦之术，主旨是君主或其他类型的专制统治，如何巩固自己的权力、地位，并且深入完整地阐述了自己对于君主专制理论和君王权术论的理解和认识，极力推崇的是强力而独裁的君王制度，深刻而鲜明地体现了作者"为达目的而不择手段"的思想特点，而这也正是"马基雅维里主义"的具体体现。他认为，作为一个君主，首要的目的是要保证自己的政权的稳固，因而在自己所采取的行动中，不必在意善恶，只要对自己的统治有利就是合理的。在国际上的对外交往当中，君主外交政策应该具有足够多的灵活性，要软硬兼施、应对有度，对变幻莫测的国际局势能够做到洞若观火，这样才能保证自己的国家在波谲云诡的国际关系中生存下来。他进而对意大利长期战争分裂的原因进行了分析与探究，并提出了实现意大利的统一的方案——即建立强有力的中央集权制民族国家。

这本书对于当时那个时代所具有的震撼力是不容置疑的。《君主论》一书在政治思想史上的主要贡献是彻底分割了现实主义与理想主义。最初，人们认为这部书是"邪恶的圣经"，因为它颠覆了人们固有的传统的美德，马基雅维里将道德从政治中剥离开来，使君王的政治行为和伦理行为截然分开，从而直言不讳地否定了普世公认的道德准则，即在政治中可以不用坚守信义，伦理道德可以抛弃不管，因为目的高于手段。在守信义有好处时，君王应当守信义。当遵守信义反而对自己不利时，或者原来自己守信义的理由不复存在的时候，任何一位英明的统治者绝对不能，也不应当遵守信义。它还告诉君王："必须学会将这种品格掩饰好。"必须习惯于假装善良，做口是心非的伪君子亦无不可。他宣扬世界上只有两种斗争方法，一种是运用法律，一种是运用武力。前种方法是人类特有的理性行为，而后者则是兽性行为。在当时的社会现实面前，前者常常使人力不从心，迫使人们必须诉诸后者。这就要求君王必须懂得如何善于运用野兽的行为进行斗争，做君王的如果总是善良，就肯定会灭亡。他必须狡猾如狐狸，凶猛如狮子。狮子不能防御陷阱，狐狸不能抗拒豺狼，所以，君主做狐狸是要发现陷阱，做狮子是要吓走豺狼。在理论上鼓吹君主们如果为了"国家利益"，就完全可以摒弃个人的道德，从而引导君主如何通过贪婪、残忍以及虚伪获得和维持权力，刻薄地利用宗教来作为驾驭民众的工具。[1]马基雅维里所倡导的强力而独裁的君王制度，深刻而鲜明地体现了作者"为达目的而不择手段"的思想特点。这些观点即构成了马基雅维里的非道德政治观，而这也正是"马基雅维里主义"的具体体现。

马基雅维里在《君主论》中，还利用了大量篇幅对武力和军队的重要性进行了深入探讨。他认为，战争、军事制度和武装训练问题是保证君主统治的必要手段。该书比较了各种军队的特点与优劣，强调了建立自己的军队的必要性，同时还描述了君主在军事方面的责任，一针见血地揭露了雇佣军、援军以及混合军对君主的危害，呼吁君主建立自己的军队以保卫国家与人民。

---

[1] 毛里齐奥·维罗利. 尼科洛的微笑: 马基雅维里传. 上海: 世纪出版集团, 上海人民出版社, 2008: 147.

马基雅维里推崇暴力，认为暴力对维护君主的统治地位具有举足轻重的作用。君主为了达到自己的目的，不要怕留下恶名，应该大刀阔斧，使用暴力手段解决那些非用暴力解决不了的事。他提出"一切武装了的先知都能够成功，而非武装的先知们则归于失败"[1]。他的观点在某些程度上极为极端，认为"人若不受安抚，便得予以消灭"[2]。但是，在另外一方面马基雅维里又十分重视民众的力量，他认为，"在我们这个时代，除了土耳其大君和埃及苏丹之外……与其满足兵士，毋宁满足平民，因为后者比前者拥有更大势力了。"[3]"君王必须拥有人民对他的好感；否则，一旦拂逆来临，他便无所依了。"[4]因而他忠告那些君主们"纵使你保得住堡垒，但若人民恨你，堡垒还是救不了你"[5]。可以说，这应该是"水能载舟亦能覆舟"的欧洲版。

当然，马基雅维里对政治均衡理论并非一味走极端，他还是有着自己的独到见解的。他指出："谁使另一人强大，谁便是摧毁了自己。"意思是说，对于威胁到统治安全的势力，绝对不能心慈手软，一定要心狠手辣，斩草除根；谁纵容自己的敌对势力，谁就为自己培养了掘墓人。马基雅维里认为，这是一条"永远没错或者罕有错误的一般规律"。是规律就得遵守，否则必遭惩罚。《君主论》中提出的"目的证明手段的正确性"这一思想被后世人定义为"马基雅维里主义"。这其实是一种目的论的哲学观点，亦即只要目的正当，所有的邪恶手段也都是正当的。然而这并不是马基雅维里思想的完整内涵，因为马基雅维里在提出上述观点的同时也指出了实施邪恶手段的一些限制。首先，他指出只有

---

[1] 马基雅维里.君王论.惠泉，译.长沙：湖南人民出版社，1987:24.
[2] 马基雅维里.君王论.惠泉，译.长沙：湖南人民出版社，1987:9.
[3] 马基雅维里.君王论.惠泉，译.长沙：湖南人民出版社，1987:86.
[4] 马基雅维里.君王论.惠泉，译.长沙：湖南人民出版社，1987:42.
[5] 马基雅维里.君王论.惠泉，译.长沙：湖南人民出版社，1987:92.

维持稳定和繁荣才是国家使用邪恶手段可以追求的正当目标，个人为了其利益而不择手段则不是正当的目标。再者，马基雅维里并没有完全否定道德的存在，也并非鼓吹完全的自私或堕落。马基雅维里还提出采取残忍手段的前提必须要快速、有效，而且短期的条件下才能实行。马基雅维里在赞同君主采取邪恶手段的同时也强调道德的重要性，他主张君主所应该做的是将善良与邪恶作为一种夺取权力的手段，而不是目标本身。一个聪明的君主应该能够妥善地平衡善良与邪恶。尽管如此，天主教会仍将《君主论》一书列入禁书名单，后来一些人道主义者也对这本书进行了大力鞭挞。

但是公平而言，《君主论》面世的那个年代，欧洲正处在一个历史交替时期，资本主义经济得到了迅猛发展，而原有的封建领主制则面临着崩溃的边缘，中央集权的民族国家开始初步形成，教权和王权在那个时候正处于激烈的博弈，作为那个时代的君主也迫切地需要一个政治理论上的引导，所以《君主论》的面世完全符合了当时历史发展的需要。另一方面，马基雅维里对君主本性的深刻认识，其实更深程度地体现了在15—16世纪的欧洲的资本主义萌芽时期，随着新兴资产阶级的兴起，他们迫切要求打破垄断，统一市场，扩大贸易，反对分裂和混乱的阶级要求。而近代专制主义民族国家的产生，会使国王和国家在保护贸易扩大财产方面的作用日渐凸显，于是王权成为新兴阶级的依靠，在分享传统贵族的权力和权利方面他们有着共同的利益。国王或君主需要有人支持来削弱贵族势力以增强王权，新兴资产阶级则乐于看到权力在君主手中日益集中。二者各取所需，一拍即合，而马基雅维里的《君主论》正是迎合了这样一个时代和阶级的要求。

在哲学思想史上，《君主论》的发表正如卡西尔所指出的那样："对现代哲学思想的一般发展有一种间接而强烈的影响。因为他最先坚定而明确且不容置疑的排除了整个经院传统。"[1]中世纪的哲学研究以《圣经》作为解释的最终依据，认为一切权力来自上帝，国家的起源是神圣的。即便是那些主张世俗权力独立与主权的激进主义者也不敢公然拒绝神权的统治。而马基雅维里的《君主论》则完完全全地抛开了"王权神授"的神学桎梏，是中世纪以来将政治哲学完全从神学体系中剥离出来的始作俑者，是对中世纪神学统治的一大挑战，正如马克思所说的那样，马基雅维里等人"已经开始用人的眼光来观察国家了，他们从理性和经验出发，而不是从神学出发来阐明国家的自然规律"。[2]在政治学史上所具有的重要的历史意义，则体现为在此之前，欧洲所盛行的是道德支配政治的观点，人们所冀望的是柏拉图式的"理想国"。马基雅维里的"非道德的政治观"颠覆了长期以来欧洲盛行的君主以美德服人的假象，真实地反映了历史的本来面目，回归了政治所具有的实质内容。正如马克思恩格斯所指出的那样，正是马基雅维里等人使"政治的理论观念摆脱了道德"，而使"权力都是作为法的基础"，[3]从而将政治哲学的基础由道德转向了权力。这种变化在人类政治思想发展史上是空前的。

3.《君主论》导读及内容要略

《君主论》因为其被视为世界十大名著之一，因而在中国国内有十数家出版社都出版过该书的中文版，译者也各不相同，真可谓是"百家争鸣"。在国内有商务版、中华书局版及译林版等几个版本从翻译水平以及编校质量上更胜一筹。

---

[1] 卡西尔. 国家的神话. 北京: 华夏出版社,1999: 168.
[2] 马克思.《科隆日报》第179号的社论 // 马克思, 恩格斯. 马克思恩格斯全集: 第一卷. 北京: 人民出版社, 1995: 227.
[3] 马克思、恩格斯. 德意志意识形态 // 马克思恩格斯全集: 第三卷. 北京: 人民出版社, 1960:368.

《君主论》主要内容讨论了"什么是君主国，它有几种分类，怎样才能建立新的君主国，怎样维持君主国的统治，以及为什么会丧失统治"等四个方面的问题。针对这一系列问题，马基雅维里摒弃了中世纪时期宗教教条式的推理方法，从历史的经验角度出发，以"人性本恶"作为基本假设的依据，认为国家的产生是出于人性本身的需要，而并不是上帝意志的体现，从而否认了中世纪以来天主教社会所宣扬的"君权神授"的说辞。他大胆地将政治与道德伦理分离，认为政治的基础不再也不应该是伦理道德，而应该由权力取而代之。书中对不同类型的君主国做了明确的区分：如世袭君主国、混合君主国、依靠自己武力和能力获得的新君主国、依靠他人的武力或者由于幸运而获得的新君主国、市民君主国和宗教君主国等等。启示实行统治的君主们如何参照别国的历史经验，结合本国实际情况，因地制宜地建立适合自己的君主政体。这无疑是一个君主在立国之初首先需要考虑的原则。君主立国要依靠自己的能力，要把基点放在自身的力量上，凡是这样做的，日后在保持自己的统治地位方面就不会出现太多困难。这是马基雅维里对君主巩固自己的权力地位提出的第二条原则。任何一位君主或政治家要想在事业上获得成功，必须学会使用任何手段而不需要受到道德伦理的束缚，这就是君主的基本行为原则，这一原则既是《君主论》中的重点，也是为后世所诟病争论的主要焦点。

全书共 26 章，前 11 章论述了君主国应该怎样进行统治和维持下去，强调有实力保护国家容易、反之则难，君主应靠残暴和讹诈取胜；12—14 章阐明了军队是一切国家的主要基础，君主要拥有自己的军队，战争、军事制度和训练是君主唯一的专业。后 12 章则是全书的重点部分，全面论证了马基雅维里的关于君主如何治理国家的手段和方法。

第一章 君主国的种类及获得方法

第二十六章 将意大利从蛮族手中解放的劝导

由于马基雅维里写作《君主论》的出发点并不是从完全理论性的角度来探讨，而是想通过此书以谋取政治上的东山再起，因而在书中不免出现了有些与事实验证相背离的言论。不过，这些瑕疵并没有影响整部书所具有的历史价值。

《君主论》因其在当时惊骇世俗的思想，被天主教会列入禁书名单。后来，随着资本主义制度的发展，《君主论》所具有的价值也越来越为人们所承认。在今天的西方，《君主论》被列为最有影响和最畅销的世界十大名著之一。《君主论》所创立的新的政治学理论，为后人留下了极为宝贵的精神财富。马基雅维里本人因此也被称为是有史以来第一位将政治和伦理学分家的政治哲学家。

乔尔丹诺·布鲁诺：『火刑』中的哲学家

引言

乔尔丹诺·布鲁诺（Giordano Bruno，1548—1600），其为世人所广为熟知是由于他在罗马百花广场上因为坚持哥白尼的"日心学说"而宁死不屈的殉道者形象。布鲁诺才华横溢，他对古希腊、罗马和东方的史学、文学和哲学方面都有很深的造诣，同时还精通神学、辩证逻辑学、记忆术和多门欧洲语言。他一生著述甚多，涵盖的领域也非常广泛，其中涉及了记忆术、宇宙学、自然科学、哲学、诗集、剧作、宗教以及人文思想等诸多方面。布鲁诺就极为自信地认为"我的专业曾经是并仍然是文科和所有各门科学"。[1] 与其说布鲁诺是意大利文艺复兴时期的自然科学家，不如说他在更大的意义上却是一位自然哲学家，因而西方哲学史家文德尔班（Wilhelm1 Windelband，1848—1915）即评价其为"意大利自然哲学家中最杰出的人物"。[2] 但是传统认为布鲁诺的自然哲学并非纯粹的"代表着近代科学的新精神"，[3] 而是杂糅了古代的神秘主义哲学和玄秘法术里的自然哲学传统的混合体。因为"哥白尼的日心说或地动说，暗合了布鲁诺一生中一直穷索不已的古代神秘主义哲学和玄秘

---

[1] Michele Ciliberto. Bruno. Roma-Bari: Editori Laterza: 3. 转引自乔尔达诺·诺拉诺·布鲁诺. 飞马的占卜：布鲁诺的哲学对话. 梁禾，译. 北京：东方出版社，2005：序.
[2] 文德尔班. 哲学史教程：下卷. 北京：商务印书馆，1997:483.
[3] 黄裕生. 西方哲学史（学术版）：第三卷 中世纪哲学. 南京：凤凰出版社，江苏人民出版社，2005:737.

法术里的自然哲学传统"，[1] 所以布鲁诺才被世人误认为是哥白尼的坚定支持者。布鲁诺因其为追求思想自由而殉道的伟大形象从而被视为欧洲历史上思想自由的象征，他为了追求真理坚贞不屈的英勇形象激励了19世纪欧洲的自由主义运动，成为西方思想史上重要人物之一。可以说，对布鲁诺形象的解读一直是科学史上研究近代科学兴起以及中世纪科学与宗教关系的重要课题。

　　布鲁诺终其一生始终与"异端"这一头衔联系在一起，并因此而逃往国外颠沛流离、四海为家，但是最终他还是因为始终不肯屈服于教廷的淫威而被宗教裁判所烧死在罗马城的百花广场上。他在支持哥白尼"日心说"的基础上，进而将其发展为"宇宙无限说"，这些惊世骇俗的理论在布鲁诺所处的中世纪末期，直接挑战了垄断着欧洲的政治、经济、思想文化和社会生活各个方面的天主教会，因而被天主教会视为眼中钉和肉中刺，而布鲁诺也因而被后世人认为是近代科学兴起的先驱者和旗帜，是捍卫科学真理并为此勇于献身的殉道者。当然，人们给予布鲁诺的关注以及他所得到的盛名更多地来源于他坎坷悲惨的命运，但是对于近代科学的发展而言，布鲁诺的确具有披荆斩棘的开拓者的地位。

一、布鲁诺的生平

1. 坎坷的童年

　　为后世人赞誉为"科学的殉道士"的乔尔丹诺·布鲁诺，于公元1548年出生在意大利那不勒斯城东北方向的一个小镇——诺拉镇（Nola）

---

[1]　　黄裕生.西方哲学史（学术版）：第三卷 中世纪哲学.南京：凤凰出版社，江苏人民出版社，2005:738.

的奇卡拉山（Cicala Hill）边的一座小木屋中。诺拉镇坐落于维苏威火山和亚平宁山脉之间的平原之上，西南方是巍峨的维苏威火山，城东是美丽的奇卡拉山。这里是一个风景秀丽的田园小镇，它虽然不像那不勒斯城一样直接西向第勒尼安海，但是从西边吹来的地中海的海风还是能够越过海拔1281米的维苏威火山温润着诺拉小镇。维苏威火山喷发后散落的火山灰使得诺拉镇的土壤十分肥沃，因此，诺拉镇上遍布着众多的葡萄园和柑橘园，这里的葡萄酒非常著名。诺拉镇还是一个有着深厚历史底蕴的古镇，它距离闻名遐迩的庞贝古城仅仅只有咫尺之遥，而且罗马帝国的开国皇帝屋大维在巡视坎帕尼亚的时候也病逝在这里。所以诺拉并非一个籍籍无名的小角落，而布鲁诺就降生在这里。

布鲁诺的原名为菲利普·布鲁诺（Filippo Bruno），乔尔丹诺是他后来在多明我教派中的教名，沿袭下来就成为布鲁诺为世人所熟知的名字了。布鲁诺出身于一个破落的小贵族家庭，在他的祖父时代尚有丰厚的家产，到了他的父亲乔万尼·布鲁诺（Giovanni Bruno）当家的时候，家道已经是日渐中落，为了维持生计乔万尼不得不让自己成为一名军人，选择这样的职业也是为了指望那微薄的薪水来保证家庭的日常开销。

布鲁诺有着超乎常人的早慧及敏感力，据说当布鲁诺还是婴儿且尚不会说话的时候，一天下午，当他的父亲乔万尼正在园中劳作，而布鲁诺则在附近躺在婴儿的摇篮中正在享受着亚平宁半岛上那久违的阳光，突然间乔万尼听到小布鲁诺正在呼唤着他的名字，惊喜之下乔万尼急忙赶到小布鲁诺身边的时候，却恰好看到有一条蛇盘桓在小布鲁诺的摇篮边，于是小布鲁诺才得以在蛇口之下逃脱。[1]

这种所谓的类似"神迹"也许在每一位名人的身上都出现过吧。正

---

[1]　让·吴西.逃亡与异端：布鲁诺传.北京：商务印书馆，2014：20.

如布鲁诺在他的《论数学魔术》一书中曾提及他在一次晚上外出购物的时候路上多次有小石子蹦跳起来击打他的头部和身体，可是并没有对他形成伤害。[1]布鲁诺在自己的著作中谈及这些情况，在很大程度上如果不是为了给自己涂抹上神圣的光环，那么就是他把儿时的幻想当成了真实发生的事情。

布鲁诺在儿童时期养成的阅读的爱好可能更多是受到了母亲芙罗丽萨（Fraulisa）的影响。[2]但是小布鲁诺出生的时候家境已经是极为窘迫了，入不敷出的状况让布鲁诺一家的生活难以为继，为了减轻家庭的经济负担，同时也为了让布鲁诺能够接受教育，在布鲁诺10岁的时候，他的父母就决定把年幼的布鲁诺送到一家修道院开办的免费宗教学校就读。实际上，布鲁诺被送到这个免费宗教学校决定了他今后的命运，因为这个学校是培养教士的一个初级学校。

在布鲁诺入校就读不久，他的父母就相继故去，因而布鲁诺实际上已经成了一个孤儿。布鲁诺进入宗教免费学校虽然只能为他提供简单的食物以满足他的果腹需求，但是对经常处于饥饿之中的小布鲁诺来说，这简单的餐饭已经是旷世难见的珍馐美味了。所以布鲁诺虽然失去了双亲，但是免费学校里面衣食无忧的生活已经让心智初成的布鲁诺感到很满足了，没有饥寒之虞的布鲁诺全身心地投入到了学习之中，很快，聪颖的布鲁诺就在学习中展现出了他的天赋，据说他在7岁的时候就已经通晓了拉丁语，并能够娴熟地运用哲学文章和评论，[3]这些优异的表现使他开始在同龄学童之中崭露头角，脱颖而出。他的优异成绩引起了学校官方的青睐。

[1] 乔尔丹诺·布鲁诺.论数学魔术.见让·昊西.逃亡与异端：布鲁诺传.北京：商务印书馆，2014：22.
[2] 让·昊西.逃亡与异端：布鲁诺传.北京：商务印书馆，2014：20—21.
[3] 让·昊西.逃亡与异端：布鲁诺传.北京：商务印书馆，2014：23.

当布鲁诺 14 岁的时候，他发现在免费的教会学校里已经无法再获得让他能够感兴趣的知识了，于是，他离开诺拉来到那不勒斯城的另一所私立学校要求学习文学、逻辑和辩证法。这个学校里面有两位哲学老师对布鲁诺影响至深，甚至可以说是决定了布鲁诺此后的思想倾向，其中一位是具有阿维罗伊思想倾向的哲学家桥万·万桑左·科勒，还有一位是主张"不可知论"的德奥菲罗神甫。他们所崇尚的开放多元的教学理念，在某种程度上完全是对正统派主张的亚里士多德理论的悖逆。正是在他们的影响下，布鲁诺开始初步产生了"异端"的思想萌芽。

1565 年，布鲁诺完成了他的中学学业。在当时的中世纪晚期，如果试图继续深造学习只能选择两条途径，当律师或者当教士。而这两个职业对于布鲁诺而言其实都并非他的兴趣所在，他的兴趣只在于要能够继续深造和学习，所以两者的区别只在于披上同样的黑袍后或者是手执法典，或者是佩戴十字架而已。布鲁诺考虑到修道院中所具有的大量藏书和安静的自习室是选择法袍所无法提供的，因而他选择了去叩响了多明我会修道院的大门。是年的 6 月 15 日，17 岁的菲利普·布鲁诺正式受洗成为多明我会的初级教士，并披上了教士的黑袍，戴上了尖顶风帽。受洗后的布鲁诺正式获得了"乔尔丹诺"这一教名。从此后，菲利普·布鲁诺这个名字便湮没在历史的尘埃之中，相反，乔尔丹诺·布鲁诺这个名字则在之后的岁月中大放异彩。

多明我僧团是 1215 年由西班牙人道明古斯曼（Domingo de zman，1170—1221）创建于法国南部。道明古斯曼是一位博学多识的教职人员，他认识到当时教会所存在的烦琐复杂又铺张的宗教礼仪跟权威的方式在处理民间百姓所面对的问题时会导致民众与处理者产生对立，因而他认为必须建立一种更简单的类似于使徒传教的体制来实现教会与民众的直接沟通，于是，他创立了这个托钵僧形式的多明我僧团，该僧团以布道为宗旨，着重劝化异教徒和排斥异端，立志以扑灭异端与无知为己任。多明我僧团还得到了教皇的特别授权，主持宗教裁判所，职掌教会法庭及教徒诉讼事宜。它们特别提倡学术讨论，传播经院哲学，奖励学术研究。在当时欧洲的许多大学里，都有该派的教士任教授课。甚至可以说，多明我僧团在中世纪欧洲的天主教会中在裁决异端方面拥有着生杀予夺的大权。

布鲁诺加入多明我僧团，并不是因为多明我僧团炙手可热的权势吸引了他，对于多明我教派的所谓宗旨，布鲁诺丝毫不感兴趣。相反，吸引布鲁诺的只是该教团藏书丰富的图书馆，"他可以进入到意大利最有威望和馆藏最丰富之一的图书馆。这个图书馆从八世纪初起尤其拥有各种文字的古代书籍如拉丁文、希腊文、希伯来文、阿拉伯文……"[1] 布鲁诺在浩瀚的图书海洋里如饥似渴地汲取着知识的养分。虽然在这里，布鲁诺的目标是攻读神学学位，但是布鲁诺对于人文主义的经典著作更给予了远远超过神学书籍更多的关注，布鲁诺把自己的大部分精力倾注到了对古代希腊罗马的语言文学和东方哲学方面的阅读和研究当中。

1568 年，年已 20 的布鲁诺虽然在多明我僧团中还仅仅只是一位刚刚入会不久的初级修士，但是他的名声却不再仅仅只是局限于修道院中的图书馆和自习室中，因为布鲁诺所展示出来的超卓的记忆能力使得他的声名远播，甚至远在梵蒂冈的教皇庇护五世（Pope St. Pius V，原名安东尼奥·吉斯莱乌里 Antonio Ghislieri ,1566—1572 在位）对此也多有耳闻。这是因为这一时期的布鲁诺从与他同时代的喜剧作家乔万尼·巴提斯塔·德拉·波尔塔（Giovanni Batista Della Porta）刚刚在那不勒斯出版的拉丁文的《记忆艺术》（*Arte del ricordare*）[2] 一书中获益匪浅，并从

---

[1]　让·昂西.逃亡与异端：布鲁诺传.北京：商务印书馆，2014：35.

[2]　让·昂西.逃亡与异端：布鲁诺传.北京：商务印书馆，2014：42-43.

中总结出一套远远超过该书所介绍的记忆方法的记忆技巧，从而使得布鲁诺原本就极为出众的记忆能力得到了突飞猛进的长足进步。于是，庇护五世饶有兴趣地邀请布鲁诺远赴罗马来为他背诵文章以演示他自己超群的记忆力，布鲁诺因此得以有机会觐见教皇，并用希伯来语为庇护五世背诵《圣经·旧约》中的诗篇作为自己记忆力超群的表现。当然，也许在32年后，在罗马百花广场上的布鲁诺回忆起这段经历的时候会哂笑自己曾经做过的这件傻事，不过对于当时的布鲁诺而言，能够亲睹教皇圣颜并在权倾整个欧洲的庇护五世面前演示自己的能力的确是一件值得炫耀的事情。这段经历让布鲁诺获得了这样一个信条，那就是"如果他通过知识接近神圣的话，世界上任何一个力量给予他的热忱和关心都与这个教皇曾一样多，这是为他打开所有大门的非常有益的力量"。[1] 所以，布鲁诺更坚信只有知识才是自己能够获得成功的唯一钥匙，布鲁诺的这一认识在某种意义上无疑是"书山有路勤为径，学海无涯苦作舟"的另一种表达。

从此以后，布鲁诺更是全身心地投身于书海之中并以近乎病态的饥渴从书中汲取着各类知识的养分。在这一过程当中，布鲁诺甚至于无视修道院的图书馆中那些标注着"禁书"的标签，饥不择食地阅读着所有他能够翻检到的各种图书。其中不仅仅有亚里士多德、圣保罗和圣托马斯·阿奎那（Thomas Aquinas）的著作，还有阿维森纳（Avicenna，980—1037）、阿维罗伊（Averroes，1126—1198）、卢克莱修（Titus Lucretius Carus，约前99—约前55）、特勒肖（Bernardino Telesio，1509—1588）、帕拉切尔苏斯（Paracelsus，1493—1541）、库萨的尼古拉（Nicholas Cusanus，1401—1464）、皮科·德拉·米兰多拉（Giovanni

---

[1]　让·吴西.逃亡与异端：布鲁诺传.北京：商务印书馆，2014：44.

Pico della Mirandola, 1463—1494)、阿格里帕·德·奈特贤（Agrippa de Nettesheim）以及伊拉斯谟（Desiderius Erasmus，约 1466—1536）、犹太教徒伊本·盖比鲁勒（Solomon ibn Gabirol, 约 1021—约 1058）和泛神论的预见者大卫·迪南（David de Dinand）等学者的各种作品。[1] 但是，在阅读这些禁书的过程中，给布鲁诺带来的却并非越来越惊喜，而是让他变得越来越惶惑，因为他惊恐地发现，当他掌握的知识越来越多，视野也来越广阔的时候，他却感受到这样的二律背反现象，那就是他离真理越来越近的时候，上帝却离他越来越远了。

2. 法袍下的"异端"

布鲁诺在攻读神学学位的过程中，"异端"思想的种子却在他的内心萌芽了。在这一期间，对布鲁诺的"异端"思想形成影响最大的莫过于比他稍早一些时代的特列佐的唯物主义思想以及哥白尼的"太阳中心说"理论。特列佐在之后的哲学史上并没有成为著名的人物，甚至可以说，我们今天所看到的西方哲学史没有丝毫的只言片语提及特列佐在哲学发展史上的任何影响，但他的思想理论中所带有的某种异端因子，恰恰影响了正处于世界观形成时期的布鲁诺。而哥白尼的著作对布鲁诺的影响则是颠覆性的，正如布鲁诺后来所说的那样："高贵的哥白尼，在我童年时你的著作就已经敲击了我的思想。"[2] 在中世纪晚期，天主教会已经完全垄断了欧洲的文化教育事业，因而在欧洲背离基督教义进行自然科学的研究是被严厉禁止的，只有在遵循着亚里士多德的理论体系之下的研究才是被允许和认可的，而哥白尼的"日心说"则彻底颠覆了天主

[1] 让·昊西.逃亡与异端：布鲁诺传.北京：商务印书馆，2014：45.
[2] 布鲁诺.论无限性.见让·昊西.逃亡与异端：布鲁诺传.北京：商务印书馆，2014：50.

教主张的"地球中心说"理论，他精辟的逻辑和论证让布鲁诺大为折服，触发了布鲁诺内心对科学的渴望和对真理追求的热望，这一理论使布鲁诺头脑中原有的亚里士多德－托勒密体系的世界观和宇宙观体系受到了强力挑战，而推动布鲁诺秉持这种怀疑精神的动力则来源于库萨的尼古拉所构建的无限性宇宙论。布鲁诺清楚地认识到，"即便是对于最热烈的求知者来说，最有益的事情也无过于事实上精通他自己所特有的那种无知。一个人对自己的无知认识得越清楚，他的学问就越大"。[1]因而，布鲁诺认为只有对有限的认识始终怀有无知的敬畏感，才是追寻真理的唯一路径。

经过长达 10 年之久的刻苦钻研，1575 年，布鲁诺终于拿到了神学博士学位，并获得了司祭这一教职，然而在大量人文主义思想的浸染下，布鲁诺内心中颠覆基督教传统观念的思想的种子也正是在这 10 年当中慢慢地滋生起来的。可以说，布鲁诺的思想与天主教的传统理念在这 10 年当中是处于渐行渐远的状态下，而其神学博士学位的获得其实更昭示着布鲁诺与基督教传统观念已经走到了分道扬镳的临界点。

对于饱读天主教经典和各类富含人文主义思想作品的布鲁诺而言，在掌握了两种各为极端的思想理论后，才能够更深刻地体悟出两种思想体系的优劣。至此，他对于违背科学真理的基督教教义已经抱有极大的怀疑态度，开始质疑天主教会所弘扬的上帝所具有的"三位一体"的理论，进而布鲁诺在头脑中对经院哲学家们所宣扬的各种说法也打上了问号，"他再也不能设想上帝怎样为了以食物的形式更好地进入我们的身体而能够化作面包和酒"，"而且他怀疑的范围越来越广：比如玛利亚的贞洁、

---

[1] 库萨的尼古劳.有学问的无知：Ⅰ.1.见北京大学哲学系外国哲学史教研室.西方哲学原著选读.北京：商务印书馆，1981:300.

圣体的基本教义以及变体的神秘性"。[1]布鲁诺那超越常人的思辨能力使得他"拒绝接受自己没有明白的东西"。[2]对于布鲁诺而言，蜗居在修道院深受基督教义思想禁锢的日子与其追求真理的强烈愿望是无法相容的，他已经无法忍受这种即将导致他精神分裂的生活，所以他一方面偷偷阅读从图书馆夹带出来的被明显标注有禁读标注的书籍，另一方面，他从日常行为上越发表现出对基督教圣徒的厌恶感，并开始用各种行动试图打破修道院这个思想的牢笼。

有一次，无法忍受内心中真理与教义激烈交锋的布鲁诺为了排解胸中的郁闷之气，甚至将自己房间中悬挂的基督教圣徒画像掷出窗外。

布鲁诺那些离经叛道的各种"异端"行径终于激怒了以保守和僵化著称的多明我派的众多"卫道士"们。在1576年2月的一个暗夜里，这些主持宗教裁判所的"卫道士"策划将刚刚获得神学博士学位的布鲁诺裁决为"异端"，并决定革除他的教籍，准备对他进行起诉。尚蒙在鼓里的布鲁诺在得到好心教友的提醒后，才知道大祸即将临头。布鲁诺清楚地知道自己的"渎圣"行为会招致宗教裁判所什么样的惩罚。在这一危急关头，布鲁诺毅然决然地脱下代表着愚昧和无知的黑色教袍，抛掉了尖顶风帽，趁着夜色渐浓溜出了修道院，开始了他亡命天涯的生活。从此，布鲁诺与天主教会正式决裂。逃脱牢笼的布鲁诺曾这样表达自己获得自由的欣喜若狂："我向空中展开自信的翅膀，我不惧怕水晶、玻璃和任何的障碍，我划破所有的天空，升向无限。当我从我的星球，朝着其他世界进发，并进入天野时，我把人类能看到的东西远远地抛在了我的身后。"[3]

---

[1]　让·昊西.逃亡与异端:布鲁诺传.北京:商务印书馆,2014: 53.
[2]　让·昊西.逃亡与异端:布鲁诺传.北京:商务印书馆,2014: 53.
[3]　布鲁诺.《论无限、宇宙和众世界》卷首诗.见让·昊西.逃亡与异端:布鲁诺传.北京:商务印书馆,2014: 55.

3. 从意大利到法国的"国际公民"

布鲁诺离开那不勒斯后逃亡的第一站竟然是罗马，罗马作为天主教廷的驻跸地其保守势力更为强大，虽然布鲁诺曾因为自己那超卓的记忆力而与庇护五世有过接触，但是赏识他的庇护五世于 1572 年就已经辞世了，而现在继任教皇则是以严惩"异端"和反对宗教改革而著称的格列高利十三世（Pope Gregory XIII, Ugo Boncompagni, 1572—1585 在位）。因而可以说罗马城对待"异端"的态度比被多明我派掌控的那不勒斯更是有过之而无不及，这里自然也就没有人敢收留一位被宗教裁判所裁定为"异端"的逃犯，所以布鲁诺在罗马踟蹰了短暂的时间后就不得不离开了这里转向受教廷控制较松的意大利北部。他先后到过热那亚、米兰、都灵、帕多瓦、威尼斯及其他一些城市。不过意大利虽然作为文艺复兴时期人文主义思想的勃兴之地，却同时也是天主教会浸淫统治了千年的地方，这里虽然人文主义思想盛行，但是这也仅仅是在天主教会允许的范围内的思想维新，没有人敢真正挑战天主教会的权威，在亚平宁半岛上，还没有人敢收留布鲁诺这位教廷的"弃儿"，布鲁诺不得不在意大利各地到处颠沛流离隐姓埋名四处流浪。为了糊口，他只能以充任家庭教师作为职业来获得微薄的报酬谋生。因为教廷追捕他的暗探和爪牙无处不在，布鲁诺只能四处躲藏。最后，布鲁诺终于悲哀地认识到，意大利已经没有他任何的立锥之地，无奈之下，布鲁诺不得不暗下决心离开意大利，从此之后，布鲁诺就成了一个没有祖国而到处流亡的"国际公民"。

1578 年底，布鲁诺离开了鼠疫肆虐的米兰，循着诺瓦拉（Novara）、韦尔切利（Vercelli）、都灵（Torino）、苏萨（Susa）一线翻越了白雪皑皑的阿尔卑斯山脉，逃亡到了法国境内。但是因为法国在宗教宽容方面与意大利并没有什么区别，因而布鲁诺意识到这里也并非他的久留之地。于是他在法国只做了短暂休整后，就来到了风景如画的山地之国——瑞士。在 16 世纪，瑞士还只是一个地理概念，而并非一个独立国家，它是由多个自治城镇组成的联合体。在瑞士的日内瓦，以加尔文派为代表的宗教改革派控制着这里的教宗和行政事务。虽然布鲁诺与天主教会已经决裂，但是他却极力反对加尔文派的宗教改革运动，而加尔文派虽然主张对天主教进行改革，不过他们在对待异端的态度与多明我派和教廷相比却是有过之而无不及。"事实上日内瓦和罗马这两个教会都有一个同样的司法原则：谁信仰上帝，谁就归属于教廷圣职部或尊敬的日内瓦教务会议；谁不信仰，就犯了亵渎神的罪，就只配被判处死刑。这里与那里一样要用强迫宗教信仰和让人折腰的办法来拯救人们的灵魂。日内瓦和罗马所施行的迫害同样地完美无缺，至于毫不宽恕这一点，彼此都没有留下让对方可以羡慕的余地。"[1] 所以对于贴着"异端"标签的布鲁诺而言，日内瓦也并非一块可以容身的净土。1579 年 5 月，布鲁诺被日内瓦大学以"神圣神学教授"的头衔聘用，不久，布鲁诺因为不满同校哲学教授德·拉·法依（Anthoyne de La Faye）宣扬亚里士多德理论而对他的观点进行了驳斥，布鲁诺遂被举报，并以"异端"的罪名遭到了日内瓦当局的逮捕和监禁。

虽然布鲁诺很快就被解除了监禁，但是他自然已经成了日内瓦不受欢迎的人。布鲁诺也认识到日内瓦并非自己的久留之地，于是在这一年的年末，他离开日内瓦又开始了他的逃亡生涯，这一次他的目的地是法国南部的图卢兹。图卢兹是法国南部最大的城市，它既是多明我派立派之地，更是天主教的堡垒重地之一，拥有着与巴黎、博洛尼亚、牛津齐名的四大基

[1]　让·昊西.逃亡与异端：布鲁诺传.北京：商务印书馆，2014：63.

督教学院之一的图卢兹学院。这里更发生过屠戮胡格诺派的惨案。

布鲁诺只身来到图卢兹这个天主教的重镇，无异于深入虎穴，但是毕竟这里远离罗马，多明我派自从远徙亚平宁半岛的那不勒斯以后，在这里的影响已经式微了，因而图卢兹对待布鲁诺这位宗教裁判所裁定的"异端"反而比罗马和日内瓦更加宽容一些，所以布鲁诺很快就在图卢兹学院找到了常任哲学教授的职位。

在图卢兹学院，布鲁诺以一位哲学教授的身份主讲了亚里士多德的《论灵魂》，此外还有物理、数学等课程。当然布鲁诺并没有放弃自己追求真理反对亚里士多德学说的立场，只不过他为了糊口以及能够有块立锥之地，就不得不隐藏起自己的真正思想而继续为天主教所宣扬的亚里士多德学说贡献一份"绵薄"之力。我们不难想象，当布鲁诺一方面在课堂上对学生大讲亚里士多德学说，另一方面自己的头脑中的反亚里士多德思想却在跃跃欲试时的尴尬与无奈。虽然布鲁诺时时生活在思想的分裂状态之下，但是在图卢兹的生活对于布鲁诺而言，却是这些年流亡生活中难得的适意日子。可是，这样平静的日子并不永久属于布鲁诺。在 1581 年的夏季，图卢兹开始笼罩在教派纷争的阴云之下。胡格诺教派和天主教正统教之间的又一次战争一触即发。在这种情况下，天主教正统派开始针对所有的"异端"进行新一轮大清洗，而布鲁诺作为一个鼎鼎大名的"异端"自然也预感到了被清洗的危险随时会降临，于是，布鲁诺又不得不收拾起自己的行囊，离开了居留了 18 个月之久的图卢兹，继续开始了他的第 5 年流亡生涯。

在流亡道路的十字路口上，因为他听说法王亨利三世的思想并不僵化守旧，相反他更喜欢听到那些新奇有趣的想法，于是布鲁诺选择了北上，他的新的目的地是巴黎，他祈望能够获得亨利三世的青睐以及庇护。

8 月底，布鲁诺抵达巴黎。下车伊始布鲁诺就受到了威尼斯驻巴黎的大使莫霍和一些倾慕者的热烈欢迎,并在他们的安排下在巴黎塞纳河左岸举办了一系列有关如何加强记忆力和哲学问题的讲座。布鲁诺的这些讲座在巴黎的知识界引起了不小的轰动,一时之间,表演了超卓记忆力的布鲁诺成了巴黎知识界谈论的主要话题。而一向自认为领巴黎知识界风气之先的亨利三世(Henri Alexandre,1551—1589)这次自然不会让舆论界指摘自己被时尚所抛弃,他很快就邀约布鲁诺造访卢浮宫,就有关如何加强记忆力的问题向布鲁诺请教。由于王室的宽容态度和朋友们的帮助,布鲁诺优雅得体的表现赢得了亨利三世的欢心,并很快就见到了成效。亨利三世亲自聘任布鲁诺担任法兰西公学院的特别教授。

法兰西公学院是亨利三世的祖父弗朗索瓦一世(Francois I, 1494—1547)为了对抗教会控制的巴黎大学对教育的垄断而建立的。因为巴黎大学的前身是由罗伯特·德·索邦(Robert de Sorbon)于1253年创建,所以又被称为索邦神学院。作为法国历史上史无前例的一位具有人文主义思想的国王,弗朗索瓦一世因不满巴黎大学对人文主义思想以及新学科的抵制,于是就另起炉灶,创建了这个法兰西公学院,以传播人文主义思想为己任,并开设了文艺复兴以来形成的各类新学科对公众进行普及型教育。这种教育方式和天主教会控制下的教育机构所实行的精英式教育形成了鲜明的对照。

布鲁诺由于此次机缘成为王室学院的教授团成员,这对于一位四处逃亡的"异端"而言,已经是难得的殊荣和礼遇了。此外,由于法兰西公学院宽松的思想氛围,使他还可以避免与亚里士多德主义支持者之间发生冲突。

布鲁诺在巴黎的这段日子安静而祥和,除了去法兰西公学院授课的工作外,布鲁诺把剩余的时间几乎都交给了馆藏丰富的圣热内维埃夫图书馆。在那里他埋头于浩瀚的知识海洋中,如饥似渴地阅读着各类书籍。

他还刻苦钻研当时被人们尤为关注并有着强烈兴趣和实用价值的"记忆术"和神秘的"鲁尔术"。同时他也没有忘记把他头脑中那已如泉涌般的思想抽离出来并撰著成书。

中世纪时期的记忆术源自公元前6世纪的古希腊，相传古希腊的西蒙尼德（Simonides of Ceos）为创始人。诞生之初属于古代修辞学的范畴之内，到中世纪时期成为伦理学的一部分，并与犹太教神秘哲学结合起来，包罗形式众多的字母符号系统。记忆术已由最初的修辞术，经过基督教伦理学吸纳后，渐渐与宗教信仰融为一体了。古典记忆术在中世纪基督教文化下渐变而为伦理学。但是13世纪时的方济会哲人拉蒙·鲁尔（Raymond Lull, 1235—1315）却别出心裁地把犹太神秘主义哲学卡巴拉的学说演化为记忆术，因而又被命名为鲁尔术（Lullian Art）。鲁尔自创记忆术，主要是为了传教。他相信只要能说服犹太人和穆斯林跟他学习鲁尔术，他们就会皈依基督教。所以他的记忆术基础必须是三教所共同承认的宗教概念，那就是"神的名字"（Names of God），亦即神之属性。他把神性用九个字母—— B,C,D,E,F,G,H,I,K ——代表，如B代表善（Bonitas），C代表伟大（Magnitudo），D是永恒（Eternitas）等，再把字母放进一个分三层的轮盘上，字母在旋转中产生不同的组合，新的想法便可由此衍生出来。鲁尔依照中世纪惯用的世界等级架构，由神以降，把受造物分成九级，而九个字母又可在不同等级中运作，象征不同事物，成为一种以多个简单的词汇和命题为基础组合而成的具有较强逻辑性的预占术，这是一种包罗万象且富创造力的超级预占术系统。鲁尔术这种方法是用字母、数字和其他符号代表概念以及概念的集合，其实现在看来这显然是现代符号逻辑的先驱。[1]但是在天主教的正统派眼中，鲁尔

---

[1]　保罗·奥斯卡·克利斯特勒.意大利文艺复兴时期八个哲学家.姚鹏，陶建平，译.上海：上海译文出版社，1987: 161.

术是一种巫术，也是一种"异端"学说。

布鲁诺作为亨利三世宠信的知识界新星，出席宫廷的各种社交聚会也是免不了的。布鲁诺通过社交聚会开始融进了巴黎的上层社交圈。在这个社交圈子里政治家和知识分子融洽并存，这种状况在"知识分子和政权之间的宽沟在不断地延伸"[1]的欧洲不能不说是一种另类。可以说此刻的布鲁诺已经较好地掌握了和上流社会阶层结交的技巧，因而他为自己在巴黎的生活打下了良好的人际基础。这样的人文环境使得布鲁诺有些乐不思蜀了。但是，布鲁诺的坎坷的一生，也许命中注定了既是战斗的一生，同时也是流亡的一生。"梁园虽好却非久恋之乡"，巴黎对于布鲁诺同样也是如此。因为到了1583年年初的时候，宗教纷争的阴影也开始蔓延到了原本平静祥和的巴黎，天主教正统派和胡格诺派的争端日趋激烈，亨利三世也无法调和两派之间日趋激烈的纠纷。

在这样的白色恐怖之下，布鲁诺虽然是一名勇敢的斗士，但是他依然对未来有可能遭受到的境遇感到了不安，因为他知道自己在巴黎的教坛上所宣扬的唯物主义和新的天文学观点早就引起了保守者的侧目，只是碍于亨利三世对他的器重和关照才使他暂时处于安全之中，但是一旦教派争端激化，即使以亨利三世的权势恐怕也无法庇护他的人身安全，所以他希望能够早早离开这个是非之地。

布鲁诺在巴黎上层社会的社交圈中，曾经结识了英格兰派驻在巴黎的大使考伯翰。考伯翰是一位清教徒，布鲁诺的个人魅力和渊博的学识令其为之倾倒，因而他成了布鲁诺的崇拜者，当他得知布鲁诺想要离开危机四伏的巴黎这一消息后，就力邀布鲁诺前往英格兰。在考伯翰为布鲁诺写给英格兰皇家议会大秘书清教徒沃尔辛翰（Francis Walsingham）

---

[1]　　让·吴西.逃亡与异端：布鲁诺传.北京：商务印书馆，2014：87.

的推荐信中是这样说的："诺拉人乔尔丹诺·布鲁诺博士和哲学教授意欲到英国去，这个男人没有宗教。"[1]

4. 从伦敦到巴黎

　　1583年4月初,布鲁诺与即将去英格兰赴任的法国大使米歇尔·德·喀斯特勒诺（Michel de Castelnaud）结伴同行，跨越了加莱海峡抵达伦敦。在两人同行的日子里，布鲁诺和喀斯特勒诺两人友谊日增，很快就成了莫逆之交。英格兰当时在伊丽莎白女王的统治下实行的是宗教宽容政策，布鲁诺自然也受到了这一政策的恩庇。在伦敦，由于有了考伯翰那封颇有分量的推荐信，再加上因宗教迫害而举家迁居英国的意大利学者约翰·弗洛里奥（John Florio, 1553—1626）的引介，布鲁诺很快就被引荐进伦敦的上层学术圈的沙龙内。布鲁诺的第一次高调亮相是在学术沙龙1583年6月14日的一次辩论会上，这次辩论会的主题是讨论托勒密的地心说和哥白尼的天体运行说。在这次辩论会上，布鲁诺舌战群儒，与保守的牛津大学的经院哲学家们展开了激烈的辩争，进而在维护哥白尼学说的基础上提出了宇宙无限论的观念，可以说，布鲁诺这时的观点较之哥白尼的"日心说"理论变得更为惊世骇俗了。这次辩论会的结果促成了布鲁诺《圣灰星期三晚宴》一书的出炉。因为这一天是星期三，属于"圣灰日"，因此布鲁诺就以此命名此书。

　　这场辩论虽然让布鲁诺与牛津大学的正统派教授们产生了严重的对立，但是对于有着斗士精神的布鲁诺而言，这样的对立更能激发他的斗志。他投书牛津大学校长室，请求获得一个哲学教授的职位。也许布鲁诺更

---

[1]　　让·吴西.逃亡与异端：布鲁诺传.北京：商务印书馆，2014: 100.

想把自己与那些正统派们辩论的战场搬到牛津的讲坛上。令他大呼意外的是，牛津大学非常大度地接受了布鲁诺的求职申请，这一答复让布鲁诺大喜过望，以为自此有了宣讲自己思想和理论的阵地。谁知牛津官方在应允布鲁诺求职要求的同时，还附加了一个条件，那就是只允许他讲授亚里士多德的《不死的灵魂》和托勒密的《由性质相似的五种成分构成的天球》这两门课。这明显是对布鲁诺的刁难和嘲弄，因为在那场辩论会上，布鲁诺大加抨击的恰恰就是这两部书中所宣扬的主题。但是布鲁诺还是接受了这一苛刻的条件，因为他认为自己还是有机会宣扬自己的理论的。就这样，布鲁诺成了这个赫赫有名的大学的哲学教授。

但是，布鲁诺太天真了，他自以为他和他的对立者已经实现了和解，没有意识到他的敌人从来就没有放弃过要击败他的想法，他也不会想到他在牛津担任哲学教授的日子竟然会如此短暂。当布鲁诺仅仅刚上到第三节课的时候，他就被告发了，理由是布鲁诺在讲课的时候剽窃了费奇诺的一篇文章作为自己的理论传授给学生。其实这只是一个借口，因为布鲁诺在教授《由性质相似的五种成分构成的天球》一课时，应该是从费奇诺的《论生命》一文中提炼出了支撑自己理论的观点，当然，对立者们会无限夸大布鲁诺的"剽窃"行为，这样的罪名让自觉无颜的布鲁诺放弃了在牛津大学的哲学教授职位不告而别，自觉名誉受损的布鲁诺不得不结束了自己在牛津大学极为短暂的教学生涯，接受法国驻伦敦大使喀斯特勒诺的庇护躲藏在法国大使馆中，暂时获得安宁的布鲁诺决心用自己手中的笔同自己的对立者继续战斗，以此来捍卫自己追求的真理。

在伦敦的这段时间里，除了在牛津大学那短暂且令人极不愉快的日子外，应该说布鲁诺的生活还是比较稳定且安适的。尤其是在大使馆中躲进小楼成一统的布鲁诺远离了那些清教徒们对他的污蔑和诋毁。在这样安闲适意的日子中，布鲁诺终于有充裕的时间，能够把自己在颠沛流离的流亡生活中所迸发出的思想碎片连缀成具有系统性的思想体系，并撰著成书出版面世。

1585 年，由于庇护布鲁诺的法国驻伦敦大使喀斯特勒诺被召回国述职卸任，布鲁诺面临着失去在伦敦的保护伞的境地，因此他不得不也打点行装随行回到了巴黎。但是此时的巴黎已经是天主教派的狂热分子占据了上风，胡格诺教派面临着被驱赶的境遇，身背着"异端"罪名的布鲁诺不想因为自己所坚持的观点而受到波及，所以他在和喀斯特勒诺辞别之后，就在巴黎大学的附近租了一处简陋的住所，以担任短期家庭教师的方式来获取微薄的报酬糊口。当然，布鲁诺的家庭教师生计并没有排满他所有的日程，只要担任家教获得的酬劳能够满足自己最低生活要求即可，他每天的主要工作是步行前往圣日内维耶教堂，这是一座为了纪念圣女日内维耶而建立的一座使徒教堂。在这个教堂里面有一座藏书丰富的图书馆，布鲁诺认为这里远离喧器的安静环境正适合自己进行学习和研究工作。布鲁诺成了这里的常客，以至于图书管理员也变成了布鲁诺的信徒。在这个图书馆管理员吉娄姆·柯唐在 1585 年 10 月 5 日的日记中曾经写道："乔尔丹诺·布鲁诺出生于 1548 年，37 岁，为了避免宗教裁判所法官们的诋毁，冒着生命危险逃离意大利已经八年。他们无知且不了解其哲学，并称之为异端"。这一天图书馆中的借阅簿也清晰明确地记录了在这一天布鲁诺借阅了纪凡的《卢克莱修》。[1] 在这里学习和研究期间，布鲁诺还拟定了写作《哲学家之树》的计划。

1586 年 5 月 28 日，在布鲁诺租住寓所的旁边的古老的巴黎大学里面举办了一场别开生面的辩论会。这场辩论会吸引了众多的目光关注。而这场辩论会的主角就是乔尔丹诺·布鲁诺。举办这场辩论会的起因是由

---

[1]　让·吴西. 逃亡与异端：布鲁诺传. 北京：商务印书馆，2014：162.

于布鲁诺写的一篇《反驳亚里士多德学派信徒的一百二十个论点》。布鲁诺曾经在法兰西公学院的同僚们组成的王室教授团和他对垒应战。在这场辩论会上，布鲁诺发展了哥白尼的"日心说"，将自己的新的"宇宙观"完完整整地展示给这个世界。布鲁诺指出，宇宙是一个能动的有机体，具有深不可测的无限性，宇宙中有无数个太阳，有无数个星星，有无数个宇宙体系，宇宙既没有边界，也没有中心，它永远在运动。这是布鲁诺公开亮出了自己追求真理的旗帜，从而试图从理论上彻底颠覆和推翻统治了基督教世界一千多年来的"绝对权威"的亚里士多德—托勒密体系的宇宙观。布鲁诺的这一惊世骇俗的理论遭到了那些捍卫经院哲学的卫道士们的围攻。当然，他们并非是理性地进行理论上的辩论，而是对布鲁诺进行了人身攻击和谩骂，在四面楚歌的情况下，布鲁诺不得不仓皇逃离了这个充满了仇恨的辩论会场。

经历了这场辩论风波之后，布鲁诺越发认识到了巴黎已经变得不再理性，因言获罪的危险会时刻降临在他的头上，于是，总是善于预判危险的布鲁诺马上决定收拾行囊离开法国。布鲁诺这一次选择的目的地则是新的国度——马丁·路德和库萨的尼古拉的祖国——德国，他希望在那里，他能够找到自己的知音和同盟者。

5. 乡关何处

1586 年 6 月的一个清晨，在巴黎向东的路上，布鲁诺背着自己简陋的行囊又开始了新的流亡生涯。东升的太阳将踽踽独行的他的背影拉伸的越发细长。布鲁诺越过法国边界，就进入了当时的神圣罗马帝国的疆界。今天已纳入法国版图的阿尔萨斯和洛林地区在那个时代还属于神圣罗马帝国的领土。布鲁诺穿越了洛林高原，溯莱茵河而上，首先来到了德国上黑森州的位于兰河河畔的马尔堡（Marburg）。马尔堡虽然是一个小城市，但是其却因为一所享有盛名的大学而著称于世，这就是马尔堡学院。创建于 1527 年的马尔堡学院是德国境内历史仅次于海德堡大学的著名学府。据说这所学院对科学有着超乎寻常的宽容精神。布鲁诺第一站选择在此驻足，就是希望能够在这所传说中具有宽容精神的学院中谋求一个教职的位置。他以"罗马神学博士"的头衔试图申请一个哲学教授的职位，但是由于某个"秘而不宣"的缘由（因为这件事的当事人之一——该学院的院长尼吉狄奥在学院记事簿中对此讳莫如深）[1]拒绝了布鲁诺的求职申请，以至于这一拒绝竟然激怒了布鲁诺，导致其闯到尼吉狄奥的家中大吵大闹，这样一来他在马尔堡学院的求职申请自然也就完全泡了汤。这时的布鲁诺其实已经面临着囊中羞涩即将衣食无着的境地了，不然的话他也不会如此失态，但是布鲁诺在盛怒之下的吵闹，使得双方连缓和的余地也荡然无存。万般无奈之下，布鲁诺收拾行囊向着东北方向继续进发，他就像将要输光的赌徒一样把自己最后的赌注压在了当年在英格兰的至交好友法学家让蒂耶的推荐信上。

　　经过长途跋涉，当布鲁诺来到易北河畔的维滕贝尔格（Wittenberge）这座小城的时候，他已身无分文了。这一次他以"意大利博士"的头衔申请维滕贝尔格学院的教职，这个学院是当年马丁·路德曾经任教过的学校，这已经是布鲁诺山穷水尽之际最后的一根救命稻草了。在这一刻，幸运女神总算是对布鲁诺绽开了微笑的脸庞，也许是因为让蒂耶的推荐信，或者是因为布鲁诺自身的名望，总之，校方接受了布鲁诺的求职申请，授给布鲁诺一个哲学公开课教授的职位。他要讲授的课程是亚里士多德的《工具篇》，但是布鲁诺并不以为忤，相反因此大喜过望，因为解决

---

[1]　　让·吴西.逃亡与异端：布鲁诺传.北京：商务印书馆，2014：163.

迫切的面包问题总要比观点和立场之争对于此刻的他而言更为现实,所以他毫不犹豫地接受了这份工作。在他后来的一份演讲词中所使用的溢美之词也清晰地反映了他当时那欣喜若狂的心情:"尽管我是一个幸免于法国动乱之难的人,一个没有王子推荐信的人,在你们之中是一个无名和无权威的人……然而你们判定我配得上最热情的接待……在这一点上你们可称得上是德国的雅典。"[1]

在维滕贝尔格,布鲁诺度过了稍显平静的两年生活。他在这里并没有急于把自己的理论拿出来进行宣扬,也许他这几年以来颠沛流离的生活让他心有余悸,从而珍惜这来之不易的稳定生活,也许他是不想给能够容留他的学校官方惹麻烦,总之,他沉静下来,在图书馆中开始大量阅读"一些羊皮纸上的文献以及一些应追溯到基督教历史起初或更早的被遗忘的古旧手稿",[2]也许布鲁诺是想通过研读有关神秘术研究的各类图书从古老的神秘术获得灵感,从而借此得以窥见宇宙的奥秘。正如布鲁诺自己所说的那样,神秘术能够"激活你灵魂里的高水平部分,使之配得上自然的水平。"[3]而布鲁诺正试图构建自己的思想体系,"布鲁诺的世界,就这样以一种混合主义的方式,被来自传统的、来自古迦勒底语或巴比伦语东方国家的,或众神之母希腊类神或神注满了活力。基督教的礼仪所替代的正是这个世界以及太古的魔术和神通术。也许他的考察能够引出医治基督教世界危机的良药"。[4]

当然在维滕贝尔格城近20个月的岁月虽然在布鲁诺52年的人生历程中是极为短暂的,但是对于布鲁诺而言却是极为难得的适意。因为这份平静和祥和在他颠沛流离的一生中对他而言毫无疑问是一份难得的奢

---

[1]　让·昊西.逃亡与异端:布鲁诺传.北京:商务印书馆,2014:174.
[2]　让·昊西.逃亡与异端:布鲁诺传.北京:商务印书馆,2014:178.
[3]　让·昊西.逃亡与异端:布鲁诺传.北京:商务印书馆,2014:182.
[4]　让·昊西.逃亡与异端:布鲁诺传.北京:商务印书馆,2014:181.

侈品。所以，布鲁诺一方面遨游书海如饥似渴地汲取各类知识，另一方面笔耕不辍，相继完成了有关人工记忆和探讨有关亚里士多德理论来源的多部著作。

当易北河畔的1588年的春天刚刚来临的时候，蔚蓝无比的天穹从长达五个多月阴霾沉沉的冬日中挣脱出来，满眼葱绿的景象仿佛是来自天堂的召唤，让熬过寒冬的人们委顿颓唐的精神为之一振。而原本安静祥和的小城维滕贝尔格也刚刚经历了一场动荡，加尔文教派获得了对小城的管辖权，这就使得布鲁诺原本终老小城的打算化为了泡影。

为了逃避加尔文教派有可能的加害，注定要漂泊一生的旅人布鲁诺又打点行囊奔走在了逃亡的路上。这一次他选择了身兼奥地利大公、匈牙利和波西米亚国王身份的神圣罗马帝国皇帝鲁道夫二世驻跸的首都布拉格。布鲁诺希望这位在对待宗教有着宽容态度口碑的皇帝能够欣赏他的不世才华，他准备以一部以讽刺他在巴黎的对立者数学家莫尔邓特为对象的《一百六十个论点反驳与哲学家对立的数学家》的小书作为礼物题献给鲁道夫二世。但是布鲁诺并没有得到他所希望的礼遇。布鲁诺放弃了对鲁道夫二世的幻想，折返北上，他想到路德教势力范围之下的黑尔姆斯特（Helmstedt）试试自己的运气。这个小城的大学刚刚在3年前才由布伦瑞克－沃芬布特尔公爵创建，草成之初的年轻学院迫切希望能够有学识渊博的学者前来授课，因而布鲁诺没有受到任何严苛的审查对待，以乔尔丹诺·布鲁诺这个广为熟知的名字注册就轻而易举地获得了一份职位。

1589年1月13日，布鲁诺在入职前进行了宣誓，虽然其中宣誓书中包括有要尊重和发展亚里士多德理论体系并拒绝创新的内容，但是这丝毫没有影响布鲁诺的心情，同样也没有终止他继续追求真理的脚步。布鲁诺在这里还得到了意想不到的礼遇。因为他的"盛名"，布伦瑞克公爵，也就是这所大学的创建人，选择布鲁诺作为家庭教师负责完善其长子亨利－尤利乌斯的学业，布鲁诺因此而获得了更为有利的庇护。

不久，布伦瑞克公爵去世，作为长子的亨利－尤利乌斯继位。他委托布鲁诺为他的父亲撰写悼词并由他在学院中进行诵读。这篇悼文一方面用了溢美的词汇颂扬了逝者的功绩，但是布鲁诺不甘蛰伏的斗士之心又使得这篇只应该悼念逝者的文章中夹杂了布鲁诺自己的"私货"，他利用这篇悼文对宗教极端主义分子进行了抨击。布鲁诺的这篇悼文激起了"宗教极端主义分子"的反击，导致了"城里的牧师在教堂里驱逐他"，布鲁诺试图求得新任公爵，亦即他的学生亨利－尤利乌斯的支持，但是在这样的涉及利益与地位是否能够稳固的关头，他的学生显然没有站在他的恩师的这个阵营，虽然这个阵营只有布鲁诺一人而已。在四面楚歌的境况下，布鲁诺不得不又一次开始了流亡的生活。这一次，他选择了位于美因河畔的黑森州最大的城市法兰克福。在 16 世纪的时候，法兰克福是欧洲最大的出版印刷中心，闻名遐迩的全欧洲最大的书市也诞生在这里，这里俨然已经变成了国际图书贸易中心，因而这也成为吸引布鲁诺把这里作为流亡目的地的主要原因。

因为布鲁诺在黑尔姆斯特担任教职以及为亨利－尤里乌斯充任家庭教师所获报酬不菲，他暂时没有为衣食担忧之虞。所以当他抵达法兰克福以后，并没有急于寻找工作，反而是徜徉在法兰克福的街头随意溜达，或者是踱步迈入街边的印刷所的书籍展示厅，翻阅着刚刚从木制印刷机上完工的尚散发着油墨清香的新书；或者是驻足在美因河畔旁边的市民广场上倾听着各类辩论战。但是，布鲁诺来到这里的真正目的，是为了让他行囊中用鹅毛笔以盛行的加洛林字体写就的拉丁文的三部手稿，变成散发油墨清香的印刷体的图书。经过一番缜密的考察，布鲁诺决定把这些书稿交给值得信任的维谢尔兄弟。因为在布鲁诺看来，维谢尔兄弟的印刷所不但有着高超的印刷工艺和先进的印刷设备，而且他们还对新的思想文化有着异乎寻常的好感和兴趣，所以把书稿交给他们是值得放心的。

在法兰克福羁留期间，布鲁诺还曾经受到一个名为翰兹尔的富人的邀请前往苏黎世短暂居住过。1591 年 6 月，布鲁诺不得不从苏黎世返回法兰克福，因为一部著作的清样需要他进行校对。在他留宿的加尔默罗会修道院中，他结识了两位来自威尼斯的书商。其中一位叫肖托的书商听说他就是大名鼎鼎的布鲁诺的时候，就转告布鲁诺，他的一个叫乔凡尼·莫切尼格（Giovanni Mocenigo）的威尼斯富商朋友是布鲁诺的崇拜者，并且希望能够在有生之年结识到布鲁诺这样的文化名人。肖托代替乔凡尼·莫切尼格邀请布鲁诺和他们一起随行返回威尼斯，并打包票说，如果布鲁诺同去就一定会得到莫切尼格的优厚招待。也许是布鲁诺离开自己的祖国太久了，所以这样的邀请勾起了他的恋国之情？或者说已经变得闻名遐迩的诺拉人有了锦衣不必夜行的想法，回到家乡可以光宗耀祖让乡人们看看昔日乔万尼家的那个菲利普如今已经成为卓有名望的学者？还是他觉得时过境迁之后他的"异端"罪名早就被人遗忘了吧？而且他认为作为自治共和国的威尼斯应该有能力对抗罗马教廷的威权。总之，虽然作为"斗士"的他愿意与全世界为敌，但是故乡对他还是有着足够的吸引力的。于是，他很愉快地接受了这个邀请，并于 8 月底偕同肖托和另一位叫布里塔诺的书商翻过了 13 年前曾经翻越过的阿尔卑斯山脉，只不过当年是北向，这次是南归而已。1592 年初，布鲁诺终于踏上了亚平宁半岛的土地上，回到了阔别达 13 年之久的祖国。

6. 落入虎口

一踏上祖国的土地，布鲁诺就感到了久违的亲切。布鲁诺在威尼斯见到了愿意对他执弟子礼的莫切尼格。这位富家子弟并没有像肖托介绍的那样真的是一位具有慧根且真心要研习哲学的倾慕者。莫切尼格其实只是一个才智平平的庸才,他既没有足够的领悟力,也不具备认真钻研的耐心和毅力。他邀请布鲁诺的真实目的其实就是想快速掌握神秘玄幻的"鲁尔术",然后在各种上流人士的聚会中加以炫耀而已。可能在莫切尼格的心目中,布鲁诺只是一个魔法师的形象而已。因而布鲁诺想让莫切尼格从研习自己的著作来开始他的"鲁尔术"学习,但这对于急于速成的莫切尼格来说无异于对牛弹琴。布鲁诺看出了莫切尼格的真实目的,这让他大失所望。但是他并没有完全与莫切尼格解除聘约,而只是提出要前往距威尼斯不远的帕多瓦,并保证他会经常回到威尼斯辅导莫切尼格的学业。莫切尼格无奈之下只好同意,其实此时在莫切尼格的内心当中已经种下了对布鲁诺的怨恨的种子。

布鲁诺选择帕多瓦是因为那里有着在全欧洲都闻名遐迩的帕多瓦大学。成立于 1222 年的帕多瓦大学在欧洲仅次于博洛尼亚大学和巴黎大学,是第三座最古老的大学,也是意大利最大的大学之一。帕多瓦大学建立的原因是当时博洛尼亚大学限制学术自由,而且不能保证师生基本的公民权利,所以大批的教授和学生从博洛尼亚大学脱离出来建立了帕多瓦大学。帕多瓦大学的这种历史渊源使它成为欧洲学术自由的灯塔,崇尚学术自由的学者们对它无不趋之若鹜,当然布鲁诺也不能免俗。布鲁诺一到了帕多瓦,就频频出现在这所大学的图书馆中,当他得知帕多瓦大学尚有一个数学教授职位空缺的消息后,就迫不及待地向校方提出了渴望得到这一教职的申请,但是,校方并没有因为布鲁诺显赫的名声就轻易接受了他的申请,反而婉转地回绝了他,因为这个职位是为一位年轻人保留的,而这位能让校方回绝布鲁诺的年轻人就是此后与布鲁诺同遭宗教裁判所拘禁审判遭遇的伟大的科学家伽利略。历史在这时似乎开了一个玩笑,让布鲁诺觊觎渴望的职位却被伽利略早早预定了。这两位在欧洲科学发展史上鼎鼎大名的人物错过了互相结识的机会擦肩而过了。

布鲁诺并没有因为校方的拒绝而感到沮丧，相反他在帕多瓦住了下来，在这里，他遇到了在帕多瓦大学留学的耶罗尼姆，他们二人是在布鲁诺任教黑尔姆斯特时结识的。通过耶罗尼姆的关系，他招收了一些德国学生作为生源开办私塾以维持生计。在这期间，布鲁诺遵守了自己的诺言，时时返回威尼斯辅导莫切尼格的学习。但是，莫切尼格过于急功近利，而且也确实志大才疏，因而一方面导致了布鲁诺对他的失望，另一方面莫切尼格却认为布鲁诺是故意藏私不愿意授他以"真经"。时间到了1592年的5月，布鲁诺彻底对莫切尼格感到了失望，他不愿意再继续这样徒劳下去了，于是他找了一个借口，提出要返回法兰克福准备出版他的新书《七种自由艺术和七种发明》。这个时候，莫切尼格已经跟着布鲁诺学了8个月，可是他感到一无所获。莫切尼格认为他付出了金钱却没有得到相应的回报，布鲁诺此刻提出的请求使莫切尼格内心中积蓄的怨恨终于爆发了，他感觉到被布鲁诺愚弄了，担心一旦布鲁诺返回法兰克福他就会"竹篮打水一场空"。于是，1592年5月22日的深夜，莫切尼格将布鲁诺软禁起来，并向宗教裁判所以"异端"的罪名告发了布鲁诺。

宗教裁判所和威尼斯共和国当局联合起来拘捕了布鲁诺，虽然"雄狮共和国"名义上是一个自治的城市共和国，但是在宗教方面还是不愿意同罗马教廷进行对抗。为了一个除思想外不能给城市带来任何好处的流浪汉，威尼斯共和国并不想要触怒教皇的圣颜。虽然布鲁诺自称为学者，而且威尼斯共和国也许会为之感到荣幸，但是在16世纪的威尼斯以至于亚平宁半岛上，学者并非稀缺品。当然威尼斯当局并不知道布鲁诺与同时代的其他学者是完全不同的，学者可以有很多，但是布鲁诺却是唯一的。

1593 年 2 月 27 日，在梵蒂冈的威压之下，威尼斯官方取道安科纳从海路将布鲁诺引渡到了梵蒂冈，从此以后，布鲁诺的命运就完全被掌控在天主教廷的手中了。

7. 百花广场上的“普罗米修斯”

布鲁诺被关押在距离圣彼得大教堂不远处的地方。这里原来是一位枢机主教的府邸。但是由于越来越多的教会的反抗者的出现，导致了原有的监室已经人满为患，所以这间府邸就被改造成了宗教裁判所关押“异端”们的黑暗囚室。后来写过《太阳城》的空想社会主义者康帕内拉，在 1594 年的时候也被关进这里，成为布鲁诺的狱友。

可令人奇怪的是，布鲁诺被宗教裁判所引渡到罗马以后，在经过短暂的预审之后似乎就被遗忘了，在此后的整整三年多的时间里，他都没有再被提审。布鲁诺以为自己的罪名已经让宗教裁判所的推事们不感兴趣了，只是由于他们不知道该如何处理这个烫手的山芋，所以才把他继续羁押在这里。但是布鲁诺想当然地得出如此幼稚的判断则显得他太过天真了，他把宗教裁判所里的那些刽子手们想象得太仁慈了。布鲁诺之所以能够在牢中安然度过三年是因为经过初审之后，宗教裁判所的诸位推事们发现自己手中所掌握的能够坐实布鲁诺“异端”罪名的证据竟然少得可怜，因而他们决定暂停审判，先收集布鲁诺逃亡 14 年来所出版的各种著作以及曾发表的言论，从而为正式审判布鲁诺来准备难以推翻的罪证材料。同时也是想通过长期监禁和酷刑来消磨布鲁诺内心的斗争意志，希望利用这种手段迫使布鲁诺向教廷屈服认罪，然后利用“改恶从善”“浪子回头”的布鲁诺对其他“异端”产生示范作用。

宗教裁判所在搜集到足够罪证后，终于开始正式提审他。教会控告他否认神学真理，反对《圣经》，把他视为头等要犯。先后两任红衣主教都要处死他。但教廷一直希望布鲁诺能够在酷刑面前低头认罪，放弃自己的"异端"观点，向教会忏悔，屈膝投降。教皇和教廷想摧毁这面旗帜，肃清他的影响，以此来重振天主教会的声威。但是，面对宗教裁判所非人的折磨和凌辱，以追求真理为最高人生目标的布鲁诺毫不屈服，他的信念丝毫没有动摇，坚贞不屈的他始终恪守自己的诺言，不放弃自己的学说和信念，不承认自己"有罪"。他曾说过："一个人的事业使他自己变得伟大时，他就能临死不惧。"在酷刑面前，他勇敢地宣称："为真理而斗争是人生的最大乐趣"。

1600年2月9日，在罗马圣阿格涅斯教堂高大的穹顶下，宗教裁判所的最高审判官兼枢机主教玛德留齐面对戴着镣铐的布鲁诺宣读了教会对布鲁诺多年调查庭审后的判决书。这一冗长的判决书罗列了布鲁诺否认三位一体学说、否认圣母玛利亚的童贞、认为万物有灵和否认耶稣的生平事迹、对于地狱和犯罪的错误看法、亵渎神明、侮辱教会神职人员、试图在修道院纵火、研究和施行巫术等共三十四条指控，最后宣布布鲁诺犯有"异端罪"，判处布鲁诺将被执行火刑。在玛德留齐宣读判决书的整个过程中，布鲁诺一直用轻蔑的眼神斜睨着他。在听完宗教裁判所对他的判决后，布鲁诺戟指玛德留齐正义凛然地怒斥道："你们对我宣读判词，其实在你们的内心深处，甚至比我听到这一判词时还要感到恐惧。"

宗教裁判所假惺惺地给了布鲁诺"长达"8天的时间考虑改变信仰抑或是被烧死在火刑柱上。但是，威武不能屈的布鲁诺没有让宗教裁判所的企图得逞。

1600年2月17日，在罗马的百花广场（Campodi Fiori）上，人山人海，万头攒动。广场的中央矗立着一根硕大的火刑柱，布鲁诺被粗大的铁链牢牢地捆缚在上面。他高昂着不屈的头颅昂首向天，就仿佛是被宙斯缚在高加索山上的普罗米修斯一样。在布鲁诺的周围还堆满了他历年来出版发表的各类著作。在行刑前，刽子手举着火把问布鲁诺是否悔罪的时候，布鲁诺断然拒绝，并满怀信心庄严地宣布："黑暗即将过去，黎明即将来临，真理终将战胜邪恶！"刽子手担心布鲁诺继续宣扬他的"异端"思想，于是用特制的铁钳子夹住他的舌头让他不能发声，并在他的四周架满了烧柴，还将他的身上和周围的书上浇满了沥青。随着刽子手点燃了烧柴，火焰在布鲁诺的四周慢慢升腾起来，并逐渐包围了他。他的著作也在火焰中慢慢地化为灰烬。在熊熊烈火的包围中，布鲁诺伟岸的身躯被肆虐的火焰渐渐吞噬并隐没在火海之中，年仅52岁的布鲁诺英勇就义。布鲁诺死后，罗马教廷甚至害怕人们抢走这位伟大思想家的骨灰来纪念他，于是下作地将布鲁诺的骨灰连同烧焦的泥土一起抛撒在台伯河中。

浓烟升腾而起，能够遮住无边无际的天空，但是却无法遮蔽真理。伟大的布鲁诺英勇就义了，但是真理是永生的。随着科学的不断发展，到了1889年，罗马宗教法庭不得不亲自为布鲁诺平反并恢复名誉。同年的6月9日，在布鲁诺殉难的罗马百花广场上，人们树立起他的铜像，作为对这位为真理而宁死不屈的伟大学者的永久纪念。

当然，从我们今天对科学的定义而言，乔尔丹诺·布鲁诺并非我们所理解的严谨意义上的科学家，其理论也不是代表真正意义上的近代科学的精神。在他所构建的理论体系中，既有西方古典哲学家赫拉克利特、德谟克利特、伊壁鸠鲁、卢克莱修的思想以及毕达哥拉斯主义、新柏拉图学派理论的影子，同时还夹杂有特莱肖、库萨的尼古拉和哥白尼思想中的碎片，而且他还是一位对赫尔墨斯主义的神秘学说有着超乎寻常兴趣的巫术宗教的信仰者，这些因素的交集使得他的理论自成一家，"显示出许多真正具有独创性的特征"。[1] 虽然"他的著作被他思想中浓厚的泛灵论气息所污染。然而，这种晦涩混乱的思想却在科学史中发挥了重要的作用"。[2]

布鲁诺在哲学上的突出贡献是他在继承和发展古代朴素唯物主义和自然辩证法的优良传统基础上，汲取了文艺复兴时期先进哲学和自然科学成果，论证了唯物主义和辩证法思想，开创了近代唯物主义和辩证法的先河。他依据当代自然科学的最新成果——哥白尼学说，提出了自己崭新的宇宙论。他提出并论证了宇宙无限和世界众多的思想。布鲁诺不仅抛弃了地球中心说，而且也跨过了哥白尼的太阳中心说而大大前进了一步。他还提出天地同质说，认为物质是一切自然现象共同的统一基础。布鲁诺明确指出自然界的万事万物都处在普遍联系和不断运动变化之中。这一变化是统一的物质实体包含的各种形式不断转化的过程，事物经过相互转化，形成对立面的统一。布鲁诺继承和发展了古代辩证法，成为文艺复兴时期最伟大的辩证理论家。他提出若干重要辩证的原理并做了详细论证，为反对中世纪经院哲学中形而上学的观点做出了重要贡献。布鲁诺还认为人类历史是不断变化和前进的。他反对那种把远古社会美化为"黄金时代"的观点。他主张社会变革，但反对用暴力手段去改造社会，他把理性和智慧看成是改造社会、战胜一切的决定力量。

今天来看，因为受到历史和阶级的局限，乔尔丹诺·布鲁诺的自然哲学思想体系并非完全正确，比如其理论体系中所具有的神秘主义的因素，但是这一瑕疵却无法掩盖其思想中所具有的革命性。正是在他的思想的推动下，促使中世纪末期的人们对世界和宇宙的认识向前进了一大

---

[1]　保罗·奥斯卡·克利斯特勒.意大利文艺复兴时期八个哲学家.姚鹏，陶建平，译.上海：上海译文出版社，1987：161.

[2]　亚历山大·柯瓦雷.伽利略研究.刘胜利，译.北京：北京大学出版社，2008:191.

步，对其后哲学发展史上唯物论的发展起到了重大的推动作用，也使得"意大利的自然哲学在布鲁诺那里发展到了高峰"。[1]这些成就使乔尔丹诺·布鲁诺成为库萨的尼古拉之后文艺复兴时期最为伟大的自然哲学家。

二、布鲁诺的学术研究心路及其主要著作要略

1.布鲁诺的学术研究心路及写作生涯

乔尔丹诺·布鲁诺作为文艺复兴时期著名的思想家和西方思想史上重要人物之一，在哲学上的突出贡献是他在继承和发展古代朴素唯物主义和自然辩证法的优良传统基础上，开创了近代唯物主义和辩证法的先河。

他一生著述颇多，而且他的兴趣广泛，学识渊博，多才多艺。他的著作内容也涉猎广博，其中共涉及哲学、数学、天文学、物理学、文学、伦理学、建筑学、词汇学等众多学科。同时，他为了维持生计，还不得不投合欧罗巴各国的掌权者们对神秘主义、炼丹术、记忆术以及天文星象之类的爱好，把一部分时间和精力投入到相关方面的研究，撰写了许多著作献给他们，以便得到他们的庇护。此外他把大部分时间都用在宣扬和完善自己的学说上。但是，无论贫穷无论困苦、无论利诱无论酷刑，布鲁诺从始至终，从来都没有放弃过自己的学说。据统计，布鲁诺一生共有60余部著作问世。

布鲁诺早在那不勒斯的多明我僧团攻读学位的时候，就已经开始了他的学术研究工作，据说，他在不晚于1572年的时候，就已经完成了一部叫作《挪亚方舟》（De arca Noe）的学术著作，不过这部书的手稿已

---

[1] Richard Falckenberg.History of Modern Philosophy.Translated by A.C.Armstrong.NewYork: 1893,P34.转引自孟广林.欧洲文艺复兴史：哲学卷.北京：人民出版社，2008:267.

经遗失了。同时从这时开始到 1582 年这段时间为止，他撰写了一系列有关批判《圣经》的论文以及诗歌。布鲁诺这些在 1582 年前的绝大部分作品都已经遗失了。[1]

1581 年，布鲁诺在巴黎出版了他迄今可见的最早的一本著作：《论思想的影子》。这本书是布鲁诺刚刚从图卢兹逃亡至巴黎之后下车伊始就着手进行的一项工作，因此可见这部著作的写作工作应该是在日内瓦和图卢兹流亡期间进行的。这部书是由巴黎著名的出版商古尔班负责出版发行的。《论思想的影子》是布鲁诺用拉丁文写作的，表面上是探讨有关如何提升记忆力的书籍，在书中他描述了如何通过归类的方法来实现迅速和牢固记忆的目的。但是实际上该书中掺杂有鲁尔、费奇诺以及皮科哲学思想的片段，其深处隐含了布鲁诺多年来所形成的有关新哲学的思想萌芽。英国科学史家耶兹认为布鲁诺的这一部处女作提供了"一把打开其所有哲学和世界大门的大钥匙"。[2]这部作品是布鲁诺题名献给法王亨利三世的。

在巴黎的稳定生活为布鲁诺提供了从容地将他在学习以及流亡期间形成的思想碎片整合撰著的宽裕时间。所以，1582 年，在任教法兰西公学院后不长的时间内，布鲁诺继一炮打响的《论思想的影子》一书之后，在很短的时间内又相继完成了多部著作，主要有《记忆艺术》《喀耳刻的歌声》《建筑学概要》和《鲁尔术评论》。其中《记忆艺术》和《喀耳刻的歌声》是探讨如何提升记忆能力的作品，《喀耳刻的歌声》通过两篇讽刺性的对话对在《论思想的影子》中所论及的问题进行了深入的剖析。这本书被布鲁诺题献给了亨利三世的非婚生兄弟亨利·昂古莱姆；

---

[1] 汤侠生.布鲁诺及其哲学.上海：上海人民出版社，1985:178.

[2] 弗朗西丝·耶兹.乔尔丹诺·布鲁诺与赫尔墨斯传统.戴尔维出版社.见让·吴西.逃亡与异端：布鲁诺传.北京：商务印书馆，2014: 85.

《建筑学概要》和《鲁尔术评论》则分别探讨了建筑设计方面的知识和有关鲁尔术的技巧使用问题。这部有关"鲁尔术"的著作被布鲁诺作为礼物题献给了威尼斯驻巴黎的大使莫霍。

也许是巴黎较为宽松的生活环境激发了布鲁诺的文学创作激情，所以他在巴黎还写了他的第一部文学作品——用意大利俗语撰写的喜剧——《坎德莱奥》，并于1582年在巴黎出版。这部剧本传承了意大利文艺复兴时期喜剧的传统。虽然这是一部只涉及金钱、学究和江湖骗子的喜剧，但是在布鲁诺的内心深处，这些人物和他们所构成的情境完全就是教权和王权社会的真实写照。布鲁诺用诙谐幽默的笔触对王权和教权社会进行了辛辣的讽刺和抨击，嘲讽了迂腐的学究和僵化的传统习俗，同时揭示了那个时代科学、哲学和文学举而不振的颓态。这部喜剧清楚地表明了安逸的生活并不能消磨掉布鲁诺的反叛精神，布鲁诺内心所燃烧的批判思想的火焰注定不可能被熄灭，因为布鲁诺生来就是一位勇敢的斗士，为了追求真理，他甚至可以与全世界为敌。

1583—1585年，布鲁诺在伦敦羁留的这两年是他思想完全成熟和创作高峰的时期。他一共完成了六部著作，而这六部著作又都是他一生著述中最负盛名的。分别为《圣灰星期三晚宴》（1583）、《驱逐趾高气扬的野兽》（1584）、《论无限性、宇宙和诸世界》（1584）、《论原因、本原和统一》（1584）、《飞马的占卜》（1585）、《论英雄激情》（1585）。其中《圣灰星期三晚宴》是布鲁诺在哥白尼"日心说"基础之上掺杂了具有强烈宗教意识的赫耳墨斯主义的神秘学说的具体体现，它和《论无限性、宇宙和诸世界》《论原因、本原和统一》这两部著作共同构成了布鲁诺新的"宇宙观"。这些著作语言丰富生动，论述尖锐泼辣，结构严谨有序，充分表达了他的宇宙观、神学观和对社会的思辨和认识，从中既可以看到当时哲学论战之尖锐激烈，又体现出布鲁诺宣传新思想的满腔热情。

1586 年 5 月 28 日，布鲁诺在巴黎大学举办的辩论上宣读了一篇名为《反驳亚里士多德学派信徒的一百二十个论点》的论文。1586—1588 年，在马丁·路德曾经任教过的维滕贝尔格学院的两年时间里，布鲁诺相继完成了有关人工记忆和探讨有关亚里士多德理论来源的多部著作，其中有：《论鲁尔的组合灯》《论构成与寻求逻辑方法的灯》《亚里士多德最早的五本物理学著作》《演说艺术》，并出版了他早在 1581 年于巴黎就已经完成的《论思想的影子》的续篇《三十个雕像之光》。

1588 年，布鲁诺赴布拉格觐见神圣罗马帝国皇帝鲁道夫二世，呈献《一百六十个论点反驳与哲学家对立的数学家》的小册子作为礼物题献给鲁道夫二世。在这篇文章中，布鲁诺表达了对数学的反感态度，对数学的作用大加质疑，认为数学只能作为学究炫耀的工具，而不能引导人们探窥自然界的奥秘。布鲁诺在这篇文章中添加了具有明显的"鲁尔术"特征的图像和符号，并将之称之为"相数学"，他认为只有"相数学"才能代替数学揭示一切奥秘。

1589 年，在黑尔姆斯特学院，布鲁诺完成了他磨剑十年的著作《论魔术、魔术论文、论数学魔术》，这是一部专论有关魔术理论方面的著作，是布鲁诺多年心血的结晶。此外，在精心打造这部书的同时，布鲁诺还抽空完成了《鲁尔术与医学》和《魔术原理》这两部较小篇幅的图书，并在当年的春末就付梓出版了。

1591 年布鲁诺三部用拉丁文撰写的著作《论三种极小的限度》《论单子、数和形状》《论无量和无数》先后在法兰克福出版面世。这三部著作主要反映了布鲁诺关于唯物主义认识的主要观点。其中的"单子"论前承卢克莱修和德谟克利特的"原子"假说，并为其后著名的德国哲学家莱布尼茨微积分理论的构建奠定了基础。在这三部著作中，他认为，宇宙无论是在空间上还是在时间上都是无限的。空间上的无限体现为整个宇宙的无限大，根本就没有固定的中心，也没有任何界限。地球并非宇宙的中心，而只是环绕太阳运转的一颗行星，太阳也不是宇宙的中心，它只是太阳系的中心。宇宙中存在着无数的太阳，而围绕它们运行的则是无数的行星。宇宙不仅在空间上是无限的，而且在时间上也是永恒的。宇宙没有开始，自然也不会有结束。在无限的宇宙空间和时间中，有无数的"世界"在产生和灭亡，但作为无限的宇宙本身，却是永恒存在的。不生不灭，不增不减。他还认为宇宙是统一的，物质是一切自然现象和共同的统一基础。因此，在无限的宇宙中，任何一个星球都和地球、太阳一样是由同一物质构成的。地上和天上都服从同一个规律，所以"宇宙是统一的"。布鲁诺还认为宇宙万物处在变化之中，然而万变不离其宗，在一切纷繁多样、生灭变化的事物中，有一个唯一的实体，即物质。它既是万事万物的本原，又是世界万物的原因。物质是永恒的和始终不变的，人们所见到的千变万化、多种多样的实物，只不过是它的"外观"而已。同一种物质，不同于任何特殊物体，但是它表现为各种特殊物体，它是不可创造，也不能消灭的。布鲁诺由此得出"宇宙乃是一个统一的世界"的结论。

布鲁诺的《圣灰星期三晚宴》《论无限性、宇宙和诸世界》《论原因、本原和统一》《论三种极少和限度》《论单子、数和形状》和《论无量和无数》这 6 部著作，充分表明了布鲁诺在继承了库萨的尼古拉的泛神论宇宙观和哥白尼的太阳中心说的基础上，杂之以古代神秘主义哲学中所包含的有关自然哲学传统的思想成分。布鲁诺借助于先贤的思想和学说，形成了自己崭新的宇宙论。他发展了哥白尼的"日心学说"，使之超越了天文学的界域而赋之以哲学的范畴。他将宇宙视为一个整体，提出并论证了宇宙无限和世界众多的思想。他认为整个宇宙是无限大的，根本就不存在固定的中心，也不存在界限。而地球只是环绕太阳运转的一颗行星，太阳也只是宇宙中无数恒星中的一颗。在无限的宇宙中，有无数的"世界"在产生和消亡，但作为无限的宇宙本身是永恒存在的。布鲁诺不仅抛弃了地球中心说，而且也跨过了哥白尼的太阳中心说大大前进了一步。

布鲁诺期间曾经短暂赴苏黎世居住，在那里，布鲁诺完成了一部名为《形而上学词语大全》的有关哲学词汇的词典，该书被苏黎世的埃格林印刷所于1595年出版发行，那个时候的布鲁诺早已经被宗教裁判所诱捕，身陷囹圄之中了。同时，布鲁诺为了感谢翰兹尔对他的厚遇，专门为他写了一部名为《论图像、符号以及思想结构》的探讨助记术和哲学关系的书籍，但是令布鲁诺万万没有想到的是，这竟然会是他坎坷一生中完成的最后一部著作。

2.《论原因、本原与太一》一书的主要内容要略及其导读

《论原因、本原与太一》一书是布鲁诺的主要哲学代表作。从 19 世纪初到 20 世纪中叶，该书先后被翻译为德、英、法、俄、西、匈等多种文字。布鲁诺在此书中主要讨论了一些基本的朴素的唯物论思想，这一思想成为他整个理论体系结构的核心所在：宇宙即太一，它是无限的、永恒的、统一的，有无数可居住的世界在宇宙中运动，太阳系只是其中之一。从而有力地驳斥了地心说，发展了哥白尼的日心说。它认为世界灵魂是形式本原，是万物的真正作用因，但形式"内在于物质"，并"被物质所规定、所限制"，形式离开了物质便没有存在。

布鲁诺还论证了对立面一致的原则。他说："我们所看到的一切，其开端、中段和结尾，其出生、成长和完成，无不是从对立面、通过对立面、在对立面中、走向对立面的"。这些观点充分体现了布鲁诺理论体系中

朴素的辩证法思想内核。

《论原因、本原与太一》中译本为商务印书馆 1998 年版，译者为汤侠声。该书共 189 页，篇幅不长，但内容十分精彩、精辟，逻辑缜密，读后必会受益良多。如果读者有意阅读此书就必须要做好一定的心理准备，因为此书内容艰涩难懂，不过如果真正沉下心阅读它，就会为布鲁诺博大精深的理论体系而深深折服。

该书目录

献词代序

诗四首

第一篇对话：这部分内容是对《圣灰星期三晚宴》一书的内容进行辩护的，进而起到承上启下的作用。

第二篇对话：着重论证了"世界灵魂"这一概念。布鲁诺认为世界灵魂是形式本质，是万物的真正作用因素，它充满了一切、照耀宇宙、指导着自然产生万物。但布鲁诺同时又说：物质与形式"都是最最永恒的本原"，形式是"内在于物质"、并"被物质所规定、所限制"的。由此可知，布鲁诺的哲学是披着泛神论外衣的唯物主义，具有朴素唯物主义的本质。

第三篇对话：着重考察了形式实体与物质实体的关系问题。布鲁诺认为："一切自然形式都源起于物质，并又回归于物质"，"形式离开物质，便没有存在"，只有物质是"永恒的、常驻的、持久不易的、配称作本原的"，"物质是依然故我，是结实生果的东西，应该优先地被当作实体性本原来认识"。在第一绝对本原（即太一）中，一切差异和一切对立都必然会消失。这种关于精神实体和有形实体归于一个根源的唯物主义学说，成为后来斯宾诺莎关于唯一实体的学说的先声。

第四篇对话：论述了有形体东西的物质和无形体东西的物质。布鲁诺认为，不仅具有具体形式的事物是物质的，而且作为太一的第一本原也是物质的。物质应该称作神物和最优秀的生产者，应该称作自然而然以及全部实体自然界的生育者和母亲。布鲁诺甚至认为：上帝，即"最高的静观"，"上帝对于不想念他的人来说，是不可能，是无"。

第五篇对话：这部分内容对太一做了详细的论证。布鲁诺认为：一、宇宙是统一的、无限的、永恒的；无数的世界仅仅也只能在宇宙中进行运动。二、布鲁诺还提出了自己关于对立面一致的原则，意即对立统一原则。他指出：无论是直线与曲线、弦与弧、还是冷与热、爱与恨，等等，所以这些对立面都吻合于太一。他认为这个对立面一致原则才是认识自然的最根本原则。

译后记

译名对照表

布鲁诺生平和著作年表

3.《论原因、本原与太一》节选

上帝对于不想念他的人来说，是不可能，是无。

既然我们能判明有一个永久的恒常的物质本原，那必然也能肯定有一个同样的形式本原。我们看到，一切自然形式都起源于物质，并又回归于物质，由此令人感到，除了物质以外，的确没有任何东西是永恒的、常驻的、持久不易的，配作本原的。

没有任何东西是它所可能是的一切。人是他所可能是的一种东西，但他不是他所可能是的一切。石头不是它所可能是的一切，因为它不是石灰，不是器皿，不是灰尘，不是草。那种它所可能是的一切的东西，是太一，它在自己的存在中包含着任何的存在。它是那种是和可能是任何别的东西（这种东西也是既存在又可能存在）的一切。

宇宙是个宏伟的肖像，是个独一无二的自然，借助于全部物质的种、主要本原和总和，它也是它所可能是的一切，既不能给它增添什么，也不能从它拿去任一形式。

所以，宇宙是统一的、无限的、不动的。我说，绝对可能性是统一的，现实是统一的，形式或灵魂是统一的，物质或物体是统一的，事物是统一的，存在是统一的，最大和最好是统一的，宇宙无论如何不能被包含，因此是不可计量的和无边际的，因而是无限的和无尽的，因之是不动的。

它是不可计量的，并且也不是度量。它不包含自己，它不比自己大，它不被自己包含，因为它不比自己小。它不允许比较，因为它不是一个和另一个，而是同一个。由于它是同一个，它不具有一个存在和又一个存在，由于它不具有一个存在和又一个存在，所以它不具有一个部分和又一个部分；而且由于它不具有一个部分和又一个部分，所以它不是复合的。它是界限，以至它不是界限；它是形式，以至它不是形式；它是物质，以至它不是物质；它是灵魂，以至它不是灵魂；因为它是没有差异的一切，所以它是统一的；宇宙是太一。

所以，在无限长的时间中，一小时无异于一日，一日无异于一年，一年无异于一世纪，一世纪无异于一瞬；因为与永恒比起来，它们，瞬间或小时并不大于世纪，一方也不小于另一方。

整个宇宙完全是中心，或者，宇宙的中心处处在，任何部分上都没有圆周，因为它是不同于中心的，或者说，圆周处处在，但任何地方都没有中心，因为它是不同于圆周的。……在任何任何一个事物中都有任何一个事物。

所罗门说："在太阳之下，没有任何东西是新的，现在所有的，以前就已经有了。"

我们欣赏颜色，但不是某一单一的颜色，不管这是什么颜色，我们最欣赏的是包罗所有颜色的复杂性的颜色。我们欣赏声音，但不是某一单一的声音，而是出自许多声音的谐和的复合声音。我们欣赏某种感性的东西，但最欣赏那种包含有全部感性事物的东西；我们欣赏某种可认识的东西，但最欣赏那包罗一切的可认识的东西；我们欣赏存在，但最欣赏那囊括一切的存在；我们欣赏一，但最欣赏那本身就是一切的太一。

（京）新登字083号

图书在版编目（CIP）数据

文艺复兴时代杰出哲学家及其代表作 / 郑军著. —北京：中国
青年出版社，2015.8
（欧洲文艺复兴时代名家名作丛书 / 刘明翰主编）
ISBN 978-7-5153-3502-5

Ⅰ.①文… Ⅱ.①郑… Ⅲ.①哲学家—生平事迹—欧洲—中世纪
Ⅳ.①K835.051

中国版本图书馆CIP数据核字（2015）第167532号

责任编辑：王钦仁
书籍设计：瞿中华

出版发行：中国青年出版社
社址：北京东四十二条21号
邮政编码：100708
网址：www.cyp.com.cn
编辑部电话：（010）57350507
门市部电话：（010）57350370
印刷：三河市京兰印务有限公司
经销：新华书店
开本：700×1000　1/16
印张：20
字数：239千字
版次：2015年8月北京第1版
印次：2015年8月河北第1次印刷
定价：42.00元